数字时代信息资源管理丛书

主编　刘越男

网络计量分析

杨孟辉　著

知识产权出版社
全国百佳图书出版单位
—北京—

图书在版编目（CIP）数据

网络计量分析/杨孟辉著．—北京：知识产权出版社，2023.6
（数字时代信息资源管理丛书 / 刘越男主编）
ISBN 978-7-5130-8758-2

Ⅰ．①网…　Ⅱ．①杨…　Ⅲ．①计算机网络—文献计量分析　Ⅳ．①G250.252　②TP393.07

中国国家版本馆 CIP 数据核字（2023）第 088407 号

内容提要

本书主要针对网络计量分析中普遍存在的问题，例如开放获取网络资源的技术门槛较高、网络内容提取和分析技术繁多且复杂、定量分析的结果解读困难等，提出具体解决方案和技术实践路径，尤其是利用 R 语言编程的方法解决上述问题，包括网页数据自动抓取、网络链接分析和网络文本内容分析等，以便相关专业的师生掌握网络计量分析的方法和技能，并依据统计分析的原理和方法解释定量分析的结果，本书可作为信息分析和信息资源管理专业本科生和研究生教材使用。

责任编辑：王玉茂　章鹿野　　**责任校对：**王　岩
封面设计：杨杨工作室·张冀　　**责任印制：**刘译文

数字时代信息资源管理丛书　刘越男　主编
网络计量分析
杨孟辉　著

出版发行：知识产权出版社有限责任公司　　**网　　址：**http：//www.ipph.cn
社　　址：北京市海淀区气象路 50 号院　　**邮　　编：**100081
责编电话：010-82000860 转 8541　　**责编邮箱：**wangyumao@cnipr.com
发行电话：010-82000860 转 8101/8102　　**发行传真：**010-82000893/82005070/82000270
印　　刷：三河市国英印务有限公司　　**经　　销：**新华书店、各大网上书店及相关专业书店
开　　本：787 mm×1092 mm　1/16　　**印　　张：**12.25
版　　次：2023 年 6 月第 1 版　　**印　　次：**2023 年 6 月第 1 次印刷
字　　数：244 千字　　**定　　价：**68.00 元
ISBN 978-7-5130-8758-2

丛书编委会

主　编　刘越男

编　委　（按姓氏笔画排序）

王英玮　卢小宾　冯惠玲　安小米

张　斌　张美芳　周晓英　索传军

贾君枝　梁继红

前　言

在给定学科中，研究科学知识的发展、传播和学术交流结构的分析框架有很多种，包括文献计量分析方法（bibliometric analysis）、社会网络分析方法（social network analysis）和语义网络分析方法（semantic network analysis）。文献计量分析方法是一套研究学术传播的结构和过程的定量测量方法，包括词频、引用和共词分析方法等，通常有评价型文献计量学和关系型文献计量学两个主要应用。其中，关系型文献计量学研究包括作者、期刊、学术团体、学科领域，以及国家之间在学术方面的联系、联系强度和科学的流动等。尽管传统意义上的关系型文献计量学研究科学之间的关系主要通过美国科学信息研究所（Institute for Scientific Information，ISI）提供的重要学术文献资源库 Web of Science，但是随着更多新的学术文献资源的出现和全球范围的广泛传播（如 Web 网页），以及在线论文数据库［如 Scopus、谷歌学术（Google Scholar）］等，文献计量分析方法研究发生了革命性的变化。1997 年，阿尔明（Almind）和英沃森（Ingwersen）在《万维网上的信息计量分析：网络计量学的方法》（*Informetric analyses on the world wide web: methodological approaches to webometrics*）中首次提出网络计量学（webometrics），并将文献计量分析方法应用到万维网的信息分析中。网络计量学作为一种新型的文献计量学就这样诞生了。现在网络计量学已经被广泛理解为研究基于网络内容和网络现象，以实现社会科学研究目标的定量研究方法。该方法通常研究与传统文献计量学相关的问题，研究范围包括网站链接、网站引用和搜索引擎评估分析方法等。网络计量学利用更广泛的学术对象，如专利、网页、社交媒体等。网络计量学已被广泛用于研究学科的学术交流结构。

网络计量分析很复杂，因为它需要多个步骤，这些步骤通常需要使用大量多样且仅在商业许可证下可用的分析和绘图软件工具，如 Ucinet。此外，很少有研究人员和从业人员接受过如何审查文献和识别循证实践的培训。这些过程的烦琐性在实际工作中也影响了网络计量学研究的可能性和潜力，特别是对于没有一般编程技能的学者。

网络超链接分析需要使用专用的工具，如 Webometric Analyst，提取和分析网页的网址（URL）。网络链接分析无疑是网络计量学中运用最广泛的方法，起初用于构建网络影响因子，后来引申了大量相关概念和技术，其根本目的是基于网络链接数据揭示不同层次和内涵的信息，入链（inlink）分析和共链（co－link）分析就是两种实用的网络链接分析方法。随着商业搜索引擎逐渐减少甚至取消了对链接搜索的支持，可用的链接数据源逐渐减少，经典的 Altavista、Alltheweb、雅虎等搜索引擎都不复存在或者取消了对链接搜索的支持，谷歌搜索也只是返回链接搜索的样本数据，因而不能用于链接数据收集，这极大地阻碍了共链分析的进一步发展。为了解决链接分析数据源缺失的问题，学者积极探索新的解决方案，目前主要从两个方向出发：（1）不再使用商业搜索引擎，而设计爬虫程序自行爬取链接数据；（2）不再使用链接数据，而寻找和链接数据具备同样分析功能的其他类型数据。网络关键词共现是替代共链分析的一种可能方法，URL 引用数据分析是替代网络链接分析的另一种可能方法。

除了这些专用的工具软件，近些年，R 语言编程环境得到了广大数据分析和网络分析爱好者的青睐。R 语言的官方存储库 CRAN（网址为 https：//cran. r－project. org/）提供了大量的 R 软件包供使用，其中每个 R 软件包都提供了特定的分析功能。

通过互联网超文本链接，无数的个人、团体、公司、政府等不同组织形态的主体均深深嵌入互联网世界，在网络世界中留下了大量的文本。社会、管理、经济、营销、金融等不同学科，均可以研究网络上海量的文本，扩宽自己的研究对象和研究领域。文本不仅可以反映某些显性特征，而且可以反映人的特定立场、观点、价值和利益等隐藏特征。文本分析法指的是从文本的表层深入文本的深层，从而发现那些不能为普通阅读者所把握的深层意义。计算文本分析就是对文本数据（textual data）使用计算机进行分析的方法，它已经形成一个令人兴奋的研究领域，在多个研究领域都有大量应用。然而，它可能是一种难以应用的方法，因为它需要各种技术和知识，并且实施这些技术所需的大多数软件在常见的统计软件包中并不容易获得。R 语言是计算文本分析的强大平台，可以成为计算文本分析的宝贵工具。

在过去的几十年里，网络分析已成为社会、健康和物理科学家分析工具箱中越来越重要的一部分。网络分析作为一个独特的科学领域，其有自身的理论和方法，源于许多其他学科的发展，特别是数学中的图论和拓扑学、人类学中的亲属关系系统研究，以及社会学和心理学中的社会群体和过程。网络分析作为一种实证实践受到了许多网络特定软件工具和软件包的开发的推动，包括 UCINet、Gephi、Negopy 和 Pajek。在过去的二三十年中，学者们网络分析的兴趣呈爆炸式增长，至少受到三个不同因素的推动。首先，数学家、物理学家和其他领域的研究人员开发了许多有影响力的网络结构并形成理论，这些理论为网络分析科学带来了关注和活力。其次，计算能力和速度的进步使网络分析方法可以应用于大型和超大型网络，例如互联网、地球人口以及人脑。最后，统计网络理论的进步使分析人员第一次超越了简单的网络描述，能够建立和测试网络结构和过程的统计模型。R 语言环境包括许多帮助完成特定网络分析任务的软件包。分析人员不仅可以在 R 语言环境中执行网络分析任务，还可以利用 R 语言的很多其他功能。

本书内容是在“网络计量分析”的教学实践中使用的教学内容，这些内容包含了部分开放的网络资源，如网络数据、R 语言代码以及使用手册等。使用的开放网络资源在相关内容的正文部分都有明确的引用，并在参考文献中列出。

目　　录

第 1 章
网络计量分析

1.1 大数据理论

网络和移动通信技术进入了世界上相当一部分人的生活和工作中。理解新技术对人们的生活和工作带来的持续改变是一项新的挑战。这些改变包括调整现有做法的形式，例如微信视频而不是打电话安排与朋友见面；或创造新的行为，如在社交网站上公开列出朋友或熟人。特别是网络使各种信息更容易获取，并鼓励人们公开他们以前从未见过或者想过的信息。

这对研究人员和学生来说是一种优势，因为研究一种现象所需的信息可以在网络上免费获得，从而节省了数据收集的时间，并使更大规模的研究成为可能。利用这种免费公共信息的方法，笔者重点关注文本和链接两种类型。本书重点关注网络计量学的大数据方法。

研究网络现象最简单的方法是阅读参与者所写的内容，查看他们的图片和视频，或者听他们的录音。例如，阅读视频网络上的评论可能会深入了解观众对视频或其中问题的反应。此外，还有更复杂的文本内容分析方法，例如，使用词频分析或时间序列分析，其中一些分析需要使用软件，这些方法可以给出透明的、有意义的结果。网络以无与伦比的大数据规模提供信息，以超链接的形式提供文档与文档之间的联系，以及人与人之间的联系，例如以社交网站中的朋友列表或订阅用户列表的形式提供。对这些链接的分析有助于揭示人群、文档或网站之间的互动模式，而这些模式可能在单个网页中并不能明显体现。类似的网络分析早已在社会网络分析和引文分析领域得到认可，但网络使得大数据理论在更大的范围内转化为实践成为可能。例如，通过识别两个社区连接最多的用户或朋友关系，可以找出社交网站中有影响力的人。从网络中收集链接数据可以用来分析网络上的行为和结构。

网络会产生新的数据源，这些数据源似乎对研究有用，但人们不清楚它们对哪些研究问题或者研究主题最有用。以信息/数据为中心的研究（information - centered research，ICR）认为：研究人员可以调查新的信息来源，以确定哪种类型的研究主题最适合。这与传统的以问题为中心的研究（problem - centered research，PCR）方向相反。传统 PCR 方法是从特定问题的假设开始，然后在假设其适用的情况下使用数据对其进行评估（Thelwall，Wouters 和 Fry，2008）。

ICR 是一种信息科学的电子研究（e - research）方法，侧重于新的信息来源，特别是社会科学和人文科学的大数据研究。ICR 是为社会科学和人文科学研究目的有效利用新信息源的一种探索性研究方法。ICR 是一个大数据理论，因为它适用于新的信息源，这些信息源通常比之前针对类似研究问题所分析的信息源大得多，或者即使新的信息源的数据量不够大，但数据来源可能更广泛，因而在计算上也具有更大挑战。

PCR 是从特定领域的问题出发，然后调查一个新的信息源，看看它是否解决了问题。例如，超链接可以像引用一样用于评估科学研究吗？超链接可以像引用一样用来追踪国际合作的流动吗？超链接可以用来追踪在线政治辩论吗？这里的特定领域分别是信息科学、传播学。新的信息源是网络中的超链接。

ICR 是从新的信息源开始，然后从可能与之相关的各种领域中确定研究问题。例如，超链接与哪些社会科学研究问题相关？（非常一般的问题——ICR 在实践中通常比这更受限制）；学术网络空间中的超链接有哪些用途，哪些研究问题或者用途与之相关？（更具体的问题）。

虽然 ICR 的任务是将新的信息源引导到相关领域和问题，但 ICR 还可以包括开发方法，从新的数据源中有效地提取有用的信息。采用 ICR 的研究人员可以用以下五种不同的方式工作。

- ICR1 确定新信息源的相关问题，然后尝试单独解决这些问题。

- ICR2 确定相关问题或新的信息源，然后尝试与领域专家、研究人员一起解决这些问题。例如，与他人合作发表论文。

- ICR3 确定新信息源的相关问题，然后尝试将其交付给特定领域的研究人员解决。例如，特定领域研究人员独立发表论文。

- ICR4 开发方法和描述性分析或初步理论，以帮助领域专家确定新的信息源是否与他们相关，并帮助他们利用新的信息源。研究结果通常可以单独发表论文或者合作发表论文。请注意，ICR4 类似于描述性研究，通常用于研究方案的初始阶段，也类似于纯粹的方法学研究。

- ICR5 开发方法和分析专业知识，帮助领域专家解决涉及新信息源的特定领域问题。

在这里，领域专家遵循传统的PCR，采用ICR的研究人员提供支持。这种帮助可以是确定具体的可解决问题，或是确定构建适合他们的研究目标的方法。结果可能是由领域专家单独撰写论文或者联合撰写。

以信息/数据为中心的研究范式也称为大数据理论。今天时髦的数据科学、大数据、以数据为中心的研究范式讲的是同一个东西。

1.2 Web超链接分析

从1995年一直到2011年，Web超链接分析一直是一个不断增长的领域，也是网络计量学的主要研究主题。从早期的网络影响力（web impact factors，Web－IF）概念开始（Ingwersen，1998），许多定量（Thelwall，2001）和定性（Bar－Ilan，2005）研究都使用Web超链接数据来查找各种类型信息的概念和技术。网络影响力分析是通过计算文档或者术语在网上被提及（mention）的次数来评估其在网络上的影响力。网络影响力评估的基本观点是，在其他因素同等条件下，具有更大影响力的文档或者术语可能在网上被更多地提及。这个观点源于早期的一项研究（Cronin，Snyder和Rosenbaum等，1998），该研究统计了重要的学术研究在线上被提到的次数和被提及的背景。这种研究方式被认为是洞察“学术互动”的新方式。网络影响力的研究目标包括比较学术理论、政治候选人，以及书籍的影响、传播或支持等。比较学术理论、政治候选人、书籍的网络影响（例如，提及它们的网页数量）可以作为它们真实社会影响的替代指标。入链分析和共链分析已经成为两种常见的Web超链接分析类型。与入链和共链概念并列的还有关键词（keywords）和共词（co－words）的概念。有学者提出使用组织名称出现的次数来测量组织的学术影响力（Thelwall和Sud，2011），有学者提出利用共词分析来衡量和可视化组织之间的关系（Vaughan和You，2010）。

许多研究表明，链接到一个组织网站的入链数量可以作为衡量该组织影响力或地位的一个指标。例如，有学者研究发现，入链数量与大学的教学或研究业绩相关（Li，Thelwall和Musgrove等，2003）；有学者研究发现，入链数量和公司业务绩效相关（Vaughan和Romero－Frías等，2010）。共链关系也已被应用于各种类型的组织研究中，并被发现能够反映所研究组织之间的关系，例如学术关系（Ortega和Aguillo，2009；Thelwall和Wilkinson，2004）、商业关系（Romero－Frías和Vaughan，2010b）、政治关系（Kim，Barnett和Han，2010；Romero－Frías和Vaughan，2010a），以及政府关系（Holmberg，2009）。虽然这些超链接研究成功地促进了人们对网络链接现象的理解，并对网络计量学研究作出了重要贡献，但是从商业搜索引擎收集 Web 超链接数据一直在减少。商业搜索引擎始终以经济利益为驱动，当它们发现链接数据的潜在价值后，就不再向公众免费公开，而是作为产品服务卖给网站站长。例如，站长可以利用谷歌的搜索引擎优化（SEO）工具获得相应的全部链接数据，但是想获取全局的链接数据仍然不被允许。MSN 在 2007 年暂停了入链搜索。谷歌从 2011 年开始只能检索一个入链示例。雅虎从 2010 年夏季停止链接搜索命令，这使得利用商业搜索引擎进行 Web 链接搜索变得不可能。2011 年 4 月，雅虎终止了其 API 服务，因此不能通过 API 进行入链或共链搜索。

由于链接分析的数据源越来越少，研究人员已经尝试将 Web 关键字作为替代对象以补充 Web 超链接。有学者提出了 Web 共词分析概念并在电信行业对该方法进行了测试（Vaughan 和 You，2010），他们发现使用关键词共词分析可以产生类似于使用共链分析方法生成的业务竞争地图。后来，有学者提出了使用组织名称计数（组织/机构标题的关键字搜索的点击次数）作为该组织的 Web 影响力指标（Thelwall 和 Sud，2011）。有学者提出利用公司名称在网站上出现的次数作为一些常用业务度量的指标（Vaughan 和 Romero – Frías，2012），并应用在不同类型的 Web 环境中，包括一般网站、博客网站和 Web 新闻网站。

周秋菊和周在峰（2008）、金俣昕（2009）等人也曾选取不同行业对共链分析方法的有效性进行了实证研究，均验证了共链分析在揭示竞争格局方面的有效性。张洋和余厚强（2012）实际采用多种数据源比较了共链分析和网络共词分析，发现网络共词分析也能揭示重要信息，其中博客是最有效的数据源之一。邱均平（2014）研究了 URL 共现分析作为商业竞争情报研究的新方法。毛彦妮（2014）基于 URL 共现数据与共链数据相似的结构和功能，提出将共链分析拓展为 URL 共现分析，并在我国比价返利行业进行实证研究。岳增慧和方曙（2012）对网络共词分析和 URL 引用作了比较，同样指出了网络共词分析中可能有多个实体同名，致使网络共词分析中出现组织标题含混不清的问题，此外，URL 引用和超链接一样都能导向另一个网站。网络关键词虽然没有导航功能，但是网络共词分析无疑拥有更多样化和丰富的数据源。

1.3 计算文本分析

对大数据的关注是今天所有行业和领域的共同兴趣。通过互联网超文本链接，无数的个人、团体、公司、政府等不同组织形态的主体均深深嵌入互联网世界中，在网络世界中留下了大量的文本。社会、管理、经济、营销、金融等不同学科，均可以研究网络上海量的文本，扩宽自己的研究对象和研究领域。

对文本的理解存在 text as text 和 textual data 两个视角。Text as text 指的就是原始文本、定性的文本，这个视角下的文本重点是传递某种信息，是直接可理解的文本。原始文本总是以某种方式提供信息（即使我们可能不了解是什么信息）。语言活动的主要目标不是记录信息，而是进行交流，传达思想、指令、查询等。由于原始文本可以直接通过记录的语言与人们交谈，因此原始文本不需要进行抽象化处理。人们对原始文本中信息的理解和分析主要依靠人来进行，是对它的直接理解。

Textual data 是量化后的文本数据。人们可以将记录下来的文本视为数据，但是将想法和思想表达为单词和句子的目的主要是交流，而不是将想法或者思想记录为数据形式。大多数数据表征的真实活动与数据本身完全不同。例如在经济学中，原始文本可能是人们想要刻画的经济交易（使用价值媒介交换商品或服务，这样的原始文本也可能不存在），而数据是以某种聚合形式对这些交易进行的抽象。通过对抽象的相关特征达成共识，我们可以记录并分析人类的活动。特征抽象的过程是将文本视为数据，而不是将其视为原始文本。为了使文本作为数据，必须消除原始文本的结构，将文本转换为结构化的数据，这是定量分析文本的起点。将文本视为数据意味着让机器来处理并分析文本，而不是让人脑来分析和理解文本。为了将文本作为数据，而不是原始文本，必须破坏原始文本的直接可理解性，但目的是从其他抽象特征中进行更系统、更大规模的推断。将文本作为数据进行分析的重点不是理解数据，而是挖掘其深层次的模式或者规律。在政治学领域，通常最感兴趣的可能不是文本本身，而是文本透露的有关作者的一些隐藏特性，包括政治取向、政治信仰等。文本数据可能包含取向、信念等重要信息，对于这些隐藏特性，非语言形式的行为可能会被当作不良指标。长期以来，心理学领域一直将言语行为作为可观察到的潜在兴趣状态的暗示，例如人格特质。文本数据还可能具有显性特征，就是文本本身所包含的传播形式和性质。如果人们对一位政治演说家是使用民粹主义还是种族主义语言感兴趣，那么直接以民粹主义术语或者参考形式出现在文本中就代表了其显性特征。

文本不仅可以反映某些显性特征，还可以反映出人的特定立场、观点、价值和利益等隐藏特征。文本分析法指的是从文本的表层深入文本的深层，从而发现那些不能为普通阅读者所把握的深层意义。计算文本分析就是对 textual data 使用计算机来进行分析的方法，它已经成为一个令人兴奋的研究领域。然而，它可能是一种难以应用的方法，因为它需要各种技术和知识，并且执行这些技术所需的大多数软件在常见的统计软件包中并不容易获得。

R 语言是计算文本分析的强大平台，可以成为计算文本分析的宝贵工具。首先，其完善的软件包提供了对基础文本分析和先进文本分析技术的轻松访问。不仅实现最常见的文本分析技术，而且在大多数情况下，可以提供多个软件包供用户选择自己喜欢的工具来实现他们的分析。其中许多软件包都是由资深的学者开发，并提供了数据准备和分析的分析流程。其次，R 语言的开源特性和出色的软件包处理系统使其成为弥合研究与工具开发之间差距的便捷平台，这对于在相关研究中建立强大的计算方法范式至关重要。新算法不必局限于针对方法论专家的期刊文章中的抽象和复杂的解释，或通过许多感兴趣的各方提供不知道如何处理的神秘代码。算法作为一个 R 语言软件包，可以很容易地提供标准化和熟悉的格式。

然而，对于新用户来说，从范围广泛的 R 语言文本分析软件包中进行选择也可能令人望而生畏。由于大多数技术有各种替代方案，可能很难确定哪些软件包值得投入精力学习。本书对软件包的选择是基于 R 语言文本分析软件包的用户经验，并且提供最常见的软件包，例如 quanteda、tidytext、tm。需要强调的是，本书提供的软件包选择并不详尽，并不代表选择的软件包最适合相关功能。通常，最适合这项工作的软件包在很大程度上取决于特定的功能和问题的特定优先级，例如速度、内存效率和准确性。此外，在建立高效的工作流程时，不应低估个人偏好和经验的重要性。一个很好的例子是 tidytext 软件包的工作流程（Silge 和 Robinson，2016），熟悉 tidyverse 理念的人可能更喜欢它。因此，这里列举使用的软件包仅提供了一个很好的起点，对于许多用户来说，可能是他们所需要的全部，但还有许多其他不错的软件包。要获得更完整的软件包列表，一个很好的途径是自然语言处理的 CRAN 任务视图（Wild，2022）。

笔者侧重于分析网络上的网页文本、文学、新闻和社交媒体方面的文本，与此同时，提供了网络文本分析的例子（Welbers，2017）。

1.4 网络分析

网络科学涵盖广泛的研究和学术方法，它使用关系来研究和理解生物、物理、社会和信息系统。网络科学家的主要工具是网络分析，它是一组方法，用于可视化网络，描述整个网络结构的特征以及有关内部各个节点、边和子组的详细信息，以及建立网络结构及其动态特征的数学和统计模型。在过去的几十年里，网络分析已成为社会、健康和物理科学家分析工具箱中越来越重要的一部分。

网络分析作为一个独特的科学事业，拥有自己的理论和方法，源于许多其他学科的发展，特别是数学中的图论和拓扑学、人类学中的亲属关系系统研究，以及社会学和心理学中的社会群体和过程研究。尽管网络分析不是由某个人在特定地点和时间发明的，但现在公认的现代网络分析的最初发展可以追溯到 20 世纪 30 年代雅各·莫雷诺（Jacob Moreno）的工作（Borgatta，2007）。他将社会关系研究定义为社会计量学

(sociometry)，并创立了期刊《社会计量学》(*Sociometry*)，该期刊发表了该领域的早期研究。他还发明了社会图，这是一种显示的视觉方式网络结构。20 世纪 30 年代，《纽约时报》出现了第一个发表的社会图，它是一个四年级班级之间友谊关系的网络图。网络分析的理论和方法在20 世纪后期得到了发展，社会学、心理学、政治学、商业、公共卫生和计算机科学都作出了重要贡献。网络科学作为一种实证实践受到了许多网络特定软件工具和软件包的开发的推动，包括 UCINet、STRUCTURE、Negopy 和 Pajek。在过去的二三十年中，网络科学的兴趣呈爆炸式增长，至少受到三个不同因素的推动。首先，数学家、物理学家和其他领域的研究人员发展了许多有影响力的网络结构和形成理论，这些理论为网络科学带来了关注和活力。其次，计算能力和速度的进步使网络分析方法可以应用于大型和超大型网络，例如互联网、地球人口、人脑。最后，统计网络理论的进步使分析人员第一次超越了简单的网络描述，能够建立和测试网络结构和过程的统计模型。

R 编程语言和环境包含一个庞大的集成系统，其中有数千个软件包和函数，可以处理无数的数据管理、分析或可视化任务。R 语言系统包括许多帮助完成特定网络分析任务的软件包。分析人员不仅可以在 R 语言环境中执行网络分析任务，还可以利用 R 语言的很多其他功能。大多数其他网络分析程序（例如 Pajek、UCINet、Gephi）是独立的软件包，没有像 R 语言一样具有在综合统计编程环境中工作的优势。尽管有许多优秀的网络分析程序可以处理各种各样的网络描述性统计和可视化任务，但与 R 语言相比，这些网络分析程序不具有与 R 语言相同的能力来处理通常用于大规模网络分析的复杂数据和项目管理任务。首先，R 语言中的网络分析可以利用 R 语言强大的数据管理、清理、导入和导出功能。网络分析通常从导入其他来源的数据并将其转换为可以通过网络分析工具进行分析的形式开始。所有的网络分析程序都有一定的数据管理能力，但这些独立程序没有 R 语言在数据管理能力上的广度和深度。R 语言非常适合网络分析的主要原因是当前其可用于管理网络数据和进行网络可视化、网络描述和网络建模的软件包的广度。R 语言有几十个与网络分析相关的软件包，并且一直在创建更多的软件包。网络数据可以通过 network 和 igraph 软件包管理和存储在 R 语言原生对象中，并且可以通过 intergraph 软件包在格式之间交换数据。基本的网络分析和可视化可以使用包含在更广泛的 statnet 网络软件包套件以及 igraph 软件包中的 sna 软件包来处理。Ergm 软件包及其相关库可以处理更复杂的网络建模，RSiena 软件包生成基于参与者的动态网络模型。独立的网络分析程序有很多优势（例如，Gephi 的可视化功能），但没有一个程序能与 R 语言中包含的社会网络分析软件包的综合能力相媲美。另外，在进行复杂的科学或商业网络分析时，重要的是，要有正确的项目管理工具促进代码存储和检索、管理统计结果和信息图形等分析输出，并为内部和外部受众生成报告。传统的统计分析平台如软件 SAS 和 SPSS 有这些工具，但大多数网络分析程序没有。通过将 R 语言与集成开发环境（IDE）结合，例如 RStudio（http：//rstudio. org/）并利用 knitr 和 shiny 等软件包，用户可以管理任何类型的复杂网络项目。事实上，这些工具的开发和可用性一直是可重复研究运动的驱动力之一，它强调了将数据、代码、结果和文档以永久和可共享的形式结合起来的重要性。

第 2 章
如何找到合适的网络数据

谷歌作为全世界范围内的顶级科技公司，提供了不同类型的网络数据源以供分析（Omar，Mehmood 和 Choi 等，2017）。同时，谷歌产品在世界范围内的高普及率，也能保证研究范围的全面性。本章将分别介绍来自谷歌的四个不同的数据源。

2.1 Google Books Ngram Viewer

Google Books Ngram Viewer 是一个用来检索谷歌的文本语料库（包含了 1500 ~ 2008 年印刷的多种语言的书籍）的搜索引擎。Google Books Ngram Viewer 现在可以在 2009 年版本和 2012 年版本的语料库中依据检索词针对单一语言进行检索，并返回其在一段时间内热度的变化情况，其提供了谷歌图书扫描并数字化的部分图书（占全球出版书籍的 4%）的 Ngram 数据。仅英文语料库就有 2 万亿个词汇。Google Books Ngram Viewer 客观上存在一些局限和不足，例如没有元数据和 2008 年之后的数据、出版图书在学术上存在一定的滞后性、扫描和 OCR 识别中存在错误等，但作为一个免费的、巨大的语料库，其仍能够有效揭示研究活动的变化趋势。表 2 - 1 详细描述了 Google Books Ngram Viewer 的使用步骤。

表 2 - 1　Google Books Ngram Viewer 的操作步骤

步骤	参数	注释
打开搜索引擎	https：//books. google. com/ngrams	打开 Google Books Ngram Viewer 的搜索页面
输入检索词	Artificial Intelligence，Neural Networks，Data Mining，Machine Learning，Expert Systems，Machine Intelligence，Intelligent Machines，Artificial Thinking	不同的词组之间以逗号分隔。选取的检索词组为在人工智能（Artifical Intelligence）研究领域热度较高的词汇，同时参考了 Google Trends “相关检索” 的结果

续表

步骤	参数	注释
忽略大小写	勾选右上角的“case - insensitive”	忽略大小写以提高检索的查全率
选择起止时间	选择 1946 ~ 2008 年或 2004 ~ 2008 年	现在公认的人工智能作为一个研究领域正式确立的标志是 1956 年夏季的达特茅斯会议（罗晨和沈浩，2018），将时间上限提早 10 年（1946 年），下限 2008 年（Google Books Ngram Viewer 中没有 2008 年之后的数据）来观察人工智能领域的热词在较长的一段时间内总体的热度变化情况；同时选用 2004 年作为上限是因为 Google Trends 的数据最早为 2004 年
选择语料库	依次选择 American English，British English，English，French，German 中的一个	Google Books 包含了很多个语料库，笔者仅选择 2012 年版本中的五个语料库来展示相关的结果。选择 2012 年版本是因为其准确性相对 2009 年版本更高。在其他检索条件相同的条件下，选择不同的语料库，并将各自结果记录下来汇总到一个表中，这样方便后期的对比研究
曲线修饰	选择 5 或 0	为了获得更加平滑的曲线，需要在搜索页面设置平滑度。平滑度越大，曲线越平滑，丢失的细节信息也越多，平滑度过小则不方便观察总体趋势
观察结果	—	将鼠标指针放在曲线上可以显示对应的数值，右击曲线可以显示该词汇不同的大小写形式的各自的曲线

关键字的确定需要综合多方面，如专业术语、同义词、是否为这一研究领域中的通用词汇等。可以使用 Google Books Ngram Viewer 和 Google Trends 来辅助确定相关研究领域，例如人工智能研究领域，相关的同义词、主题词和关键字。从图 2 - 1 可以看出，“Artificial Intelligence” 在人工智能发展的几十年间一直保持相对较高的热度，且其出现频率总体上一直高于其他词汇，因此选用 “Artificial Intelligence” 作为在 Google Search 和 Google Scholar 中的关键字。

图 2 - 1 与图 2 - 2 展现了人工智能及相关关键词出现的频率随时间的变化。结合图 2 - 1 使用多个同义词检索的结果，可以发现作为人工智能领域一直以来的顶级热词。“Artificial Intelligence” 的热度因时期和地区不同存在显著差异。人工智能领域内的热词存在“新老交替”的情况，例如 “Expert Systems” 在 1990 ~ 2008 年这段时间呈现出明显的下降趋势，逐渐变成一个出现频率很低的非核心词汇，“Neural networks” “Data Mining” 则在同期呈现明显的上升趋势，并最终在 2005 年和 “Artificial Intelligence” 收敛于相同的频率范围。前者频率的下降和后者频率的上升说明专家系统在 20

世纪 90 年代之后逐渐被放弃，神经网络和数据挖掘则受到了更多关注。“Artificial Intelligence”“Neural Networks”“Data Mining”三个关键词在频率上的收敛在一定程度上代表着“Artificial Intelligence”顶级热词的地位将在之后发生变化，但由于 Google Books 的语料库中缺少 2008 年之后的数据，还需要后期数据更新之后进行验证。通过对比图 2-2 中 English_US、English_UK、Fre、Ger 四条曲线，可以发现“Artificial Intelligence”在母语为英语的国家出现的频率要明显高于母语不是英语的国家，同时在母语为英语的国家出现频率呈现缓慢下降的趋势，在德国则总体成缓慢上升趋势。

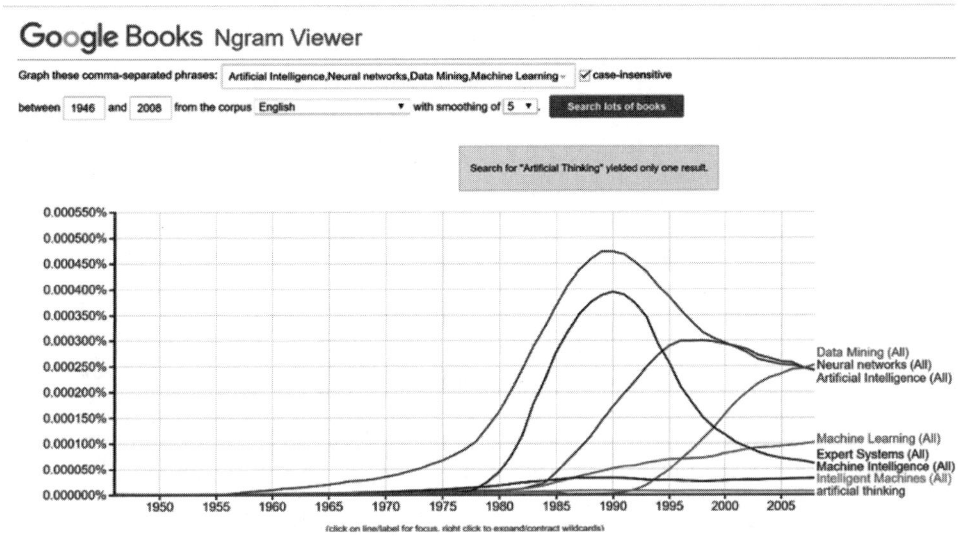

图 2-1　“Artificial Intelligence”及相关关键字在 Google Books Ngram Viewer 全球范围英语语料库（2012 年版）中出现的频率变化

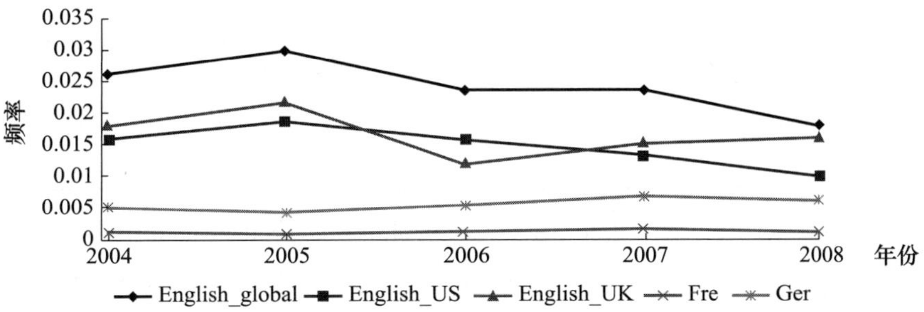

图 2-2　“Artificial Intelligence”在 Google Books Ngram Viewer 五个语料库（2012 年版）中出现的频率

注：为便于观察比较，纵轴频率数值为放大 10000 倍之后的结果。

2.2 Google Trends

Google Trends 是一个分析 Google Search 在不同地区、不同语言顶级检索词的热度的网站。基于对不同地区、不同语言的 Google Search 用户搜索行为的统计，Google Trends 可以用来衡量某一时间人们对某一话题的关注度，同时可以依据 Google Trends 中排名靠前的检索词的变化对未来作出预测。使用 Google Trends 的操作步骤在表 2－2 中进行了详细描述。

表 2－2 使用 Google Trends 的操作步骤

步骤	参数	注释
打开 Google Trends	https：//trends. google. com/trends	Google Trends 能揭示不同时期与人工智能相关的搜索量的变化，以及不同区域搜索热度排名
输入关键字	Artificial Intelligence	在首页输入关键字，结果会在新的页面中显示
条件设置	区域范围选择：全球。 关键字属性：作为研究领域或作为字词。 搜索类别：网页搜索、新闻搜索和 YouTube 搜索。 时间范围： 网页搜索时间范围为 2004 年 1 月 1 日至 2019 年 1 月 1 日， 新闻搜索时间范围为 2008 年 1 月 1 日至 2019 年 1 月 1 日， YouTube 搜索时间范围为 2004 年 1 月 1 日至 2019 年 1 月 1 日	当在搜索页面输入关键字时，会弹出作为研究领域、作为字词、作为电影几个备选项，笔者选择其中的两个。 Google Trends 不显示 2004 年之前的数据，同时因为本文是在 2019 年 3～4 月完成，2019 年数据不能代表全年情况，所以所有对数据来源的数据搜集都是从 2004 年 1 月 1 日始，至 2019 年 1 月 1 日止。 Google Trends 中的新闻搜索起始时间为 2008 年 1 月 1 日
显示结果	热度随时间变化趋势。 按区域显示搜索热度。 相关主题。 相关查询	以曲线显示在指定区域、指定时间内关键词热度随时间的变化情况。 显示在指定区域、指定时间内不同子区域按照搜索热度的排名情况。 与关键字相关的主题和查询可以帮助确定与人工智能相关的除“Artificial Intelligence”之外的其他关键字

图 2－3 展示了“Artificial Intelligence”分别作为研究领域和词组在 Google Trends 中搜索得到排名前五的国家/地区。图 2－3（a）展示的是在 News、YouTube、Web 三个种类中分别排名前五的国家/地区。图 2－3（b）则展示了图 2－3（a）中的所有国家/地区各自拥有的类别。在全部 21 个国家/地区中，以发展中国家或地区和欠发达国家或地区为代表的人工智能发展相对落后的国家或地区占了绝大多数，在 Web 类别这一问题尤其突出。在人工智能领域处于领先地位的美国、英国等国家都没有在 Google Trends 的结果中出现。

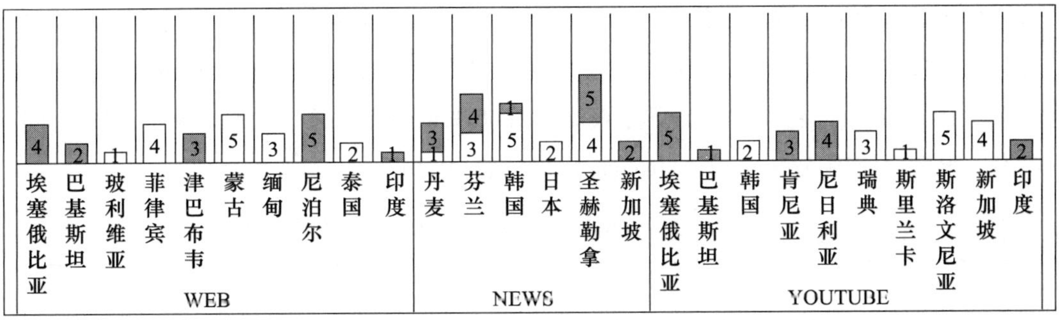

(a) WEB、NEWS、YOUTUBE 三个大类中排名前五的国家或地区

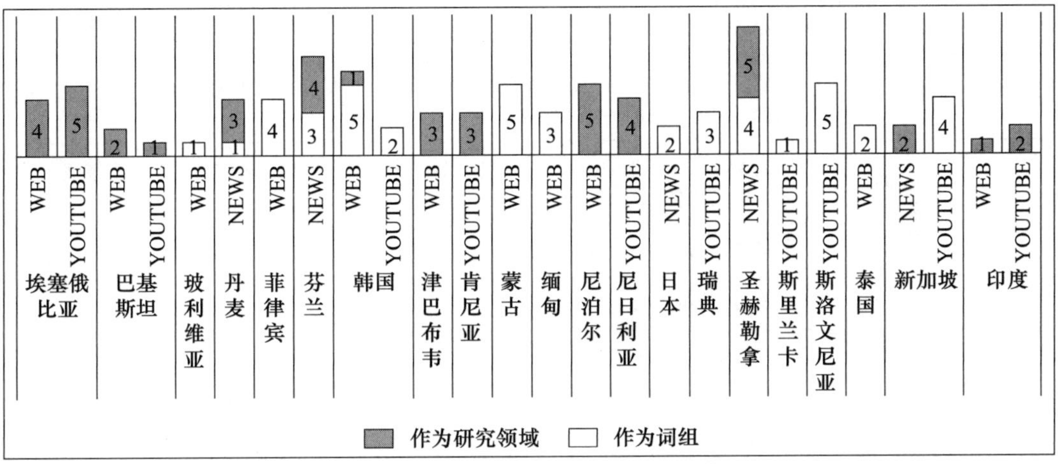

(b) 同一国家或地区在不同中的排名情况

图 2-3　“Artificial Intelligence”分别作为研究领域和词组在 Google Trends 中搜索排名前五的国家或地区

注：排第一名用数值 5 表示，排最后一名用数值 1 表示，中间依次递减。

2.3　Google Search

Google Search 是由谷歌开发的一款网络搜索引擎。Google Search 是世界范围内全平台使用最多的搜索引擎，每天处理超过 35 亿次检索。截至 2019 年 2 月，Google Search 的全平台综合市场份额为 92.92%，远远高于其竞争对手（同期必应为 2.38%，雅虎为 1.79%，百度为 1.03%）。❶ 基于其在全世界范围内的高占有率，笔者选择 Google Search 作为数据来源之一。在 Google Search 中使用的检索式是 allintitle：artificial intelligence，返回的结果为在 title 标签中包含 artificial intelligence 的网页的标题、简介

❶ 数据来自 Statcounter 官网统计网址为 http：//gs.statcounter.com/search-engine-market-share.

和链接。链接的数量代表了一定时间内人工智能在特定搜索引擎中的热度，而链接自身则指向了包含人工智能相关内容的网站，这在之后对不同国家、地区或组织的对比分析中至关重要。使用表 2－3 中提到的检索式和检索设置，Google Search 中抓取到 URL 共计 2963 条，基本满足了研究需要，同时考虑到使用同义词所带来的 URL 重复问题，没有再使用 Artificial Intelligence 之外的任何词组作为检索关键字。

表 2－3　使用 Google Search 的操作步骤

步骤	说明
搜索引擎设置	设置每页 100 条结果（最大）；语言设为英语；时间为每年的 1 月 1 日至每年的 12 月 31 日
输入检索式	allintitle：artificial intelligence
网页数据抓取	使用 Data Miner 逐页抓取每条搜索结果对应的 URL，获得全部 URL 之后，将结果以 xlsx 文件的形式存储到本地
URL 分析	用 Webometric Analyst 4. 1 对抓取到的 URL 进行分割：域名、站点、顶级域名、二次级域名
网络影响分析	用 Webometric Analyst 4. 1 对抓取到的 URL 进行分析，生成一般性网络影响报告
合并相关数据	对报告中的数据进行汇总
数据分析	对数据进行对比分析

2. 4　Google Scholar

Google Scholar 是一个对不同出版格式和不同学科的学术文献进行全文或元数据检索的免费的搜索引擎。根据计量人员的研究，截至 2018 年 1 月，Google Scholar 的数据库中包含大约 3. 89 亿份文件，以英文发表的学术文章的覆盖率为 80%～90%，为世界上最大的学术搜索引擎。基于以上，选用 Google Scholar 对不同时期的学术活动加以评估。在 Google Scholar 中，使用的检索式是 allintitle：artificial intelligence，返回的结果为在 title 标签中包含 artificial intelligence 的标题、简介和链接的网页。链接的数量代表了一定时间内人工智能在特定搜索引擎中的热度，而链接自身则指向了包含人工智能相关内容的网站，这在之后对不同国家、地区和组织的对比分析中至关重要。使用表 2－4中提到的检索式和检索设置，Google Scholar 中抓取到 URL 共计 10101 条，同时考虑到使用同义词所带来的 URL 重复问题，没有再使用 Artificial Intelligence 之外的任何词组作为检索关键字。

表 2-4　使用 Google Scholar 的操作步骤

步骤	说明
搜索引擎设置	每页 20 条结果，语言设为英语，搜索范围为文章和专利，时间为每年的 1 月 1 日至每年的 12 月 31 日
输入检索式	allintitle：artificial intelligence
网页数据抓取	使用 Data Miner 逐页抓取每条搜索结果对应的 URL，获得全部 URL 之后，将结果以 xlsx 文件的形式存储到本地
URL 分析	用 Webometric Analyst 4.1 对抓取到的 URL 进行分割：域名、站点、顶级域名、二级域名
网络影响分析	用 Webometric Analyst 4.1 对抓取到的 URL 进行分析，生成一般性网络影响报告
合并相关数据	对报告中的数据进行汇总
数据分析	对数据进行对比分析

本章重点介绍来自谷歌的四个不同的数据源的使用。Google Books Ngram Viewer 是一个用来检索谷歌的文本语料库（包含了 1500～2008 年印刷的多种语言的书籍）的搜索引擎，Google Trends 是一个分析 Google Search 在不同地区、不同语言顶级检索词的热度的检索工具，Google Search 是谷歌的网络搜索引擎，Google Scholar 是一个对不同出版格式和学科的学术文献进行全文或元数据检索的免费的搜索引擎。通过这些工具可以搜索到不同类型的网络数据源以供分析。

第3章

网页数据自动抓取

本章介绍可以自动下载Web网页信息的Web爬虫软件。Web爬虫（网络爬虫）是自动搜索引擎的一种替代方法。当需要对一组网页进行深入分析或者当需要比搜索引擎提供的信息更可靠的数据时，使用Web爬虫就比较合适。Web爬虫爬取数据的范围可以由用户自行确定，而搜索引擎的搜索范围有较多的不确定性，此外，Web爬虫爬取到的信息比搜索引擎提供的信息更加明确。为了应对搜索引擎的反爬虫技术，同时降低数据抓取难度、提高效率，这里使用了基于Chrome浏览器的免费插件Data Miner（https：//data-miner.io）来抓取网络数据。虽然URL分析仅需用到搜索结果对应的URL，但在抓取URL的同时，也一同抓取了每条搜索结果的标题和简介等网络文本。使用Data Miner的过程中，需要使用Google账户登录。由于Data Miner对免费用户每月爬取网页数量有限制，用户使用过程中可能需要支付一定费用。

3.1 下载并安装Data Miner到Google Chrome中

Data Miner是一款具有强大Web抓取能力的专业数据挖掘工具。Data Miner是Google Chrome和Edge浏览器的一个扩展工具，可从网页中抓取数据，并将其转换为CSV文件或Excel电子表格。

3.2 开启Data Miner

单击浏览器右上角自定义及控制→更多工具→扩展程序，开启该扩展程序（见图3-1）。

图3-1 开启浏览器扩展程序

3.3 打开 Data Miner

单击浏览器右上角扩展程序→Data Scraper（见图3-2）。

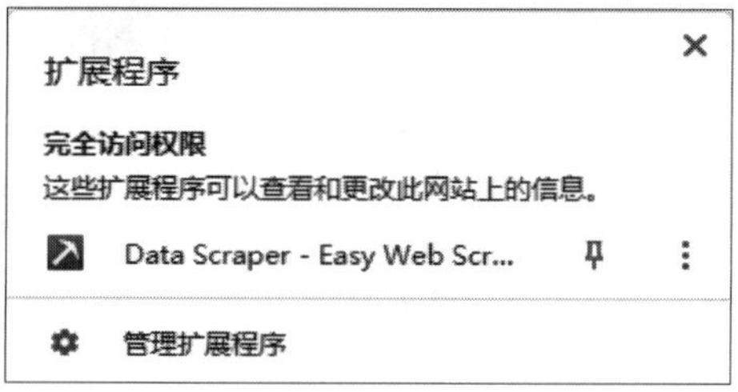

图3-2 更改扩展程序信息

3.4 注册并登录 Data Miner

安装 Data Miner 之后，注册和登录 Data Miner（见图3-3）。

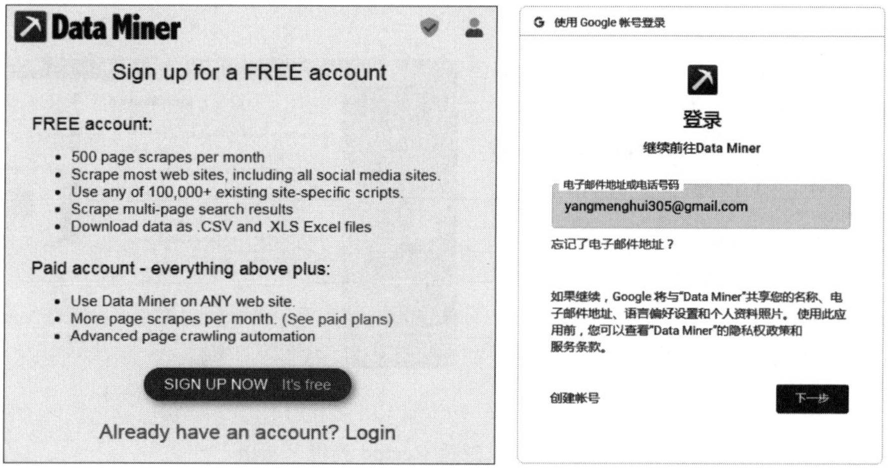

(a) 注册　　(b) 登录

图3-3 注册和登录 Data Miner 流程

(c) 输入密码

图 3－3　注册和登录 Data Miner 流程（续）

3.5 创建 Recipe

在当前网页界面，单击右上角 Data Miner 扩展程序，然后选择 Scrape This Page 开始爬取当前页面。在左侧的工具栏中，单击 New Recipe 开始创建 Recipe（见图 3－4）。

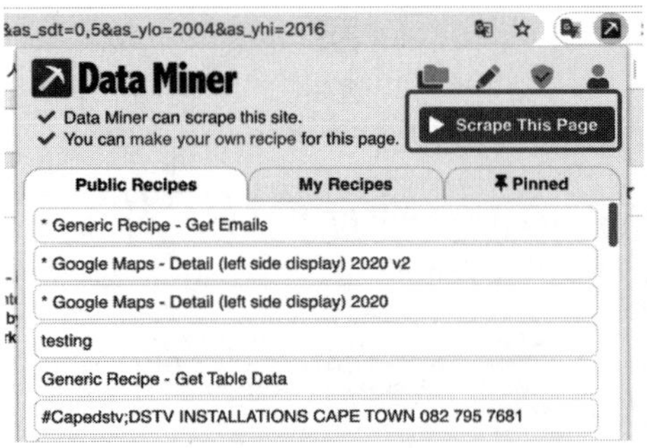

(a) 打开Data Miner

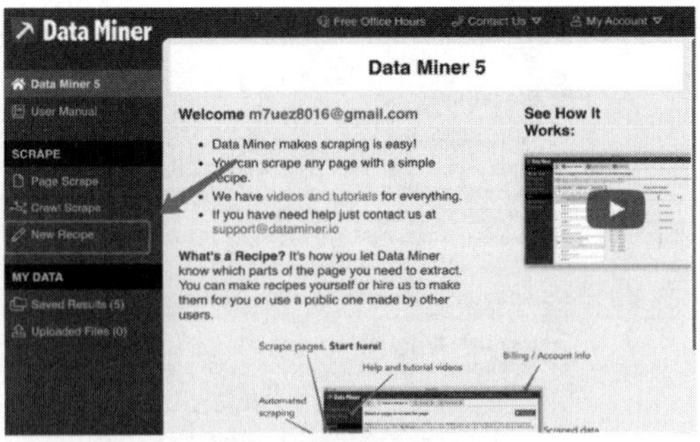

(b) 新建Recipe（一）

图 3－4　创建 Recipe 流程

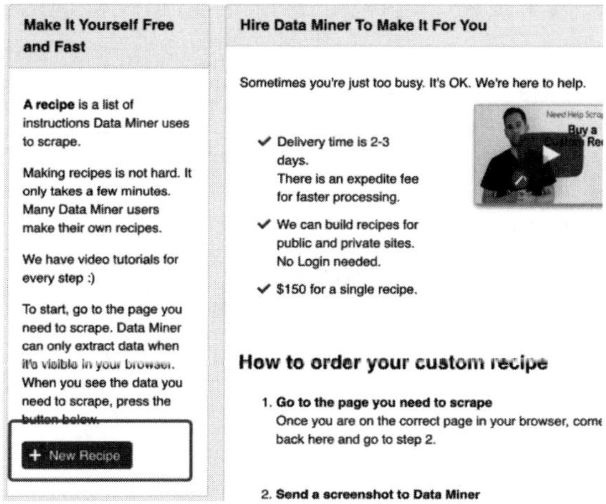

（c）新建Recipe（二）

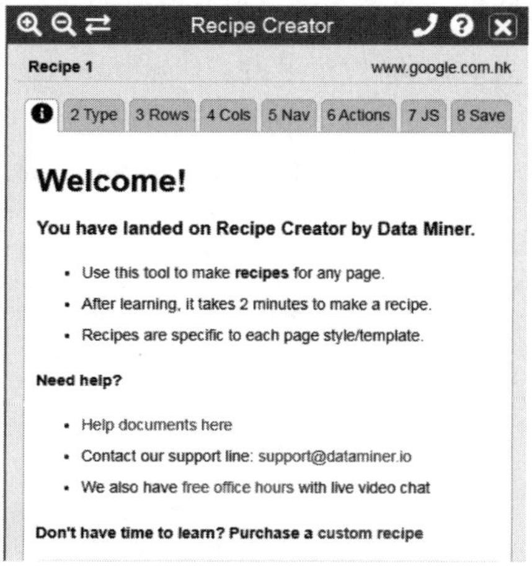

（d）完成新建Recipe

图 3－4　创建 Recipe 流程（续）

3.6　设置待爬取网页的类型

单击菜单“2 Type”，选择“List/Search Page：multiple rows”选项（见图 3－5）。

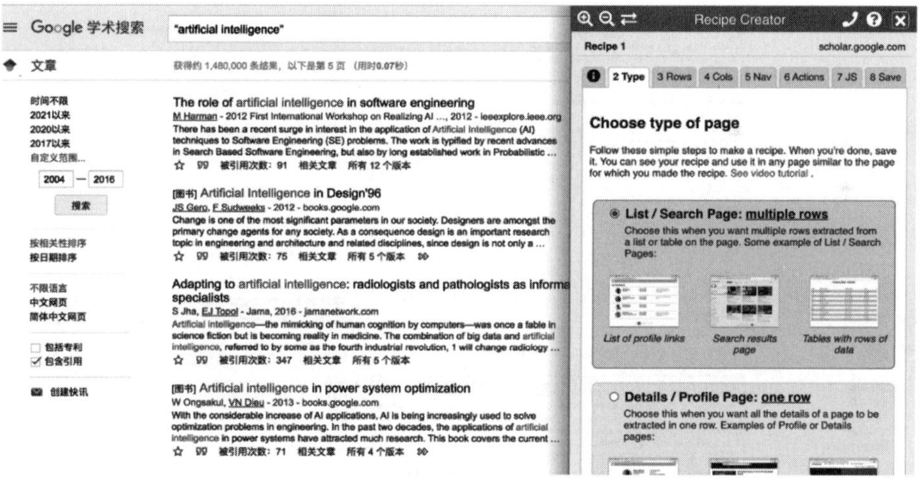

图 3－5　设置待爬取网页的类型

3.7　设置待爬取网页中行的信息

单击菜单“3 Rows”，选择“Easy Row Finder”，根据提示，鼠标移动到第一行，使标题、摘要整个块变橘色时候按下按钮 1（见图 3－6）选择第一行，而不是某一行变橘色。同理，移动到要抓取的第二行，按下按钮 2 选择第二行，然后出现框选的整个页面的 20 行，单击“Confirm”（见图 3－7）。

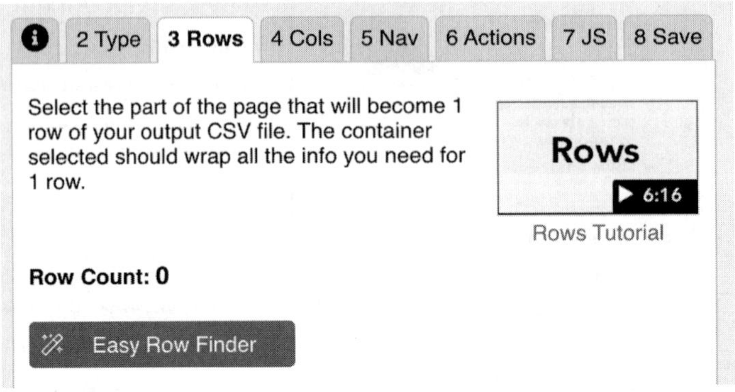

(a) “3 Rows”页面

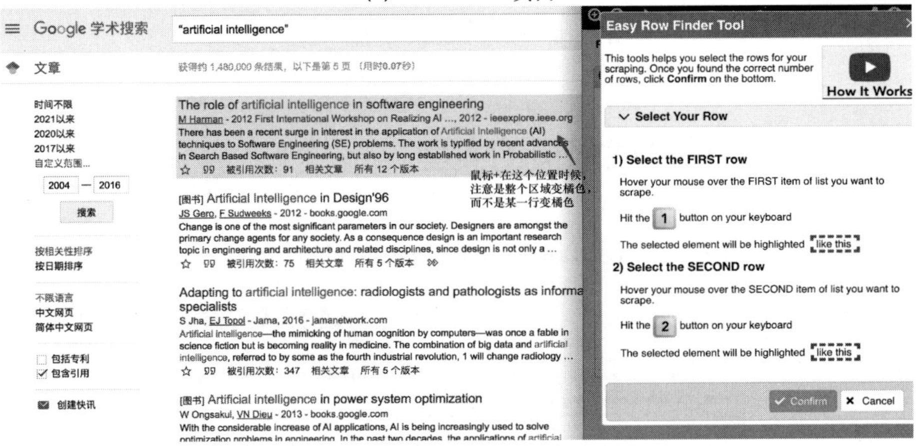

(b) “Confirm”页面

图 3－6　爬取网页行信息设置（一）

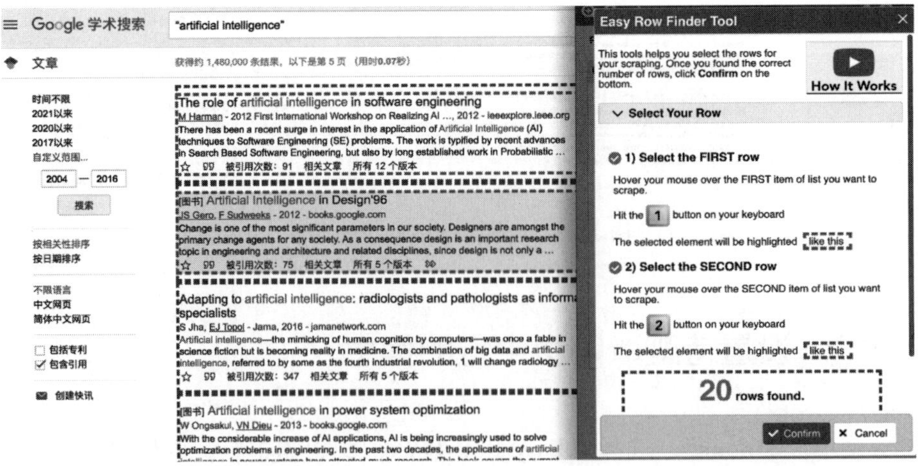

图 3－7　爬取网页行信息设置（二）

3.8 设置待爬取网页中列的信息

单击菜单“4 Cols”，设置爬取网页中列的信息（见图 3-8）。

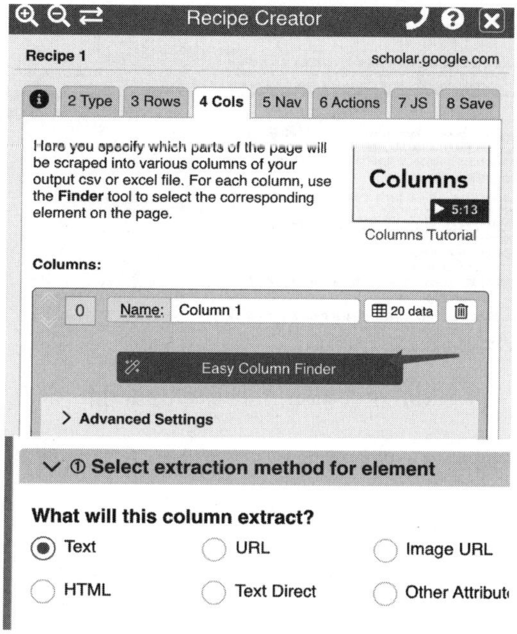

图 3-8　爬取网页列信息设置（一）

在“Name:”栏中输入“title”。点击“Easy Column Finder”项。在弹出的新窗口中，选择“Text”。

将鼠标移至网页的标题行，按键 Shift + C，点击“Narrow to 1 element”，显示 HTML Element Type: h3，单击“Confirm”（见图 3-9）。

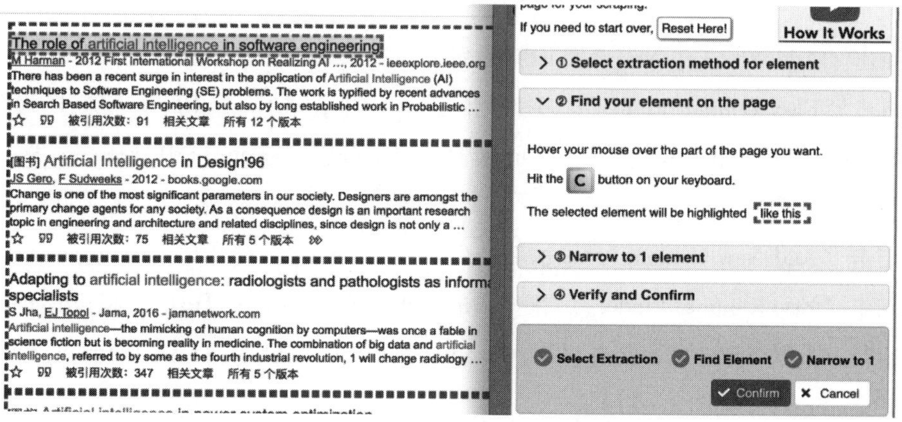

（a）“Narrow to 1 element”页面

图 3-9　爬取网页中列信息设置（二）

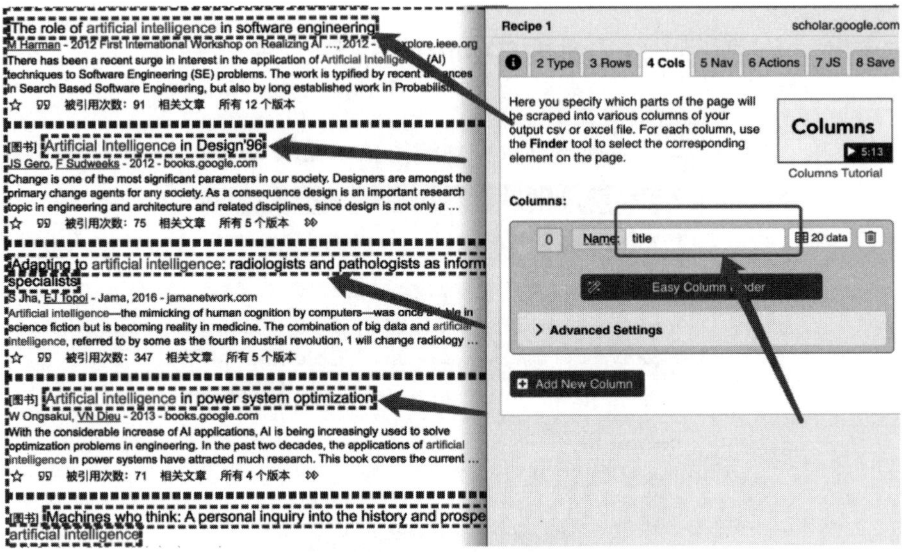

(b) 在"Name:"栏中输入搜索对象

图 3-9　爬取网页中列信息设置（二）（续）

增加新列的信息如图 3-10 所示。

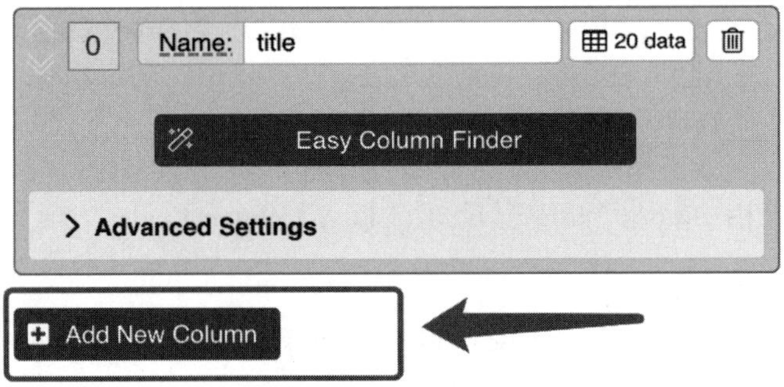

图 3-10　爬取网页中列信息设置（三）

点击"Add New Column"，添加新的列。在"Name:"栏中输入"link"。

点击"Easy Column Finder"。在弹出的新窗口中，选择"URL"。将鼠标移至网页的 URL 行，按键 Shift + C，点击"Narrow to 1 element"，显示 HTML Element Type：h3。单击"Confirm"。

点击"Add New Column"，添加新的列。在"Name:"栏中输入"snippest"。

点击"Easy Column Finder"。在弹出的新窗口中，选择"Text"。将鼠标移至网页的摘要行，按键 Shift + C，点击"Narrow to 1 element"，显示 HTML Element Type：h3，点击"Confirm"（见图 3-11）。

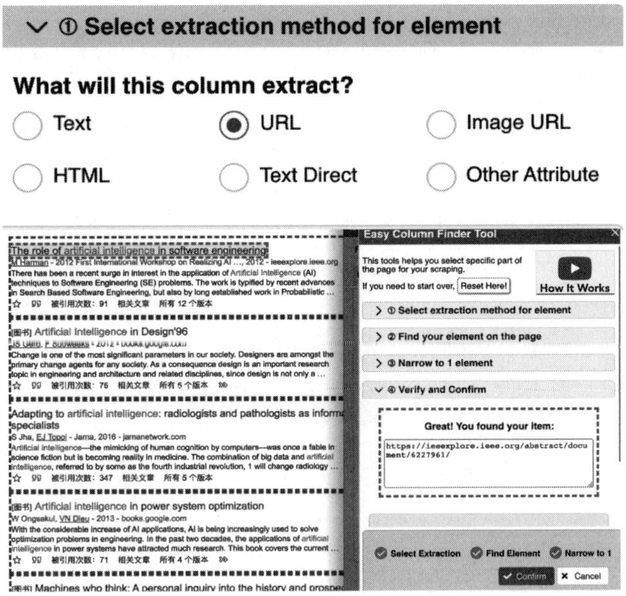

（a）选择“URL”

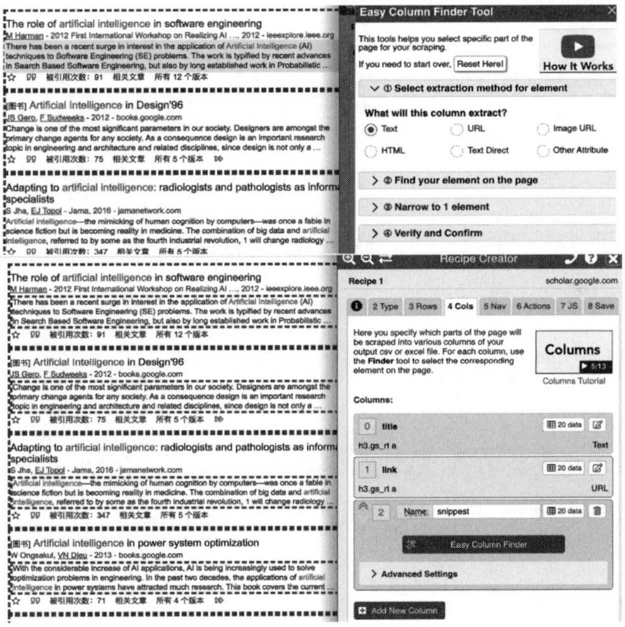

（b）选择“Text”

图 3-11　爬取网页中列信息设置（四）

3.9　设置爬取时自动翻页

单击菜单“5 Nav”（见图 3-12），设置爬取时自动翻页。点击“Easy Nav Finder”。鼠标移动到网页底部的“Next”翻页按钮上，按键 Shift + N，点击“Confirm”。

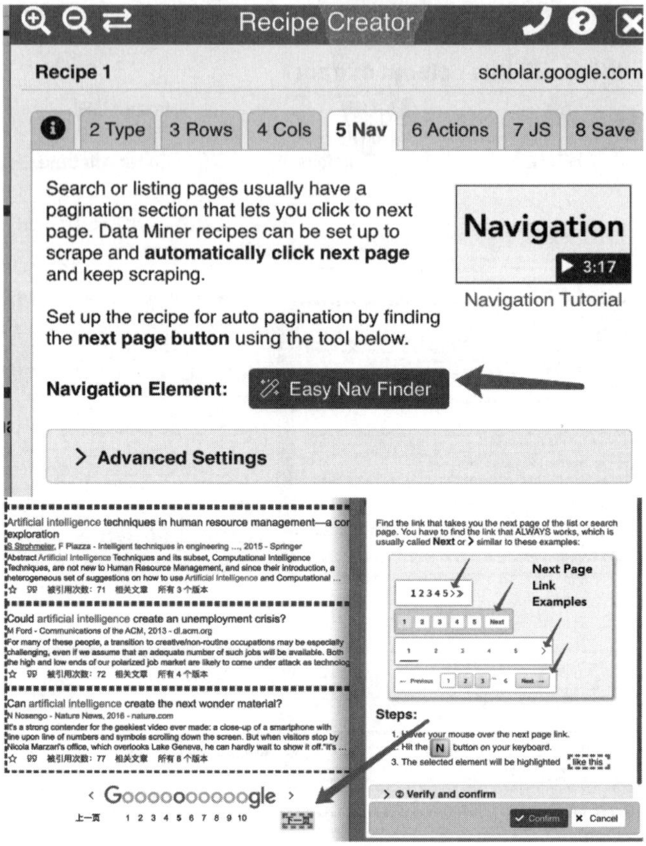

图 3－12　设置爬取时自动翻页示例

3.10　设置爬取动作

单击菜单“6 Action”。在此次简单抓取，这一步不用添加特殊动作。如果是复杂的抓取，需要添加特殊动作。

3.11　设置脚本

单击菜单“7 JS”。此步骤不需要修改参数。

3.12　保存设置

修改名字并保存，然后运行抓取（见图 3－13）。

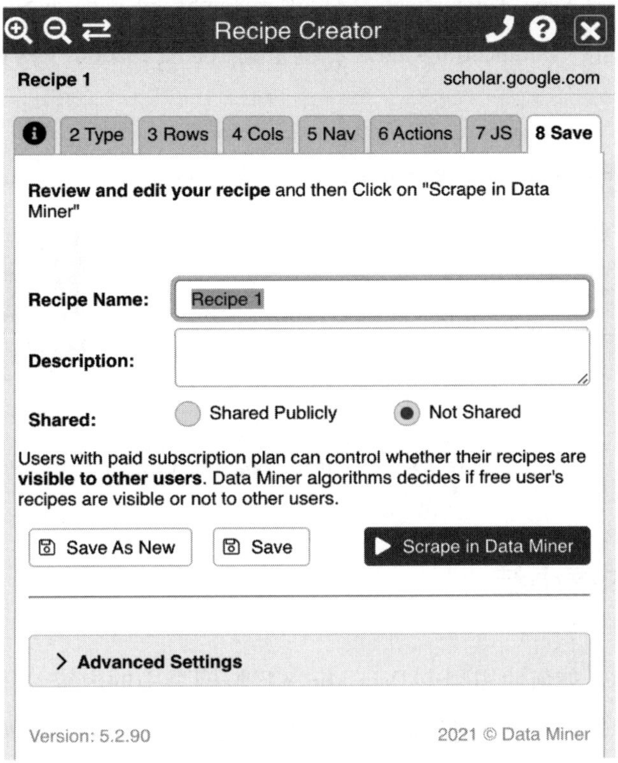

图 3-13　保存爬取设置示意

3.13 开始爬取

单击图 3-14 右下角“Scrape in Data Miner”，启动自动爬取。在弹出的窗口中，左侧显示的“Recipe 1”就是前面设置的爬虫，点击“Run”，启动爬虫。

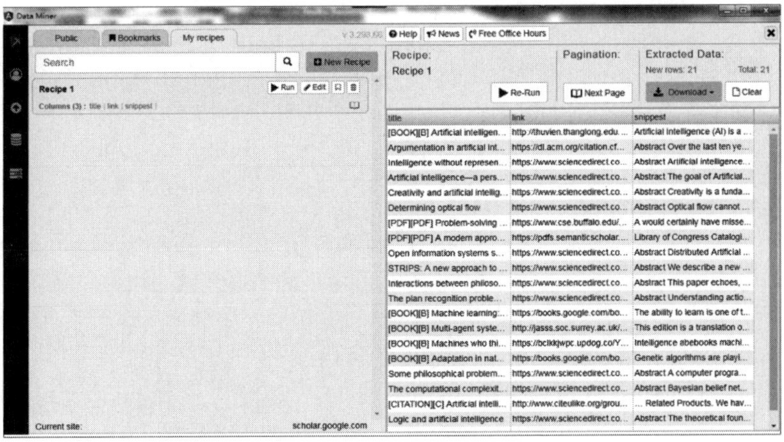

图 3-14　爬虫开始爬取网页（一）

在弹出的“Next Page Automation”窗口中，Number of Page to Scrape 的参数为 100（见图 3-15）。单击“Scrape 100 Pages”，共采集 100 页，2000 个网页数据。

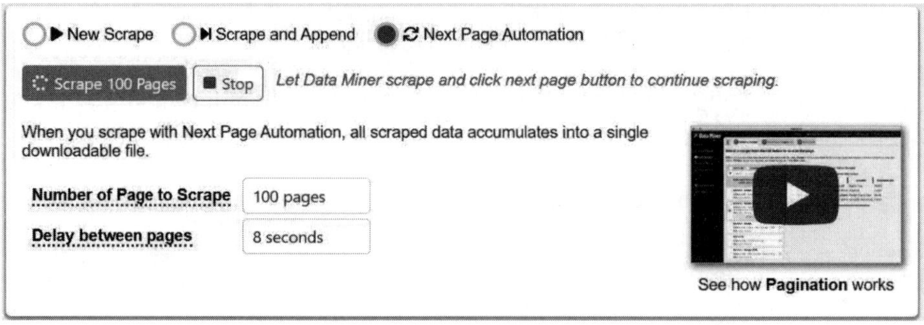

图 3-15　爬虫开始爬取网页（二）

3.14　本章小结

本章主要描述了如何使用爬虫 Data Miner 爬取网页中的内容。爬虫爬取网页内容主要包括：网页标题、网页地址 URL 和网页内容摘要，基本的步骤如下。

第一，使用 Google 搜索引擎进行搜索，并导航到搜索结果的第一页。

第二，在扩展程序中启动 Data Miner。

第三，设置需要爬取的行和列。

第四，设置自动翻页的选项。

第五，开始自动爬取。

如果还需要爬取 Google 搜索引擎中的其他内容，可以使用类似的设置进行自动爬取。

第4章 网络链接分析

本章使用 Webometric Analyst 网络分析工具对网络链接进行分析。Webometric Analyst 是一款免费软件（http：//lexiurl. wlv. ac. uk/），可以进行各种类型的自动网络分析。Webometric Analyst 可以从不同数据源收集网络数据并以多种方式处理数据，其中一个数据来源是使用商业搜索引擎。它每天可以提交数千个查询，并保存结果或进行处理。它还可以直接下载网页集合，并向 Technorati（博客搜索）和 YouTube 提交自动查询。Webmetric Analyst 网络分析主要有两种类型：一种是网络图，可以用来说明一组网站内的连接性。另一种是汇总表。例如，可以生成一个表来说明哪些顶级域名承载了最多的网站，或者哪些网站链接到给定的页面集合。然而，Webometric Analyst 使用的 Bing 和 Google 搜索引擎 API 受到限制，无法使用 Webometric Analyst 的 API 自动获取网络数据。Webometric Analyst 拥有诸多功能，本章使用 Webometric Analyst 的分析功能生成一般性网络影响报告。

4.1 URL 提取

运行 Webometric Analyst（见图4－1）。

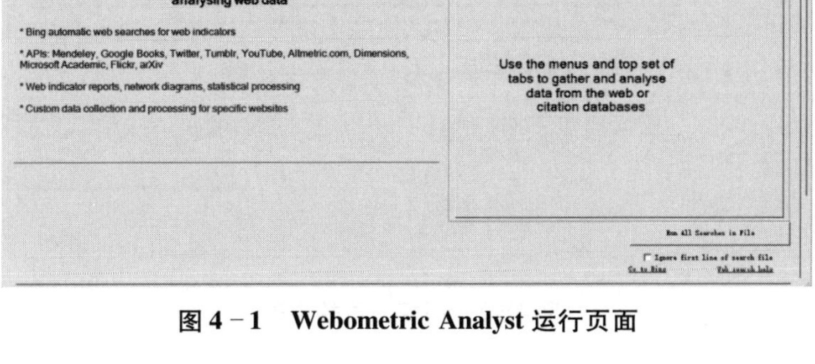

图4－1 Webometric Analyst 运行页面

先将爬取的 csv 格式文件转化为 Tab separate 格式的文件，单击菜单“Tab－sep”，选择下级菜单“Convert CSV to tab－separated”（见图 4－2）。

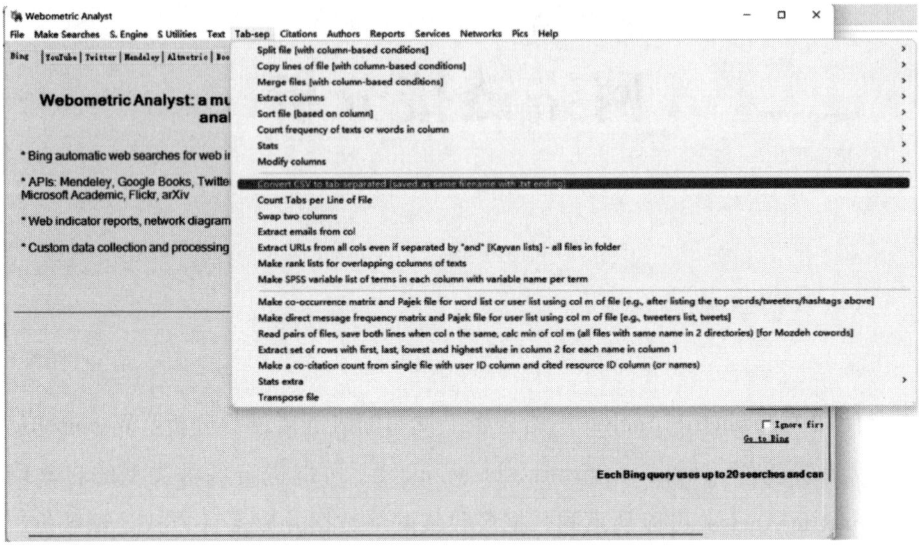

图 4－2　爬取的 csv 格式文件转化

输入 csv 格式文件（爬取的内容文件）。

4.2　URL 分析

单击菜单“Tap－sep”，选择下级菜单“Extract Columns”，在弹出的新菜单项中继续选择下级菜单“Extract nth columns to new file”（见图 4－3）。

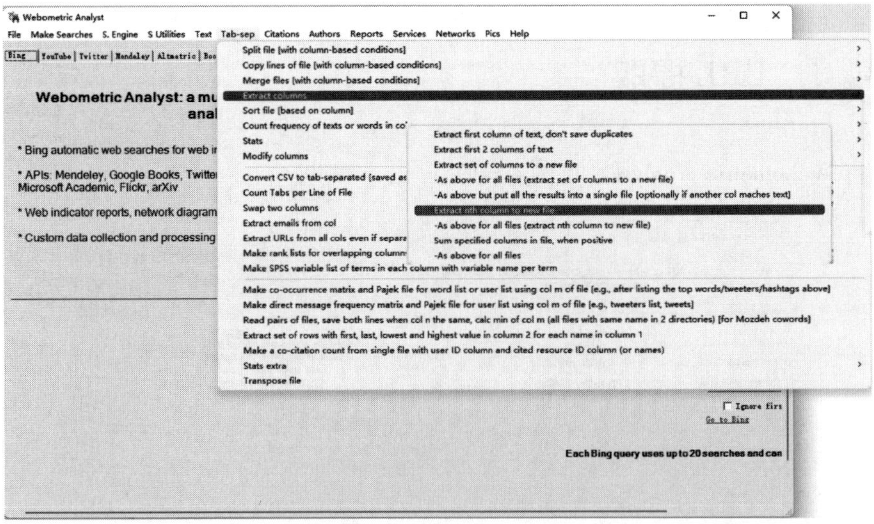

图 4－3　提取网页的 URL

选择转换后的 tab - separated 格式文件，如“AI_TAB. txt”。

输入2，表示选择第2列的“link”。提取出来的 URL 保存在“AI_TAB. col2”文本文件中（见图4-4）。

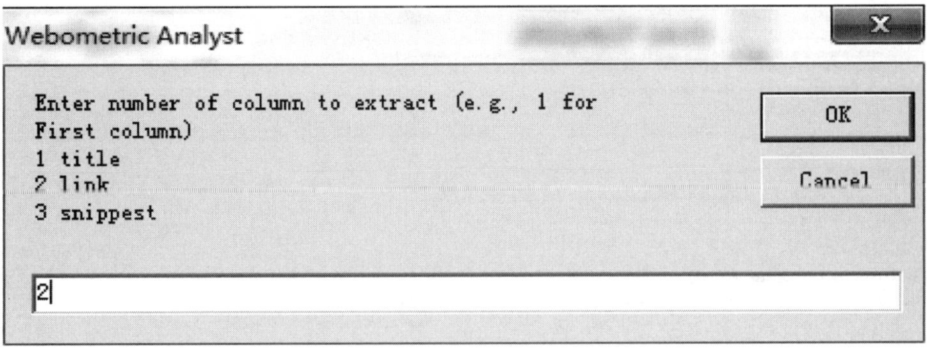

图4-4　提取网页的链接 link 项

单击“是（Y）”，选择“Reports”→“Make a Set of Standard Impact Reports form an URL list”。

将获取的 URL 按照每一行存储一个 URL 的格式存储到文本文件中，再将 URL 以文本文件的形式输入 Webometric Analyst 中，就可以获得以网页文件的形式存储在本地的一般性网络影响报告（见图4-5）。生成的结果放在当前目录下新生成的子目录 AI_TAB. col2_long 中，共产生多个 html 网页文件，例如 index. html，domains1. html，sites1. html，sites - domains1. html，stlds1. html，tlds1. html，urls1. html，alltlds. html，all-stlds. html 等（见图4-6）。

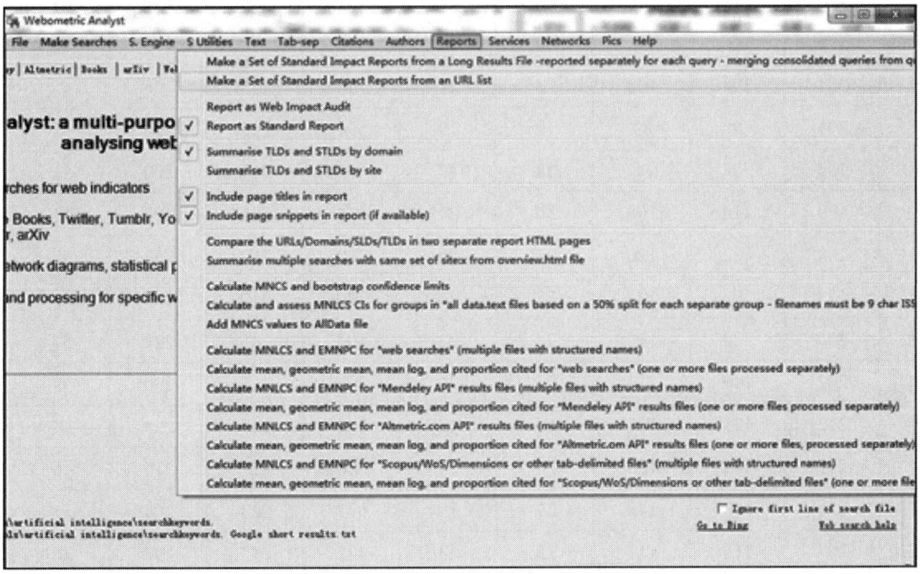

图4-5　生成一般性网络影响报告

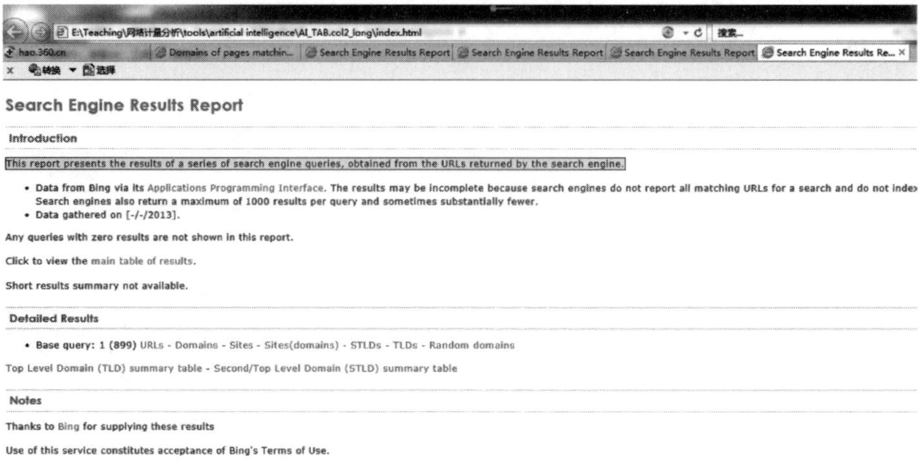

图 4-6 新生成的子目录中的文件

表 4-1 展示了人工智能 2004～2018 年在 Google Scholar 中热度的总体上升趋势。由于 Google Search 对搜索结果显示数量的限制，每年能够抓取到的 URL 总数大致相同，没有显示出明显的上升或下降趋势。

表 4-1 使用 Data Miner 抓取到的 URL 数量及对应的 Domain、Site、SLD、TLD 数量总览

单位：条

年份	Google Search					Google Scholar				
	URL	Domain	Site	SLD	TLD	URL	Domain	Site	SLD	TLD
2004	193	93	88	19	18	490	152	142	38	32
2005	200	111	99	26	24	497	166	154	48	42
2006	194	93	84	22	22	542	190	176	53	47
2007	204	108	103	23	21	575	175	166	45	41
2008	201	96	89	19	19	594	218	206	57	50
2009	197	96	88	18	17	675	211	200	51	48
2010	199	116	108	30	30	674	208	193	51	46
2011	208	132	120	21	20	720	260	233	58	53
2012	123	122	122	28	26	790	210	195	43	42
2013	205	129	119	24	23	804	245	224	57	54
2014	202	140	134	26	26	792	261	239	58	53
2015	212	121	116	18	17	774	243	224	49	43
2016	217	141	136	24	24	656	227	216	48	46
2017	231	153	148	29	29	677	223	204	51	49
2018	207	116	113	23	23	842	215	198	36	33
2004～2018	2963	1116	959	162	155	10101	1766	1369	129	97

4.3 Domain 分析

图4－7展示了两个搜索引擎各自出现频率大于3%的Domain，部分Domain在两个搜索引擎中都有出现，但又会有所不同。例如，人工智能促进协会（www. aaai. org）作为一个促进人工智能相关学术研究同时推动人工智能相关知识普及的网站，在两个搜索引擎中都表现出其在人工智能领域具有很高的热度，但相比之下，在Google Search中的热度更高。为了更均衡全面地表现两个搜索引擎中主要Domain的变化，选取了两个搜索引擎2004～2018年各自累计出现频率最高的15个Domain（见表4－2），并统计了每个Domain历年的频率（见图4－8）。通过对比表4－2中排名前15位的Domain，可以发现Google Search中出现的Domain主要是领域内相关文章发布、新闻资讯或知识问答类，Google Scholar中出现的Domain则主要是出版发行、数字图书馆和领域内学术文章发表类。两大搜索引擎的主要Domain所属的类别存在明显差异，总体上，Google Scholar中的Domain学术性、专业性更强，Google Search中的Domain则更多是面向普通人群，这与两个搜索引擎的定位和主要面向的用户类型的差异相符。

表4－2 两个搜索引擎在2004～2018年累计排名前15位Domain汇总

Google Search			Google Scholar		
Domains	关联URL数量/个	百分比/%	Domains	关联URL数量/个	百分比/%
ieeexplore. ieee. org	136	4. 60	link. springer. com	976	9. 70
www. amazon. com	129	4. 40	ieeexplore. ieee. org	695	6. 90
www. youtube. com	115	3. 90	books. google. com	672	6. 70
www. aaai. org	108	3. 60	www. sciencedirect. com	536	5. 30
link. springer. com	51	2. 80	www. researchgate. net	447	4. 40
www. sciencedirect. com	77	2. 60	en. cnki. com. cn	354	3. 50
www. forbes. com	74	2. 50	pdfs. semanticscholar. org	330	3. 30
www. ncbi. nlm. nih. gov	73	2. 50	citeseerx. ist. psu. edu	282	2. 80
artint. info	37	1. 20	dl. acm. org	280	2. 80
www. nytimes. com	36	1. 20	patents. google. com	233	2. 30
www. wired. com	30	1. 00	www. aaai. org	187	1. 90
en. wikipedia. org	28	0. 90	www. tandfonline. com	146	1. 40
www. tandfonline. com	26	0. 90	www. academia. edu	138	1. 40
www. theguardian. com	24	0. 80	arxiv. org	133	1. 30
www. researchgate. net	21	0. 70	search. proquest. com	107	1. 10

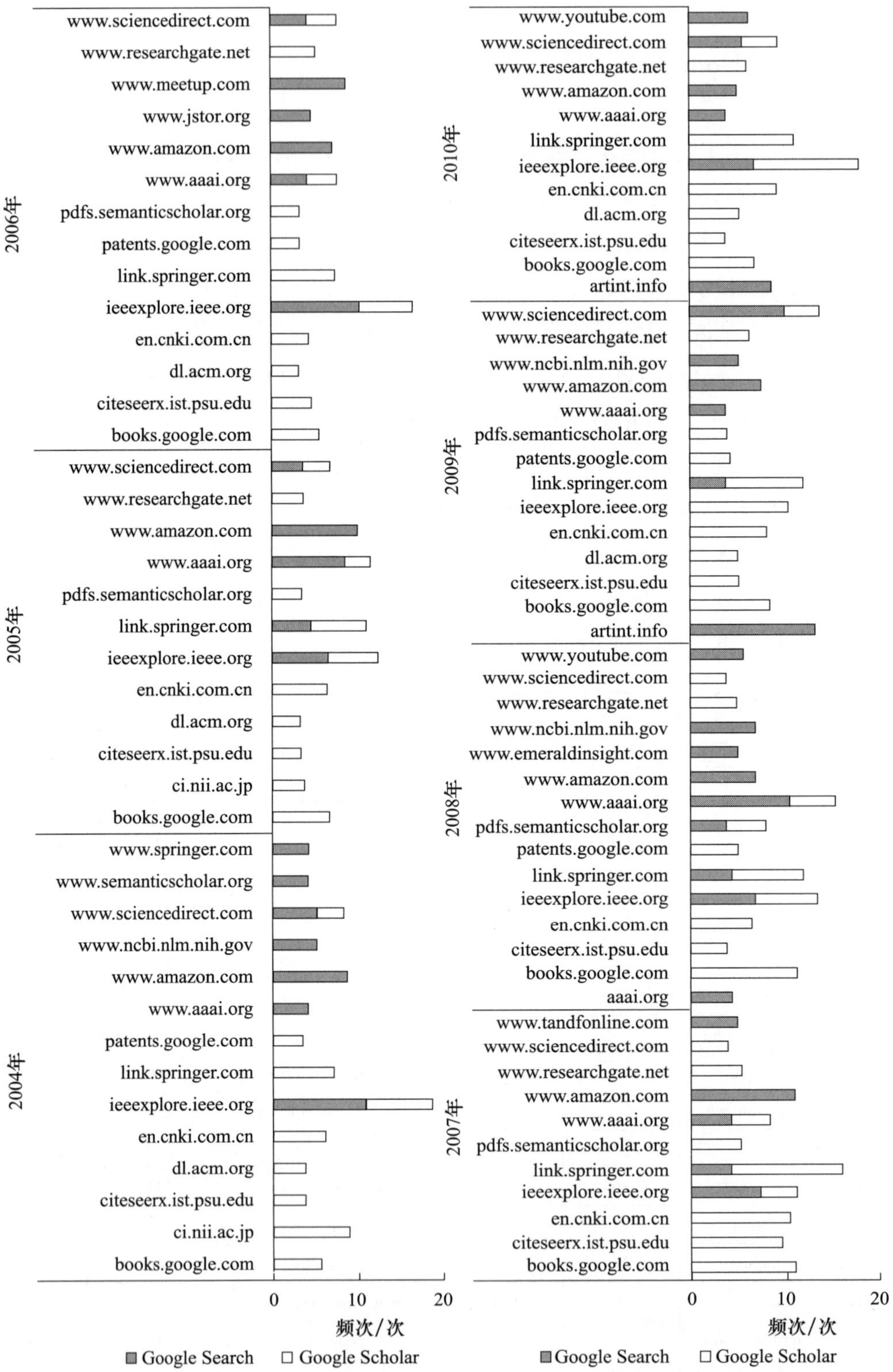

(a) 2004～2006年　　(b) 2007～2010年

图4－7　通过Google Search和Google Scholar两个搜索引擎抓取的URL中出现频率不小于3%的Domain

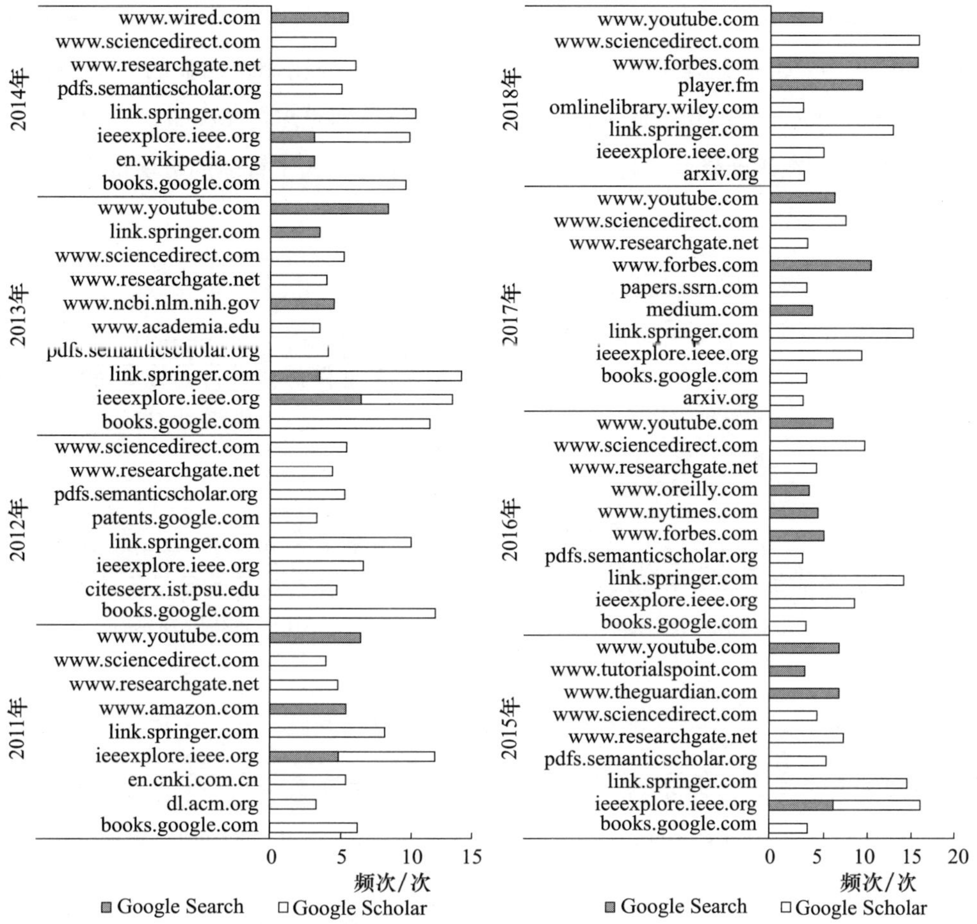

(c) 2011～2014年　　　　(d) 2015～2018年

图 4-7　通过 Google Search 和 Google Scholar 两个搜索引擎抓取的 URL 中出现频率不小于 3% 的 Domain（续）

图 4-8 展示了两个搜索引擎出现的 Domain 在 2004～2018 年出现频率的变化情况，在对比时需要注意不同图中的纵轴数值不同，不能简单对比高度。对于在两大搜索引擎中都频繁出现的 Domain，其在 Google Search 中的出现频率总体呈现随时间缓慢下降的趋势。在 Google Scholar 中 Domain 的出现频率呈现随时间变化上下波动的特点，不同 Domain 的变化情况存在较大差异，例如排名第一位、第二位、第四位的 link. springer. com、ieeexplore. ieee. org、www. sciencedirect. com 近些年呈现出明显的上升趋势，排名第三位、第五位、第六位的 books. google. com、www. researchgate. net 和 en. cnki. com. cn 则呈现逐渐下降的趋势。对于仅在 Google Search 中出现的 Domain，以福布斯杂志为代表的面向一般性用户的 Domain 出现的频率逐年升高，表明普通用户对人工智能的关注度在近些年呈上升趋势。在 2004～2018 年的每一年中，Google Scholar 累计排名前 15 位的 Domain 所占的比例都要高于 Google Search（见图 4-9），这说明在

Google Scholar 中，人工智能相关的 URL 更多地集中于排名靠前的 Domain。随着时间变化，Google Search 中累计排名前 15 位的 Domain 所占的比例呈明显的下降趋势，即 Google Search 中人工智能相关的 URL 越来越多地分散到更多的 Domain 中，URL 相对 Domain 的集中度在逐渐降低，越来越多的 Domain 中有关人工智能的板块得到了发展。

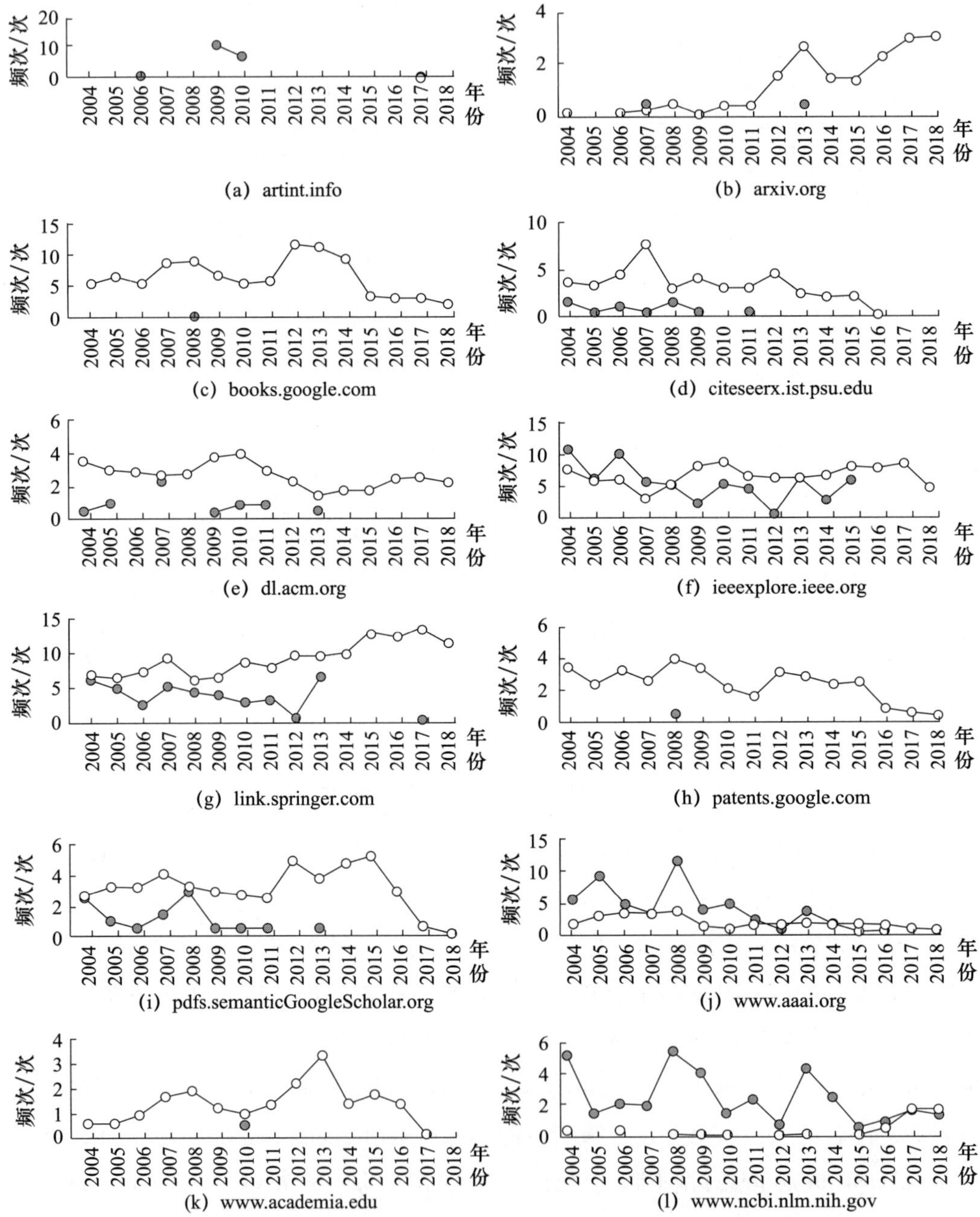

(a) artint.info
(b) arxiv.org
(c) books.google.com
(d) citeseerx.ist.psu.edu
(e) dl.acm.org
(f) ieeexplore.ieee.org
(g) link.springer.com
(h) patents.google.com
(i) pdfs.semanticGoogleScholar.org
(j) www.aaai.org
(k) www.academia.edu
(l) www.ncbi.nlm.nih.gov

图 4-8 两大搜索引擎各自排名前 15 位 Domain 在 2004 ~ 2018 年出现频率百分比变化情况

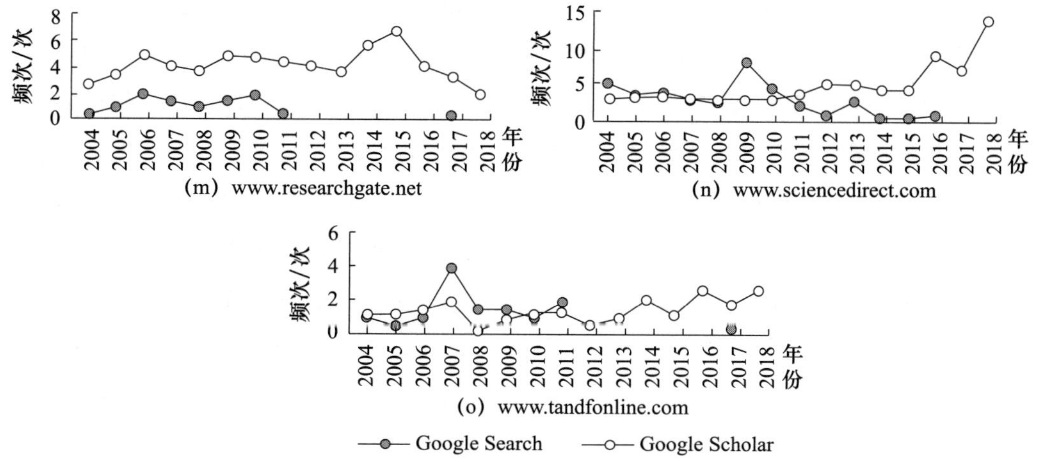

图 4-8　两大搜索引擎各自排名前 15 位 Domain 在 2004～2018 年出现频率百分比变化情况（续）

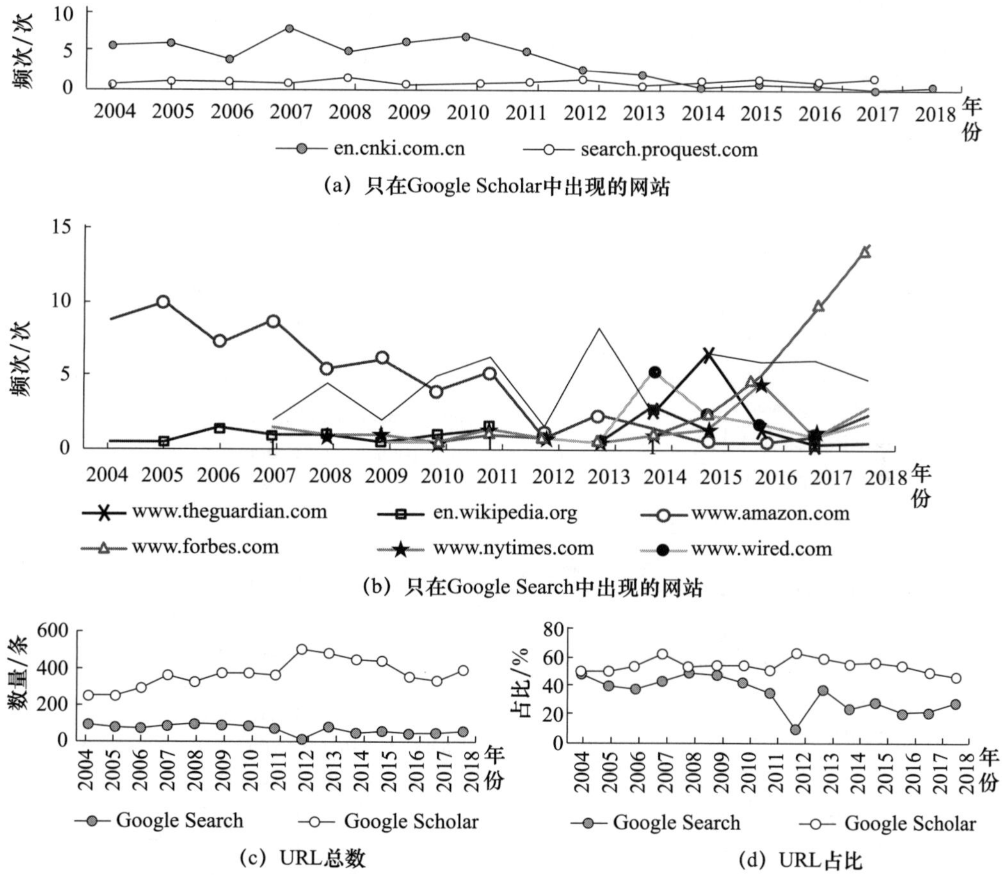

图 4-9　两大搜索引擎各自排名前 15 位 Domain 对应的 URL 总数和所占百分比变化

4.4　Site 分析

图 4-10 展示了不同年份出现频率不小于 1% 的 Site 及其对应的出现频率。相比于

图4-7和图4-8，图4-10中出现了很多之前没有出现过的人工智能领域的重要组织，例如mit. edu和stanford. edu。很多发展中国家的Site仅在历年汇总数据中出现，而在每年的数据中很少出现，例如“ac. in”“ac. ir”“ac. id”。这说明某些发展中国家在人工智能领域虽然每年以学术文章等为代表的研究成果较少，但保持了较长时间的热度，累计的文章、咨询等的发布数量处于较高水平。Google Search中出现的新网站数量要明显多于Google Scholar，这进一步说明人工智能领域内相关的URL在Google Search中相对分散地分布于更多的Domain中，在Google Scholar中则相对集中。

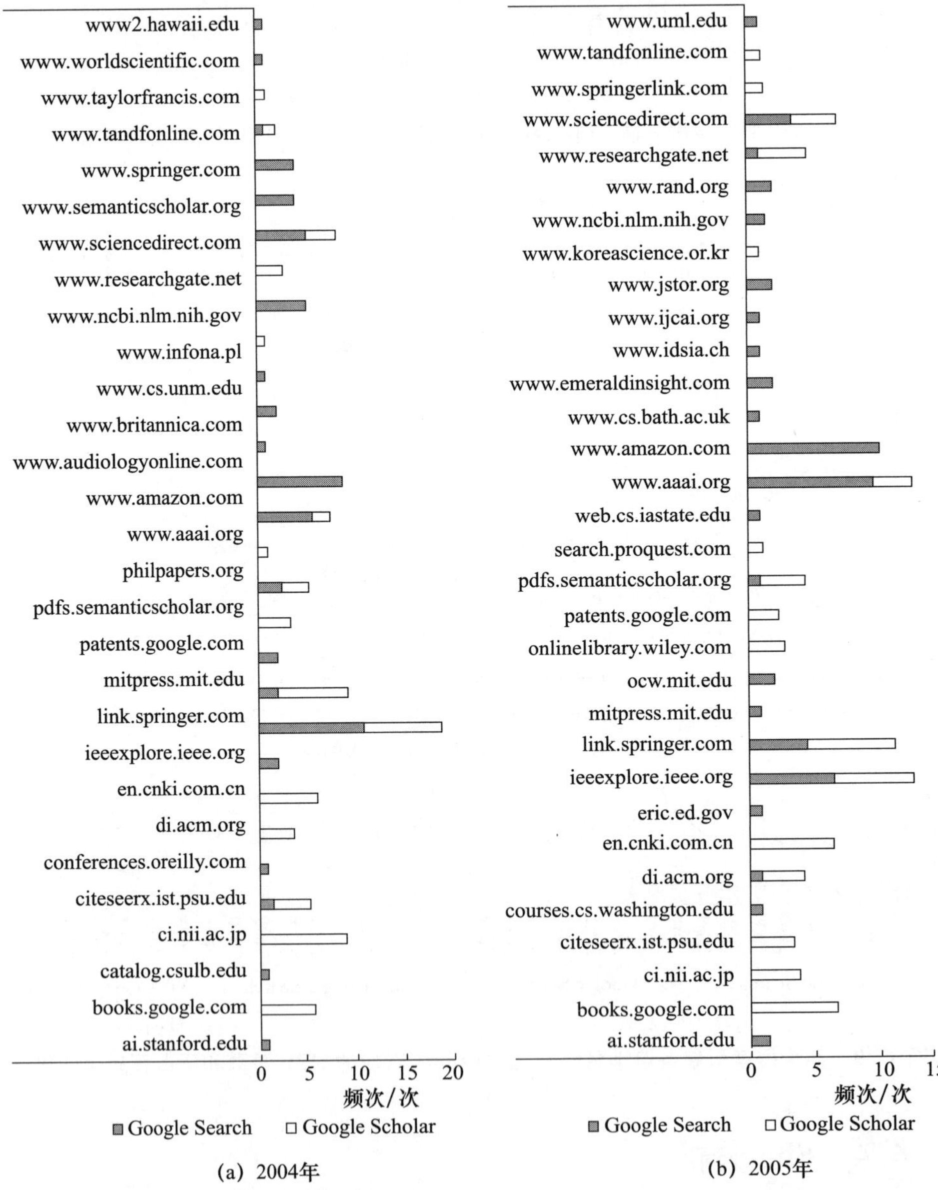

图4-10　不同年份出现频率不小于1%的Site及其对应的出现频率

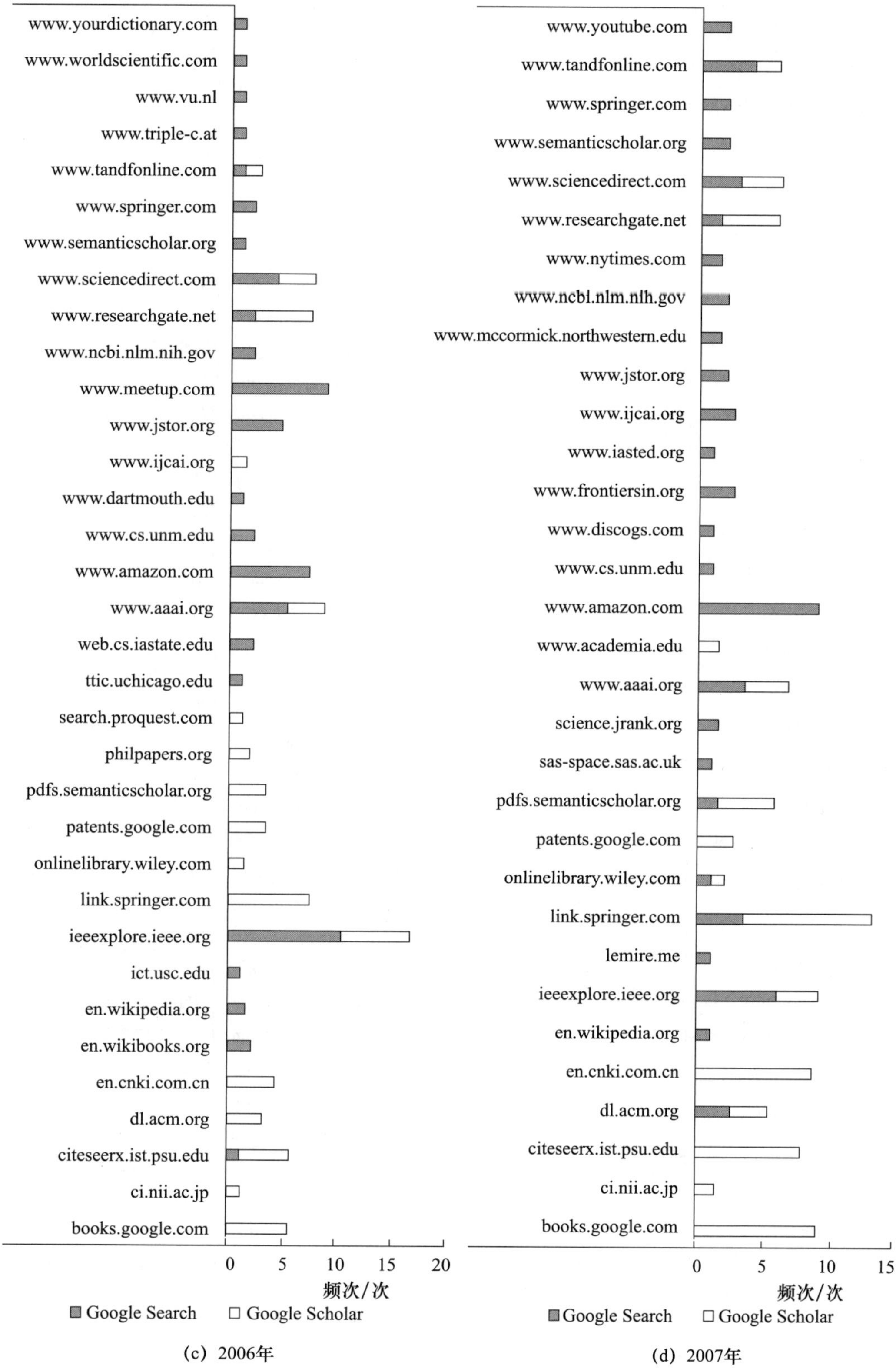

图4-10 不同年份出现频率不小于1%的Site及其对应的出现频率（续）

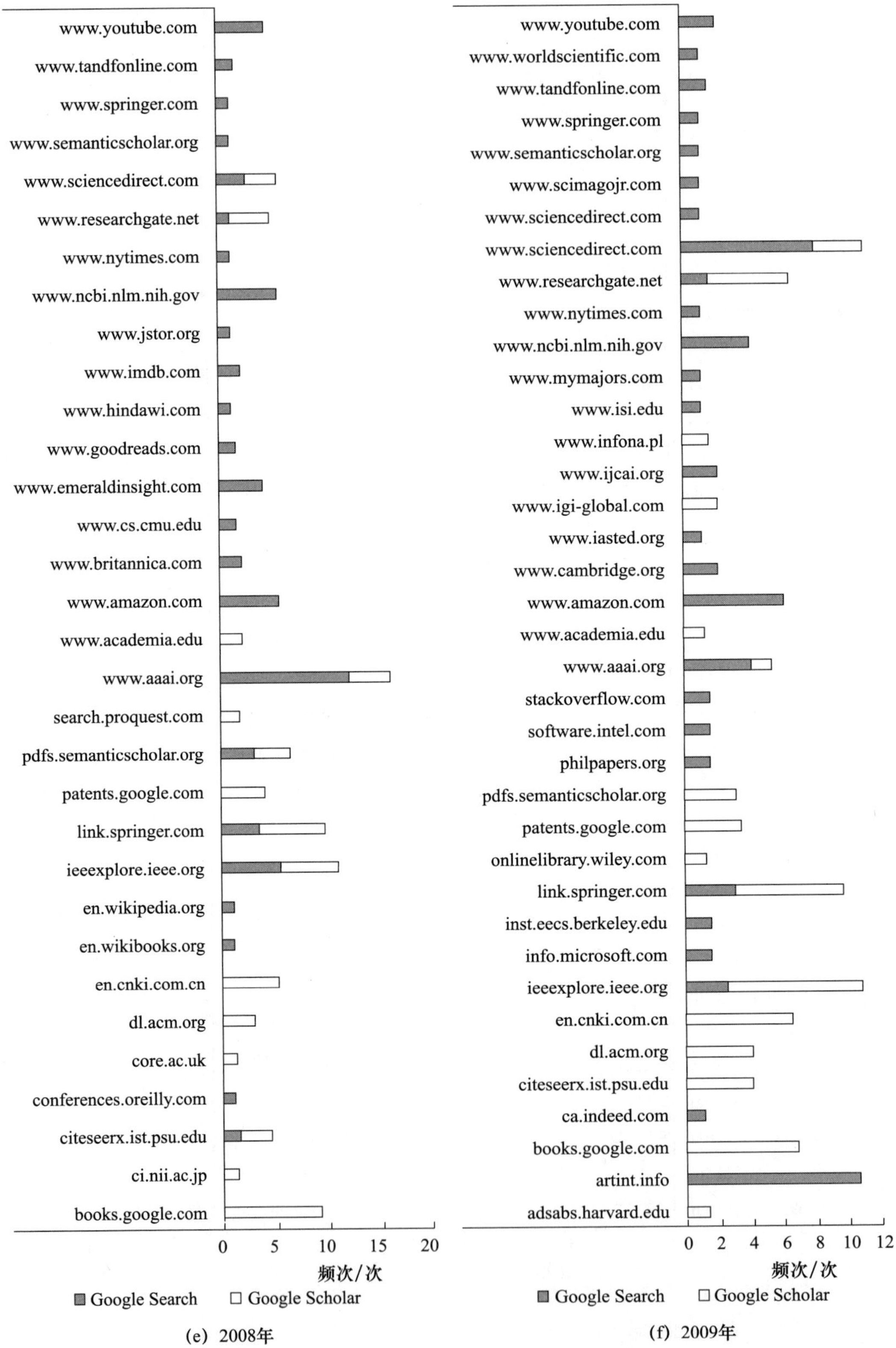

图 4-10　不同年份出现频率不小于1%的 Site 及其对应的出现频率（续）

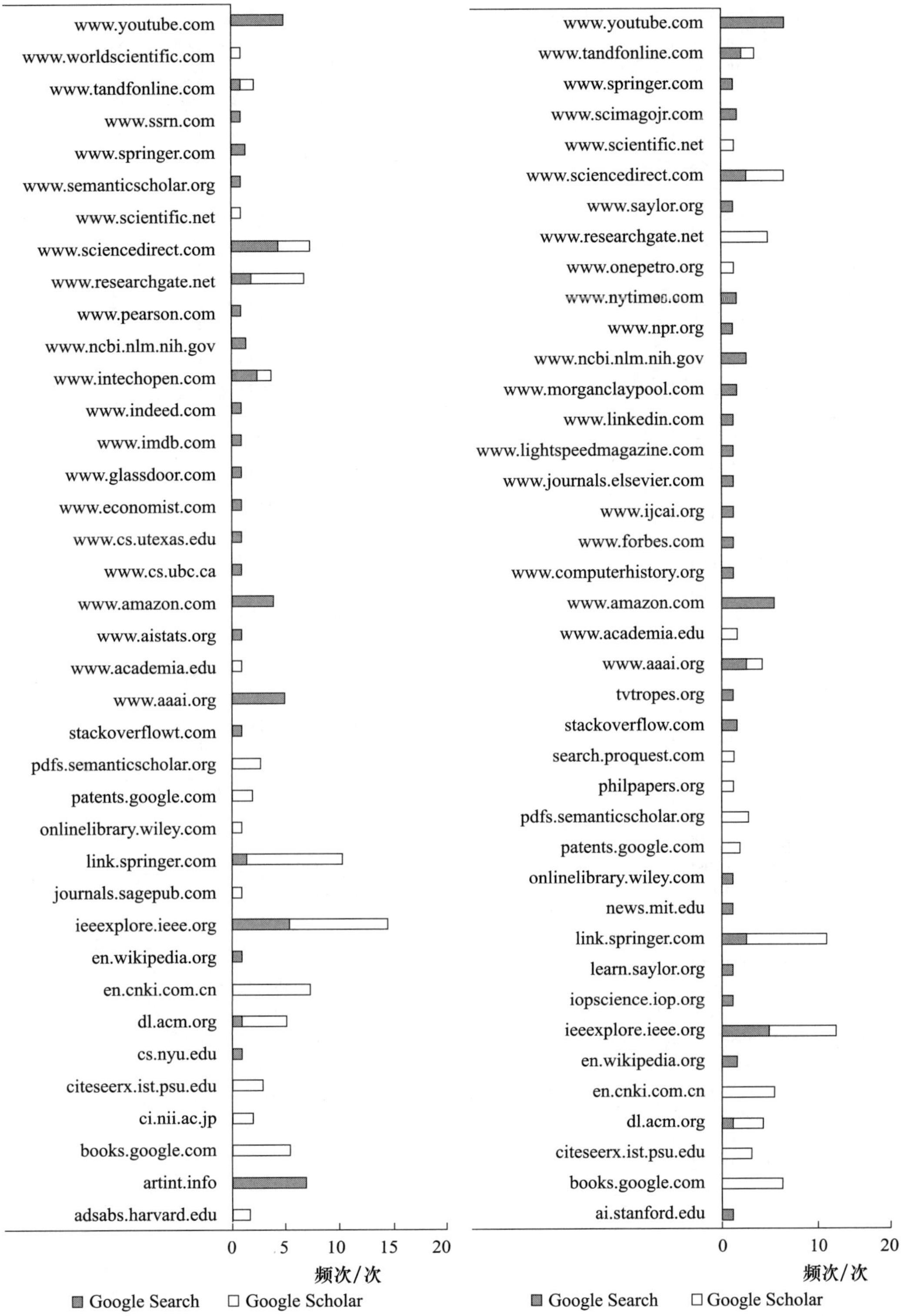

(g) 2010年　　(h) 2011年

图4-10 不同年份出现频率不小于1%的Site及其对应的出现频率（续）

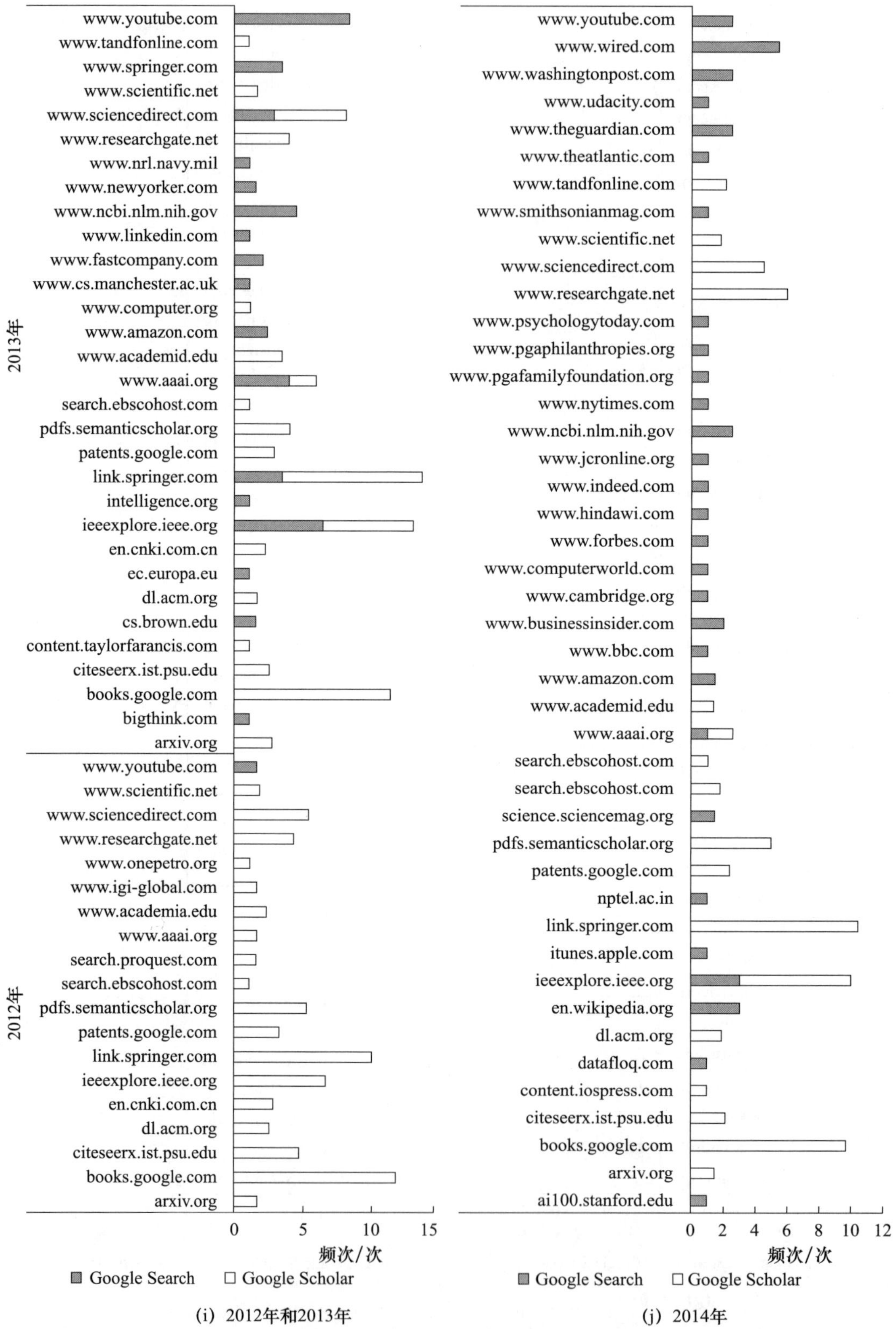

图 4-10　不同年份出现频率不小于 1% 的 Site 及其对应的出现频率（续）

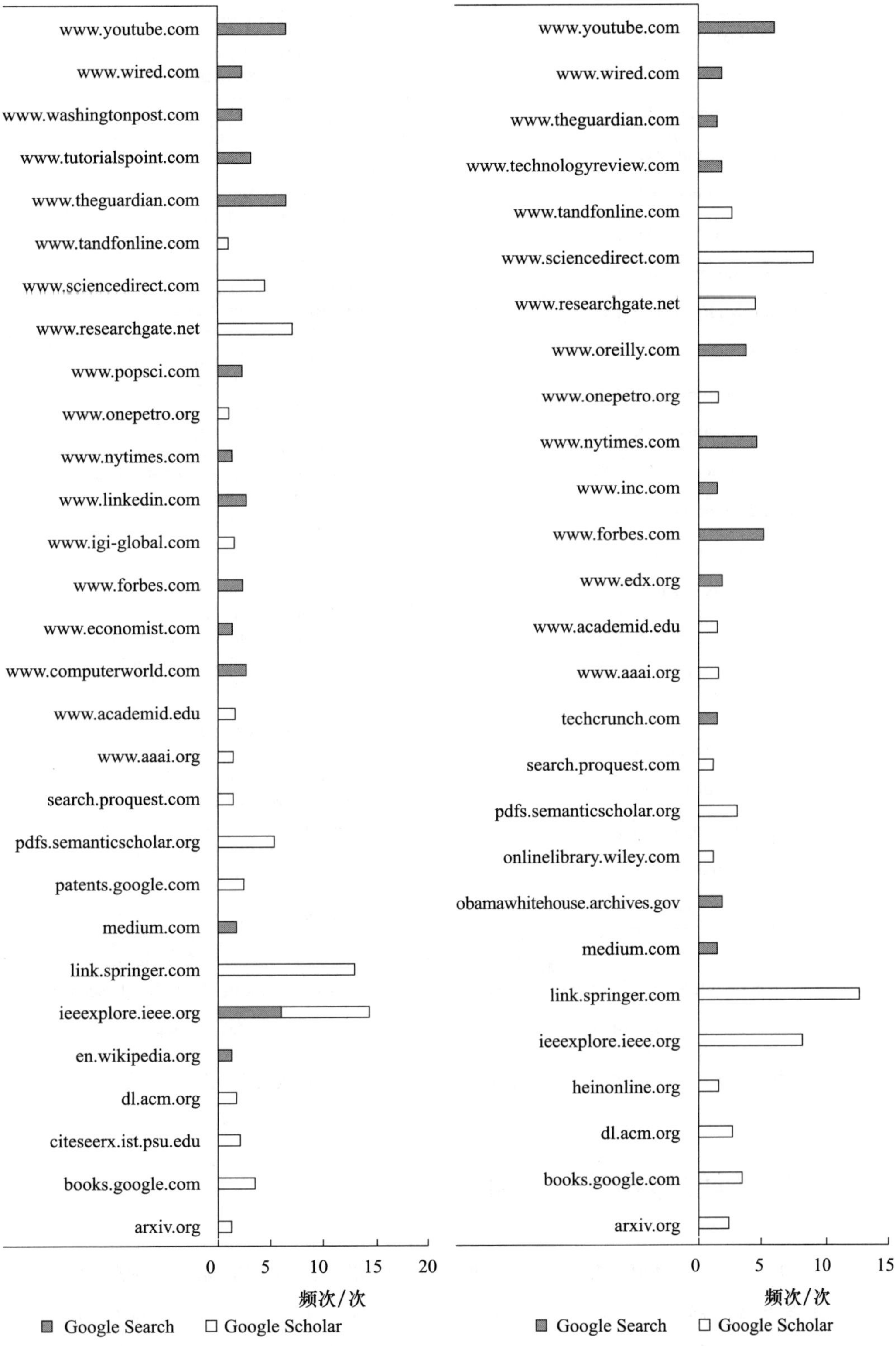

(k) 2015年

(l) 2016年

图 4－10 不同年份出现频率不小于 1% 的 Site 及其对应的出现频率（续）

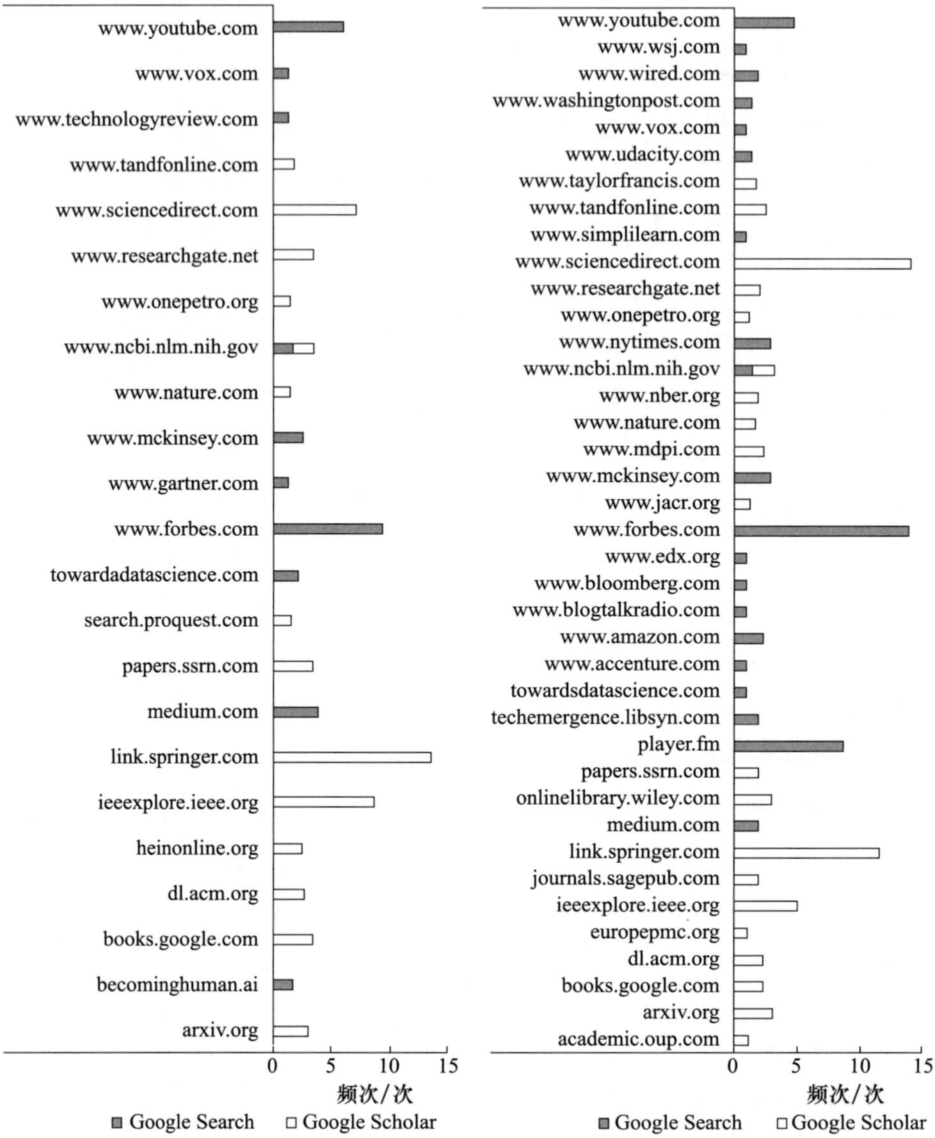

（m）2017年　　（n）2018年

图 4－10　不同年份出现频率不小于 1% 的 Site 及其对应的出现频率（续）

4.5 顶级域名 TLD 分析

图 4－11 展示了不同的顶级域名在两个搜索引擎中的分布情况。不论是全部顶级域名还是在高频出现的顶级域名中，相较于 Google Search，Google Scholar 都拥有更多的顶级域名。同时不论是在全部顶级域名中还是高频出现的顶级域名中，大部分顶级域名只归属于一个搜索引擎，能够兼顾 Google Scholar 体现的学术性和 Google Search 体

现的普适性、一般性的顶级域名始终是少数。表 4 - 3 展示了两大搜索引擎在 2004 ~ 2018 年累计数据排名前 15 位的顶级域名。在排名前 15 位的顶级域名中，两大搜索引擎的结果高度重叠。

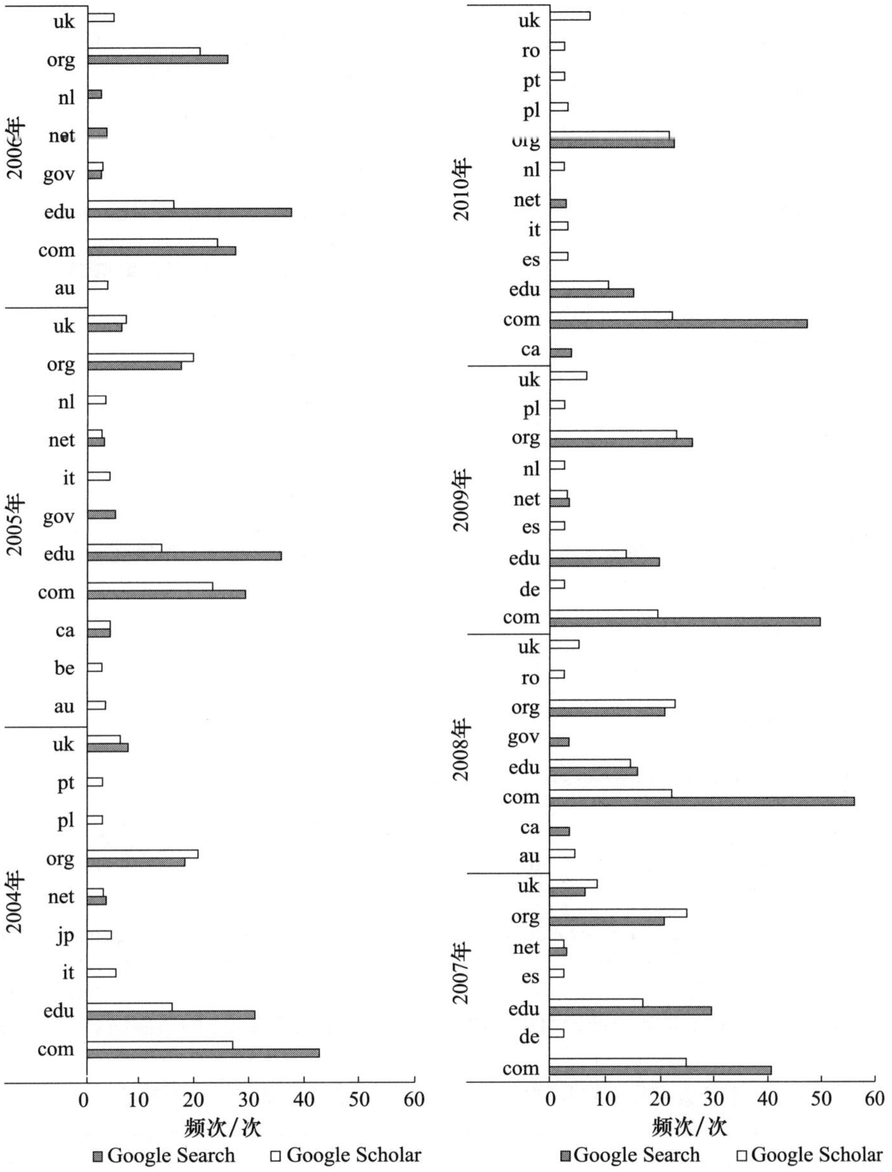

(a) 2004～2006年　　(b) 2007～2010年

图 4 - 11　2004 ~ 2018 年两个搜索引擎中出现频率百分比大于 2.2% 的顶级域名排名

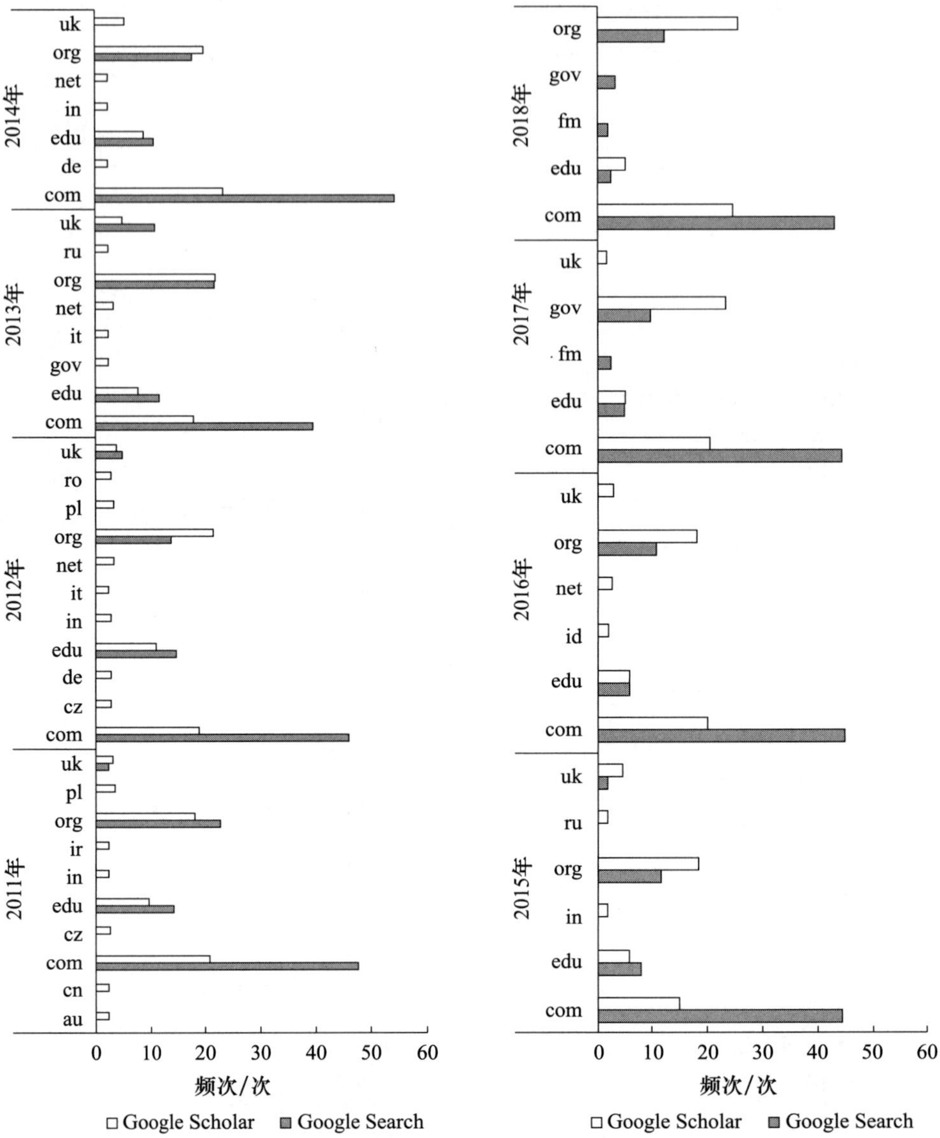

(c) 2011～2014年　　(d) 2015～2018年

图 4-11　2004~2018 年两个搜索引擎中出现频率百分比大于 2.2% 的顶级域名排名（续）

表 4-3　两个搜索引擎各自排名前 15 位顶级域名及其关联 URL 的数量和百分比

Google Search			Google Scholar		
顶级域名	关联 URL 数量/个	关联 URL 占比/%	顶级域名	关联 URL 数量/个	关联 URL 占比/%
com	453	40.60	org	313	17.70
edu	194	17.40	com	300	17.00
org	169	15.10	edu	217	12.30

续表

Google Search			Google Scholar		
顶级域名	关联 URL 数量/个	关联 URL 占比/%	顶级域名	关联 URL 数量/个	关联 URL 占比/%
uk	39	3.50	uk	83	4.70
net	22	2.00	ro	39	2.20
ca	15	1.30	net	38	2.20
gov	14	1.30	it	36	2.00
de	8	0.70	id	32	1.80
nl	7	0.60	de	31	1.80
it	6	0.50	in	31	1.80
au	5	0.40	nl	29	1.60
ai	5	0.40	ca	28	1.60
co	4	0.40	pl	28	1.60
in	4	0.40	ir	27	1.50
se	4	0.40	cz	27	1.50

图4－12（a）中列出了两个搜索引擎与顶级域名之间的关系，图4－12（b）表示的是2004～2018年累计数据中出现频率大于1%的顶级域名。两图中顶级域名所在的圆的面积越大，颜色越深表明其出现频率越高，同时出现在两个搜索引擎中的顶级域名的圆代表两个搜索引擎各自出现频率之和。

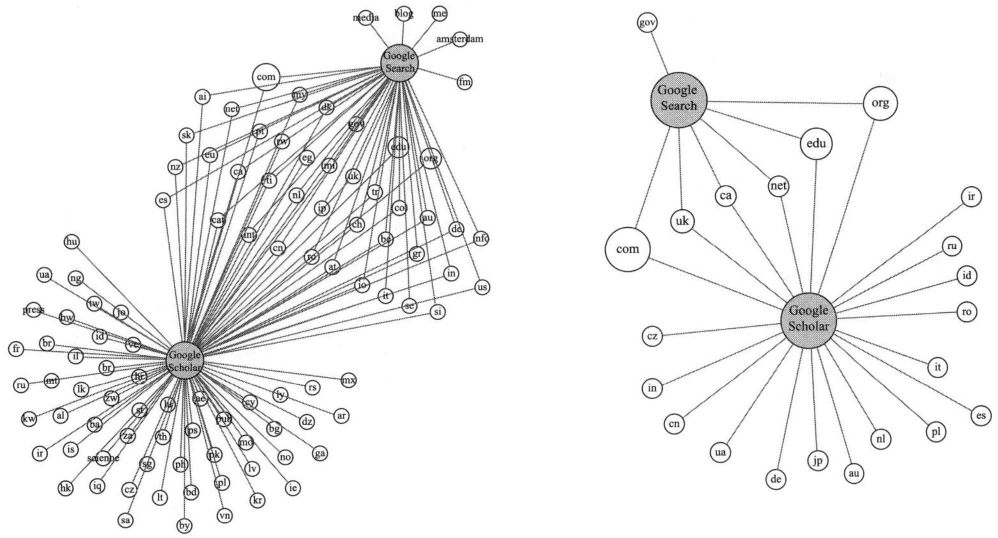

（a）两个搜索引擎与顶级域名　　（b）出现频率大于1%的顶级域名

图4－12　顶级域名与两个搜索引擎的关系

4.6 本章小结

本章使用 Webometric Analyst 对爬取的网页内容进行了分析，重点分析了从网页中提取出来的 URL、域名 Domain、网站 Site 以及顶级域名 TLD 等。对比了 2004～2018 年两个搜索引擎 Google Search 和 Google Scholar 中域名 Domain、网站 Site 以及顶级域名 TLD 的异同。以顶级国家域名（ccTLD）为基础分析国家热度的变化，以域名（Domain）、顶级域名（TLD）、站域名为基础分析组织热度变化。

第 5 章

网络文本内容分析

文本挖掘是一种从文本数据中抽取有价值的信息和知识的计算机处理技术，也是自然语言处理的热门话题。随着计算文本分析在文本内容研究中越来越重要，许多研究人员面临如何使用支持此类分析的高级软件的挑战。目前，计算方法中最流行的环境之一是 R 语言软件。然而，对于不精通编程的研究人员来说，学习如何使用 R 语言可能是一个挑战，尤其是进行文本分析，似乎令人望而生畏。这里将介绍 R 语言中常用技术的使用，帮助研究人员熟悉一般的计算文本分析，并在 R 语言中进行高级文本分析研究。

R 语言是一个免费、开源、跨平台的编程环境。与大多数编程语言不同，R 语言是专门为统计分析设计的，这使得它非常适合数据科学应用。尽管使用 R 语言进行编程的学习曲线可能很陡峭，尤其是对于没有编程经验的人来说。但现在可用于在 R 语言中进行文本分析的工具包使得仅使用几个简单的命令就可以轻松地执行强大的、先进的文本分析。R 语言爆炸式增长的关键之一是其密集的扩展软件库集合，在 R 语言术语中称为软件包，这些软件包由 R 语言广泛用户社区提供和维护。每个软件包都扩展了基本 R 语言和核心包的功能，除了功能和数据之外，还包括文档和示例，通常以小插图的形式展示这些软件包的使用。最著名的 R 语言软件包存储库 Comprehensive R Archive Network（CRAN）目前已发布超过 10000 个软件包，并且在加入软件包储存库前已经过广泛的一致性和跨平台兼容性筛选。因此，R 语言具有广泛的相互兼容的软件包。软件包由学者、从业者，以及 RStudio 和 rOpenSci 等项目维护和不断更新。此外，可以使用单个命令从 R 语言环境中轻松安全地安装这些软件包。因此，R 语言为软件包的开发人员和分析工具用户提供了一个坚实桥梁，使其成为非常适合科学协作的编程环境。

文本分析在 R 语言中已经很成熟。有大量专门的文本处理和文本分析软件包，从基本的字符串操作到高级文本建模技术，例如拟合 Latent Dirichlet Allocation 模型，据最新统计，总共有将近 50 个软件包（Welbers，Van Atteveldt 和 Benoit，2017）。此外，开发人员之间合作和协调的努力也在不断增加，例如 rOpenSci 特殊兴趣小组。在 R 语言中执行文本分析的主要优点之一是可以相对容易地在不同软件包之间切换或组合。R 语言文本分析开发社区最近的努力是促进这种互操作性，以最大限度地提高用户的灵活性和选择的空间。因此，学习 R 语言文本分析的基础知识可以访问各种高级文本分析功能。

5.1 R 语言文本分析框架

本节给出了在 R 语言中执行文本分析从数据准备到分析的最常见步骤，并提供易于复制的示例代码来执行每个步骤，如图 5－1 所示。

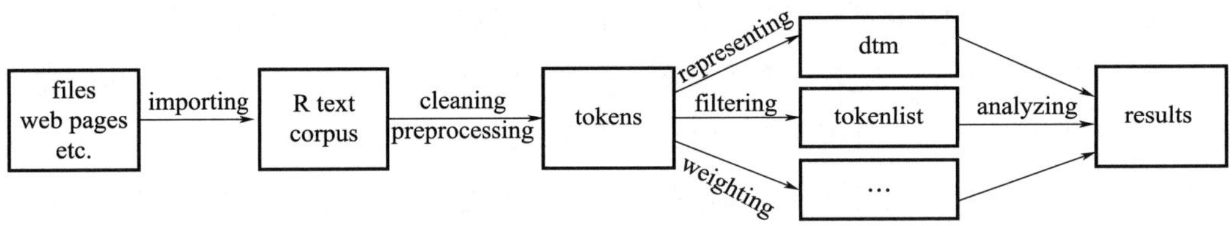

图 5－1　R 语言文本分析的操作顺序

这里主要关注词袋（bag－of－words）文本分析方法，这意味着仅使用每个文本的词频而忽略词的位置。虽然这极大地简化了文本内容，但许多研究和现实世界的应用表明，单是词频就包含足够的信息进行多种类型的分析。表 5－1 概述了处理的文本分析操作，分为三个部分。

表 5－1　文本分析使用的 R 语言软件包

Operation		R packages	
		example	alternatives
Data preparation	importing text	read text	jsonlite, xml, antiword, readxl, padfools
	string operation	stringi	stringr
	preprocessing	quanteda	stringi, tokenlizers, snowballC, tm, etc.
	document－termmatrix（dtm）	quanteda	tm, tidytext, Matrix
	filtering and weighting	quanteda	tm, tidytext, Matrix
Analysis	dictionary	quanteda	tm, tidytext, koRpus, corpustools
	supervised machine learning	quanteda	RTextTools, kerasR, austin
	unsupervised machine learning	topic models	quanteda, stm, austin, text2vec
	text statistics	quanteda	koRpus, corpustools, textreuse
Advanced topics	advanced NLP	spacyr	coreNLP, cleanNLP, koRpus
	word positions and syntax	corpustools	Quanteda, tidytext, koRpus

5.1.1 数据准备

在数据准备部分有分析文本的五个步骤。

第一步为导入文本（importing text）。它涵盖了从各种类型的文件格式（例如 txt、csv、pdf）的文本读入 R 语言中的原始文本语料库中的功能。

第二步和第三步分别为字符串操作（string operation）和预处理（preprocessing）。它涵盖了将原始文本转化为标记（文本单元，例如单词或词干）的技术。

第四步为创建文档术语矩阵（DTM）。这是一种用于表示词袋类型语料库的通用格式，被许多 R 语言文本分析软件包使用。

第五步为过滤和权重（filtering and weighting），对 DTM 中的项进行过滤和加权。

通常，这些步骤按顺序执行。R 语言软件包提供了这些功能，下面通过 R 语言代码分别讨论和演示每个步骤，以提供对每个步骤的目的、可以做出的选择以及需要注意的陷阱的基本理解。

5.1.2 分析部分

该部分讨论了四种流行的文本分析方法，可以使用 DTM 作为输入来执行分析。这些方法不是竞争方法，而是具有不同的优点和缺点，选择最佳方法在很大程度上取决于研究问题，并且有时可以互补地使用不同的方法。不同类型的分析也可能对数据的准备方式产生不同的影响。分析部分有分析文本的三个步骤。

第一步为分词，将文本拆分为标记（token）。

第二步为规范化。

第三步为删掉停用词（stopwords）。

5.1.3 高级主题部分

该部分讨论了数据准备的备选方案和需要外部软件模块或超越词袋假设的分析，使用单词位置和句法关系，目的是提供在 R 语言中可用但可能更难使用的替代方案。

在每个类别中，笔者区分了几组操作，对于每个操作，演示了如何在 R 语言中实现它们。为了提供简洁且易于复制的示例，这里选择了易于使用且广泛适用的特定软件包。但是，R 语言中有许多替代软件包可以执行相同或相似的操作。由于 R 语言的开源特性，通常来自不同学科的不同人员都在研究类似的问题，从而在不同软件包之间产生了一些功能重复。然而，这也提供了一系列选择，提供了适合用户需求和品位的替代方案。根据研究项目以及个人喜好，其他软件包可能更适合不同的读者。尽管对 R 语言文本分析软件包进行全面的审查和比较超出了本书的范围——特别是考虑到现有的和新的软件包在不断开发，笔者试图涵盖或者至少提到文本分析的各种替代软件包。一般来说，这些软件包通常使用相同的数据格式标准，因此很容易与笔者讨论的其他软件包进行替换或结合。

5.2 数据准备

数据准备是任何数据分析的起点。计算文本分析不仅在这方面没有什么不同，而且经常对数据准备提出特殊挑战，这对新手和高级从业者来说都是令人生畏的。此外，为分析准备文本需要做出选择，这些选择会影响文本分析研究的准确性、有效性和结果，以及用于分析的技术。笔者将数据准备区分为五个步骤：导入文本、字符串操作、预处理、创建文档术语矩阵（DTM）以及对 DTM 进行过滤和加权。

5.2.1 导入文本

将文本导入 R 语言是任何基于 R 语言的文本分析项目的第一步。文本数据可以以多种文件格式存储。R 语言支持读取常规文本格式的文件，如 CSV 和 TXT，但需要额外的软件包来处理格式化的文本文件，如 JSON、HTML 和 XML，以及用于读取复杂的文件格式，例如 Word、Excel 和 PDF。使用这些不同的软件包及其不同的接口和输出可能面临挑战，尤其是在同一项目中同时使用不同的文件格式时。这个问题的一个方便的解决方案是 readtext 软件包，它将各种导入软件包包装在一起，提供一个单一的包罗万象的功能，以统一的格式导入多种类型的数据。以下代码说明了如何使用 readtext 函数读取 CSV 文件，具体操作是提供文件路径作为主要参数。

```
### Importing text

'''{r}
library(readtext)
library(quanteda)
# Inaugural Address demo data that is provided by the readtext package
filepath <- system.file("extdata/csv/inaugCorpus.csv",package = "readtext")
rt <- readtext(filepath, text_field = "texts")
rt
'''
readtext object consisting of 5 documents and 3 docvars.
# Description: df [5 ×5]
```

```
  doc_id                text                       Year President  FirstName
  <chr>                 <chr>                      <int> <chr>     <chr>
1 inaugCorpus.csv.1 "\"Fellow-Cit\"..."            1789 Washington George
2 inaugCorpus.csv.2 "\"Fellow cit\"..."            1793 Washington George
3 inaugCorpus.csv.3 "\"When it wa\"..."            1797 Adams      John
4 inaugCorpus.csv.4 "\"Friends an\"..."            1801 Jefferson  Thomas
5 inaugCorpus.csv.5 "\"Proceeding\"..."            1805 Jefferson  Thomas
```

同样的功能可以导入上述提到的其他格式文本，文件路径也可以是引用一个文件夹来读取其中的所有文件。在大多数情况下，唯一需要指定的是文件名。不仅可以使用简单的“glob”方式来读取多个文件，例如/myfiles/＊.txt，而且可以以相同的命令通过目录来定位这些文件。每个文件都根据其格式自动导入，使导入和处理来自不同输入文件类型的数据变得非常容易。另一个重要的考虑因素是文本可以用不同的字符编码表示。数字文本需要将二进制代码映射到具有语义意义的字符，但存在许多不同的此类映射，对“扩展”字符的编码方法也大不相同，包括带有变音符号的字母、特殊符号和表情符号。为了能够将所有已知字符映射到单一方案，Unicode 协会提出了 Unicode 标准，尽管它也需要数字编码格式（如 UTF-8 格式，也有 UTF-16 或 UTF-32）。笔者的建议很简单：在 R 语言中，确保所有文本都编码为 UTF-8，方法是读取 UTF-8 文本，或在导入时从已知编码转换它们。如果编码未知，可以使用 readtext 函数来猜测编码。Readtext 函数可以转换大多数已知的编码（例如中欧和东欧语言的ISO-8859-2，或用于 Cyrillic 字母的 Windows-1250），还有数百种其他字母转换为通用的 UTF-8 标准。R 语言还提供额外的低级工具来转换字符编码，例如 GNU-libiconv 编码转换库的捆绑版本，或通过 stringi 软件包进行转换。

5.2.2 字符串操作

计算文本分析框架的核心要求之一是能够处理数字文本。数字文本表示为字符序列，也称为字符串。在 R 语言中，字符串被表示为“字符”类型的对象，是字符串向量。字符串操作是指处理文本数据的低级操作。最常见的字符串操作是连接、分割和提取部分字符串（统称为字符串解析）以及使用正则表达式查找或替换。尽管 R 语言有许多用于处理字符对象的内置函数，但建议使用 stringi 软件包（Gagolewski 和 Tartanus，2022）。最重要的是，因为 stringi 软件包使用 Unicode 国际组件（International Component for Unicode，ICU）库来提供适当的 Unicode 支持，例如实现 Unicode 字符类别（例如标点符号或空格）和 Unicode 定义的大小写转换规则，这些规则在所有语言中都能正常工作。另一种方法是 stringr 软件包，它使用 stringi 软件包作为后端，但语法更简单，足以满足许多最终用户的需求。

通常不需要执行手动的低级字符串操作，因为文本分析的字符串操作最重要的应用程序已内置到常见的文本分析软件包中。然而，访问低级字符串操作提供了大量的功能，当标准化解决方案不适用于特定用例时，这可能是至关重要的。以下代码示例展示了如何使用 stringi 软件包的函数执行一些基本清理：以标记标签的形式删除模板内容、去除无关的空格并转换为小写。

```
### String Operations


'''{r}
library(stringi)
x <- c("The first string", ' The <font size="6">second string</font>')
x <- stri_replace_all(x, "", regex = "<.*?>")   # remove html tags
x <- stri_trim(x)                                # strip surrounding whitespace
x <- stri_trans_tolower(x)                       # transform to lower case
x
'''


[1] "the first string"   "the second string"
```

与 R 语言中的大多数函数一样，stringi 函数操作是向量化的，这意味着它们适用于向量的每个元素。字符串向量的操作是 R 语言中推荐的方法，因为遍历每个元素并在 R 语言中单独处理它是非常低效的。

5.2.3 预处理

大多数计算文本分析方法必须将文本标记化为更小、更具体的文本特征，例如单词或单词组合。此外，许多文本分析技术的计算性能和准确性可以通过规范化特征或删除“停用词”来提高，停用词是预先指定为不感兴趣的词，因此在分析之前将其丢弃。总而言之，这些准备步骤通常被称为“预处理”。笔者首先讨论几种最常见的预处理技术，并展示如何使用 quanteda 软件包执行每种技术。在实践中，所有这些预处理技术都可以在创建文档—术语矩阵（document-termmatrix）时应用到一个函数中，正如笔者将在 DTM 部分中演示的那样。在这里，分别展示每个步骤以说明每种技术的作用。

5.2.3.1 分词

分词是将文本拆分为标记（token）的过程。这对于计算文本分析至关重要，因为全文太具体而无法直接对它执行任何有意义的计算。大多数情况下，标记就是单词，因为它们是文本中最常见的具有语义含义的组成部分。对于许多语言，由于单词边界有明确指示（例如空格、点和逗号），按单词拆分文本大多可以通过低级字符串处理来完成。然而，一个好的分词器还必须能够处理某些异常情况，例如标题“Dr.”中的句点，它可能会被混淆为句子边界。此外，对于单词没有用空格明确分隔的语言（例如中文和日语），分词则更加困难。为了处理这些情况，一些分词器包含用于拆分文本的模式字典。在 R 语言中，stringi 软件包通常用于句子和单词消歧，它利用了 ICU 函数库中的字典。还有一个用于文本分词的专用软件包，被称为分词器（Mullen，Selivanov 和 Arnold 等，2022）。以下代码使用 quanteda 软件包的（Benoit，Watanabe 和 Nulty 等，2022）tokens 函数将单个句子拆分成单词。tokens 函数返回一个列表，其中每个元素都包含输入文本的标记作为字符向量。

```
#### Tokenization


'''{r}
library(quanteda)
text <- "An example of preprocessing techniques"
toks <- tokens(text)   # tokenize into unigrams
toks
'''
Tokens consisting of 1 document.
text1:
[1] "An"    "example"    "of"    "preprocessing" "techniques"
```

5.2.3.2 规范化

规范化的过程广义上是指将单词转换为更统一的形式。对于某种分析，计算机必须识别出两个词（大致）具有相同含义，即使它们的写法略有不同，这可能很重要。规范化的一个优点是它减少了词汇表的大小（分析中使用的全部特征）。一个简单但重要的规范化技术是使所有文本小写。如果我们不执行此转换，使其中一个单词大写，那么计算机将无法识别这两个单词是相同的，因为它出现在句子的开头。规范化的另一个优点是，一个基本词可能有不同的形态变化，例如来自动词的后缀，或者名词复数。出于分析的目的，我们可能希望将这些变体视为等价，因为它们具有密切的语义关系，并且当多个特征实际上密切相关时通常需要减少特征空间。实现此目的的技术是词干提取，它本质上是一种基于规则的算法，可将词的变形形式转换为其基本形式（词干）。一种更高级的技术是词形还原，它使用字典用词根形式替换单词。但是，R 语言中的词形还原需要外部软件模块，对于现代英语等弱变形语言，词干提取通常就足够了。在 R 语言中，SnowballC（Bouchet - Valat，2022）软件包用于许多文本分析包（如 quanteda 和 tm）来实现词干提取，目前支持 15 种不同的语言。可以使用 *_tolower 函数和 *_wordstem 函数在 quanteda 软件包中执行字符、标记或特征向量的小写和词干提取，例如 char_tolower 函数将字符对象转换为小写，或者 tokens_wordstem 函数将字符对象转换为词干。

```
#### Normalization: lowercasing and stemming

'''{r}
toks <- tokens_tolower(toks)
toks <- tokens_wordstem(toks)
toks
'''

Tokens consisting of 1 document.
text1 :
[1] "an"        "exampl"      "of"          "preprocess" "techniqu"
```

在此示例中，我们看到 “an” 和 “An” 之间的差异由于小写而被消除。“example” 和 “techniques” 这两个词被简化为 “exampl” 和 “techniqu”，这样就消除了单复数形式之间的任何区别。preprocessing 去掉了动词后缀，还原为 preprocess 动词原形。

5.2.3.3 删除停用词

英语中的 “the” 等常用词很少能提供有关文本内容的信息。过滤掉这些词的好处是可以减少数据的大小，减少计算量，在某些情况下还可以提高准确性。为了事先删除这些词，将它们与预定义的 “停用词” 列表匹配并删除这些词。几个文本分析软件包提供了各种语言的 “停用词” 列表，可用于手动过滤掉停用词。在 quanteda 软件包中，停用词函数返回给定语言的停用词字符向量，目前共支持 17 种语言。

```
#### Removing stopwords

'''{r}
sw <- stopwords("english")   # get character vector of stopwords
head(sw)                       # show head (first 6) stopwords
tokens_remove(toks, sw)
'''
Tokens consisting of 1 document.
text1:
[1] "exampl"     "preprocess" "techniqu"
```

应注意以正确的顺序执行一些预处理步骤，例如在提取词干之前删除停用词，否则“during”将被提取为“dure”并且不会与停用词“during”匹配。尽管 quanteda 软件包使用的默认停用词匹配不区分大小写，大小写转换也可能产生排序问题。方便的是，上面讨论的预处理步骤都可以用一个函数来执行，该函数将自动应用正确的操作顺序。笔者将在下一节中对此进行演示。

5.2.4　创建文档术语矩阵

文档术语矩阵（DTM）是以词袋格式表示文本语料库（文本集合）的最常见格式之一。DTM 是一个矩阵，其中行是文档，列是术语，单元格表示每个术语在每个文档中出现的频率。这种表示的优点是它允许使用向量和矩阵代数分析数据，有效地从文本转移到数字。此外，通过使用稀疏矩阵的特殊矩阵格式，DTM 格式的文本数据的内存效率非常高，并且可以通过高度优化的操作进行分析。

R 语言中提供专用 DTM 类的两个最成熟的文本分析软件包是 tm 和 quanteda。在这两者中，古老的 tm 软件包（Feinerer，2022）更常用，拥有近 10 年的用户群（Meyer，Hornik 和 Feinerer，2008）和其他几个使用其 DTM 类（Document Term Matrix 和 Term Document Matrix）作为其分析函数输入的 R 软件包。Quanteda 软件包是最近开发的软件包，由欧洲研究委员会（European Research Council，ERC）拨款支持的团队构建，以提供最先进的高性能文本分析。它的稀疏 DTM 类被称为 dfm 或文档特征矩阵，基于强大的 Matrix 软件包（Bates 和 Maechler，2022）作为后端，但包括转换为其他 R 语言软件包（包括 tm 格式）中使用的几乎所有其他稀疏文档术语矩阵的函数。Quanteda 软件包的 dfm 格式的性能和灵活性使得其值得推荐。另一个值得注意的替代方案是 tidytext 软件包（De Queiroz，Fay 和 Hvitfeldt 等，2022）。这是一个使用 tidy 数据的文本分析软件包（Silge 和 Robinson，2016），是基于 Tidyvers 理念的 R 语言软件包格式。Tidyverse 理念的核心是所有数据都排列成一个表，其中每个变量形成一列、每个观察值形成一行，以及每种类型的观察单位形成一个表格（Wickham，2014）。因此，tidytext 软件包并不严格使用文档术语矩阵，而是以长格式表示相同的数据，其中 DTM 的每个（非零）值是包含列 document、term 和 count 的行（请注意，它本质上是一个三元组格式稀疏矩阵，列指定行、列和值）。这种格式可以少占内存、效率高，不过不太容易应用矩阵代数，但具有能够添加更多变量（例如，情绪分数）并启用整个 Tidyverse 库的使用。因此，对于喜欢 tidy 数据理念的用户，tidytext软件包是比 quanteda 或 tm 更好的替代软件包，尽管这些软件包也可以根据特定的情况很好地一起使用所需的操作。

下面演示了 DTM 的创建，使用 quanteda 软件包。它的 dfm 功能提供了从原始文本创建 DTM 的单行解决方案，该解决方案还集成了上面讨论的预处理技术。也可以通过一系列较低级别的函数构建这些预处理技术，但许多用户发现使用这个单一函数直接从文本或语料库转到 DTM 很方便。

```
### Document - Term Matrix


'''{r}
text <-  c(d1  =  "An example of preprocessing techniques",
           d2  =  "An additional example",
           d3  =  "A third example")
dtm  <- dfm(text,                                       # input text
           tolower  =  TRUE,  stem  =  TRUE,     # set lower casing and stemming to TRUE
           remove  =  stopwords("english"))      # provide the stopwords for deletion
dtm
'''
dtm
Document - feature matrix of: 3 documents, 5 features (53.33%  sparse) and 0 docvars.
     features
docs     exampl  preprocess techniqu   addit   third
  d1       1            1        1       0       0
  d2       1            0        0       1       0
  d3       1            0        0       0       1
```

DTM 也可以从存储文本和相关元数据（包括文档级变量）的 quanteda 语料库对象创建。当语料库被分词或转换为 DTM 时，这些文档级变量将保存在对象中，在以后需要将 DTM 中的文档用作监督机器学习中的协变量时非常有用。存储的文档变量还可以按组聚合 quanteda 对象，这在文本以小单位（如推文）存储但需要通过分组变量（如用户、日期或组合）在 DTM 中聚合时非常有用。因为 quanteda 与 readtext 软件包兼容，所以从磁盘上的文本创建语料库只需要一个额外的步骤。在下面的示例中，笔者从上面导入的 readtext 数据创建了一个 DTM。

```
### Document - Term Matrix


'''{r}
fulltext  <- corpus(rt)                                        # create quanteda corpus
dtm  <- dfm(fulltext, tolower  =  TRUE, stem  =  TRUE,     # create dtm with preprocessing
           remove_punct  =  TRUE,remove  =  stopwords("english"))
```

```
dtm
'''

Document - feature matrix of: 5 documents, 1,405 features (67.86% sparse) and 3 docvars.
                    features
docs              fellow - citizen senat hous repres among vicissitud incid life event fill
  inaugCorpus. csv. 1  1     1  2  2  1    1    1  1  2  1
  inaugCorpus. csv. 2  0     0  0  0  0    0    0  0  0  0
  inaugCorpus. csv. 3  3     1  3  3  4    0    0  2  0  0
  inaugCorpus. csv. 4  2     0  0  1  1    0    0  1  0  0
  inaugCorpus. csv. 5  0     0  0  0  7    0    0  2  1  0
[ reached max_nfeat... 1,395 more features ]
```

5.2.5 对 DTM 进行过滤和加权

并非所有术语对于文本分析都具有同等的信息量。处理此问题的一种方法是从 DTM 中删除这些术语。前面已经讨论了使用停用词列表来删除常见的术语，但可能还有其他常见词，这在语料库之间会有所不同。此外，对于类别预测或主题建模（Griffiths 和 Steyvers，2004）删掉一些非常罕见的词也非常有用。这对于提高效率特别有用，因为它可以大大减少词汇量，同时也可以提高准确性。一种简单且有效的方法是通过文档频率来过滤，即使用文档的最小和最大数量（或比例）的阈值。另一种替代方法是为它们分配可变权重，而不是删除信息量较少的术语。如果对术语进行加权以考虑估计的信息值，而不是直接使用它们的出现频率，则许多文本分析技术的性能会更好。给定一个足够大的语料库，可以使用关于语料库中术语分布的信息来估计这个信息值。一种流行的加权方案是术语频率逆文档频率（tf - idf），即降低语料库中许多文档中出现的权重。

使用文档频率阈值和加权可以很容易地在 DTM 上执行。Quanteda 软件包含 docfreq 函数、tf 函数和 tfidf 函数，分别用于获取文档频率、词频和 tf - idf。作为高级软件包，Quanteda 软件包还提供了 dfm_weight 函数、dfm_tfidf 函数。在下面的示例中，单词 "senat [e]" 比信息量较少的术语 "among" 具有更高的权重，这两个词都在第一个文档中出现了一次。

```
### Filtering and weighting

'''{r}
doc_freq <- docfreq(dtm)          # document frequency per term (column)
```

```
dtm <- dtm[, doc_freq >= 2]          # select terms with doc_freq >= 2
dtm <- dfm_tfidf(dtm,scheme_tf = "count",scheme_df = "inverse",force = TRUE)   # weight the features using tf-idf
head(dtm)
'''
Document-feature matrix of:5 documents,516 features (46.94% sparse) and 3 docvars.
                    features
docs                fellow-citizen   senat       hous        repres      among
life        event       greater     anxieti     order
  inaugCorpus.csv.1   0.1855498     0.3328289   0.4330203   0.2414058   0.08105355
0.08105355  0.4330203   0.3328289   0.3328289   0.10545310
  inaugCorpus.csv.2   0             0           0           0           0
  0         0           0           0           0
  inaugCorpus.csv.3   0.2435615     0.2957694   0.4368872   0.2435615   0.11539394
0.093711210     0       0.2957694   0.11539394
  inaugCorpus.csv.4   0.2327766     0           0           0.1789172   0.07815625
0.07815625      0       0.3209317   0           0.07815625
  inaugCorpus.csv.5   0             0           0           0           0.13607042
0.09594704  0.3028260   0           0           0.10893324
[ reached max_nfeat... 506 more features ]
```

5.3 数据分析

对于文本分析方法的概述，其分类方法有三种（Boumans 和 Trilling，2016），分别是：计数和字典法、监督机器学习法和无监督机器学习法。按顺序将这些方法定位在从最演绎到最归纳的维度上。演绎是指使用先验定义的编码方案。换句话说，研究人员事先知道他们在寻找什么，并且只寻求自动化分析。演绎推理概念是研究人员假设某些规则或前提是真实的（例如，表示积极情绪的单词列表），因此可以应用于得出有关文本的结论。相反，归纳在这里意味着计算机算法本身不是使用先验编码方案，而是以某种方式从文本中提取有意义的代码。例如，通过寻找单词共现的模式和寻找潜在因素（主题、框架、作者）解释这些模式——至少在数学上。就归纳推理而言，可以说计算机算法基于特定观察创建了广泛的概括。除了这三个类别外，计算机算法还考虑了统计类别，包括用数字描述文本或语料库的所有技术。与无监督学习一样，这些技术在没有使用先验编码方案的意义上是归纳的，但它们不使用机器学习。对于每种分析类型的示例代码，使用 quanteda 软件包中包含的美国总统就职演说（$N=58$）。

```
## Analysis

Prepare DTM for analysis examples.

'''{r}
dtm <- dfm(data_corpus_inaugural, stem = TRUE, remove = stopwords("english"),
           remove_punct = TRUE)
dtm
'''

Document-feature matrix of: 59 documents, 5,458 features (89.34% sparse) and 4 docvars.
                   features
docs               fellow-citizen senat hous repres among vicissitud incid life event fill
  1789-Washington               1     1    2      2     1          1     1    1     2    1
  1793-Washington               0     0    0      0     0          0     0    0     0    0
  1797-Adams                    3     1    3      3     4          0     0    2     0    0
  1801-Jefferson                2     0    0      1     1          0     0    1     0    0
  1805-Jefferson                0     0    0      0     7          0     0    2     1    0
  1809-Madison                  1     0    0      1     0          1     0    1     0    1
[ reached max_ndoc... 53 more documents, reached max_nfeat... 5,448 more features ]
```

5.3.1 计数和字典法

计数和字典法是一种广泛使用模式——从简单的关键字到复杂的布尔查询和正则表达式——用来计算某些概念在文本中出现的频率。它是一种演绎方法，因为计数和字典法先验地定义了测量哪些规则以及如何测量，而这不受数据的影响。使用计数和字典法是一种计算简单但功能强大的方法。它已被用于研究媒体对政治人物的关注等主题和公司新闻中的框架（Schultz，Kleinnijenhuis 和 Oegema 等，2012）。计数和字典法也是一种流行的测量情感的方法（Smedt 和 Daelemans，2012）以及主观语言的其他维度（Tausczik 和 Pennebaker，2009）。通过将此类分析与用于识别句法的高级 NLP 技术的信息相结合，还可以执行更细粒度的分析，例如归因于特定参与者的情绪表达，或者一个参与者对另一个参与者的行为和感情（Van Atteveldt，Sheafer 和 Shenhav 等，2017）。

以下示例显示如何将计数和字典法应用于 quanteda 软件包的 DTM。第一步是使用字典函数创建一个字典对象（这里称为 myDict）。为简单起见，示例使用了一个非常简单的词典，但也可以导入大型预制词典，包括其他文本分析词典格式的文件，例如 LIWC、Wordstat 和 Lexicoder。字典也可以从 YAML 文件编写和导入，并且可以包括固定匹配模式、正则表达式或更简单的“glob”模式匹配（仅使用 * 和 ? 表示通配符），这在许多字典格式中很常见。使用 dfm_lookup 函数，然后可以将字典对象应用于 DTM 以创建新的 DTM，其中列代表字典规则。

```
### Counting and Dictionary


'''{r}
myDict <- dictionary(list(tech = c ("scien * ", "techn * "),
                          economy = c("job * ", "business * ", "econom * ")))
dict_dtm <- dfm_lookup(dtm, myDict, nomatch = "_unmatched")
head(dict_dtm)
'''


Document - feature matrix of: 6 documents, 3 features (33.33% sparse) and 4docvars.
                    features
docs                 tech economy_unmatched
  1789 - Washington    0       1      651
  1793 - Washington    0       0       62
  1797 - Adams         1       0     1069
  1801 - Jefferson     0       1      812
  1805 - Jefferson     1       0     1010
  1809 - Madison       1       1      524
```

5.3.2 监督机器学习法

监督机器学习法指的是算法从一组带注释的训练数据中学习模式的各种类别的技术。直觉的想法是，如果我们给它足够多的例子来说明应该如何编码，这些算法就可以学习如何编码文本。一个简单的例子是情感分析，使用一组手动编码为正面、中性或负面的文本，算法可以根据这些文本了解哪些特征（单词或单词组合）更有可能出现在正面或负面文本中。给定一个新的文本（算法未训练过的），然后可以根据文本中存在的特征估计出文本的情感倾向。演绎部分是研究人员提供训练数据，其中包含代表研究人员试图预测或测量类别的例子。然而，研究人员并未就如何寻找这些类别提供明确的规则。归纳部分是监督机器学习算法从训练数据中学习这些规则。套用一个经典的三段论：如果训练数据是会死或不死的人的列表，那么算法将了解到所有人极有可能会死，因此估计苏格拉底也会死。为了证明这一点，笔者训练了一个模型来预测是否在第二次世界大战之前美国总统发表了就职演说——这是因为重大的问题会随着时间的推移而变化，尤其是在第二次世界大战之后。用于监督机器学习的专用软件包是 RTextTools（Jurka，Collingwood 和 Boydstun 等，2022）和 kerasR（Arnold，De Vries，2022）。但是，对于此示例，使用 quanteda 软件包中包含的分类器。在开始之前，为 R 语言的随机数生成器设置了一个自定义种子，以便代码的随机部分的结果始终相同。为了准备数据，笔者将文档（元）变量 is_prewar 添加到 DTM，指示哪些文档早于 1945 年，这时模型将尝试预测的变量。然后，笔者将 DTM 分成训练（train_dtm）和测试（test_dtm）数据，使用 40 个文档的随机样本进行训练，其余 18 个文档进行测试。训练数据用于训练多项式朴素贝叶斯分类器，分配给 nb_model。为了测试该模型预测美国总统就职演说是否早于战争的程度，预测了测试数据的规则，并制作了一个表格，其中行显示预测，列显示 is_prewar 变量的实际值。

```
### Supervised Machine Learning


'''{r}
library(RTextTools)
library(kerasR)
library(quanteda)
set.seed(2)
#create a document variable indicating pre or post war
docvars(dtm, "is_prewar") <- docvars(dtm, "Year") < 1945
#sample 40 documents for the training set and use remaining (18) for testing
train_dtm <- dfm_sample(dtm, size = 40)
test_dtm <- dtm[setdiff(docnames(dtm), docnames(train_dtm))]
#fit a Naive Bayes multinomial model and use it to predict the test data
nb_model <- textmodel_nb(train_dtm, y = docvars(train_dtm, "is_prewar"))
pred_nb <- predict(nb_model, newdata = test_dtm)
#compare prediction (rows) and actual is_prewar value (columns) in a table
table(prediction = pred_nb, is_prewar = docvars(test_dtm, "is_prewar"))
'''
```

```
           is_prewar
prediction FALSE TRUE
     FALSE     6    0
     TRUE      0   13
```

结果表明，预测是完美的。在6次预测为假（就职演说不早于战争）和13次预测为真中，事实确实如此。

5.3.3 无监督机器学习法

无监督机器学习方法没有指定编码规则，也没有提供带标注的训练数据。相反，算法通过识别文本中的某些模式来提出模型。研究人员的唯一影响是某些参数的规范，例如文档被分类的类别数。流行的例子是基于底层主题结构自动分类文档的主题建模（Blei，Ng和Jordan，2003；Roberts等，2014）和“Wordfish”参数因子模型（Proksch和Slapin，2009）用于在单个基础维度（例如左右意识形态）上缩放文档。

监督和无监督的机器学习不是竞争方法，而是实现不同的目的，并且可以很好地相互补充。如果需要将文档放在预定类别中，监督方法是最合适的方法，因为无监督方法不太可能产生反映这些类别以及研究人员如何解释它们的分类。无监督方法的不可预测性的优势在于它可以提出研究人员没有考虑过的类别。相反，当结果不清楚时，这也可能对事后解释提出挑战。

为了展示无监督学习的本质，下面的示例展示了如何使用topicmodels软件包进行无监督学习。为了更具体地关注就职演说中的主题，并增加要建模的文本数量，笔者首先按段落拆分文本并创建一个新的DTM。从这个DTM中，笔者删除了文档频率为5或更低的术语以减少词汇表的大小（对于当前示例不太重要），并使用quanteda软件包中的转换函数将DTM转换为主题模型使用的格式。然后训练一个普通的隐含狄利克雷分布（latent dirichlet allocation，LDA）主题模型，它有五个主题——使用固定种子使结果可重现，因为LDA是不确定的。

```
### Unsupervised Machine Learning


'''{r}
library(topicmodels)
texts = corpus_reshape(data_corpus_inaugural, to = "paragraphs")
par_dtm <- dfm(texts, stem = TRUE,          # create a document-term matrix
               remove_punct = TRUE, remove = stopwords("english"))
par_dtm <- dfm_trim(par_dtm, min_count = 5) # remove rare terms
```

```
par_dtm <- convert(par_dtm, to = "topicmodels") # convert to topicmodels format
set.seed(1)
lda_model <- topicmodels::LDA(par_dtm, method = "Gibbs", k = 5)
terms(lda_model, 5)
'''
```

	Topic 1	Topic 2	Topic 3	Topic 4	Topic 5
[1]	"can"	"shall"	"nation"	"us"	"govern"
[2]	"must"	"upon"	"great"	"time"	"state"
[3]	"peopl"	"may"	"countri"	"american"	"power"
[4]	"world"	"law"	"war"	"freedom"	"constitut"
[5]	"nation"	"public"	"peac"	"now"	"peopl"

结果显示五个主题的前五个术语。虽然这是一个基本示例，但从数据中自下而上找“主题”的想法可以从同一主题内术语的语义连贯性中看出。特别是，主题5似乎围绕“治理”（governance）展开，使用术语“治理”（governance）、“国家”（state）、“权力”（power）、“宪法”（constitution）和“人民”（people）。

5.3.4 统计方法

可以使用各种统计方法来描述、探索和分析文本语料库。一个流行的统计方法是对语料库中单词的信息价值进行排序，然后将信息量最大的单词可视化为词云，以快速了解语料库的内容。文本统计（例如，平均单词和句子长度、单词和音节计数）也通常用于概念操作，如可读性或词汇多样性（McCarthy 和 Jarvis，2010）。R 语言中 koRpus 软件包（Michalke，Brown 和 Mirisola 等，2022）有测量这些的函数。此外，还有许多计算术语和文档相似性（通常基于 DTM 或转置 DTM 的内积）的有用应用，例如分析单词或概念之间的语义关系以及测量内容同质性。Quanteda 软件包、Corpustools 软件包（Welbers 和 Van Atteveldt，2022）或专用软件包如 textreuse（Mullen，2022）都支持这些应用。

一种特别有用的技术是比较两个语料库或同一语料库的两个子集之间的词频。例如，查看哪些词更可能出现在关于某个主题的文档中。除了提供快速探索该主题在语料库中被如何讨论之外，还可以为开发更好的查询提供输入。以下示例展示了如何在 quanteda 软件包中执行此技术。

```
### Statistics

'''{r}
```

```
library(quanteda.textstats)
library(quanteda.textplots)
#library(textreuse)
# create DTM that contains Trump and Obama speeches
corpus_pres = corpus_subset(data_corpus_inaugural,
                            President %in% c("Washington","Lincoln"))

dtm_pres <- dfm(corpus_pres,remove_punct = TRUE, remove = stopwords("english"))
dtm_pres <- dfm_group(dtm_pres,groups = President)
# compare target (in this case Trump) to rest of DTM (in this case only Lincoln).
keyness = textstat_keyness(dtm_pres, target = "Washington")
textplot_keyness(keyness,color = c("darkblue","red"))

'''
```

Washington 使用较多的有“国家”（country）、“声音”（voice）、“幸福”（happiness）等。而“constitution ”（宪法）、“联盟”（union）、“战争”（war）、“法律”（law）等是 Lincoln 使用较多的词（见图 5－2）。

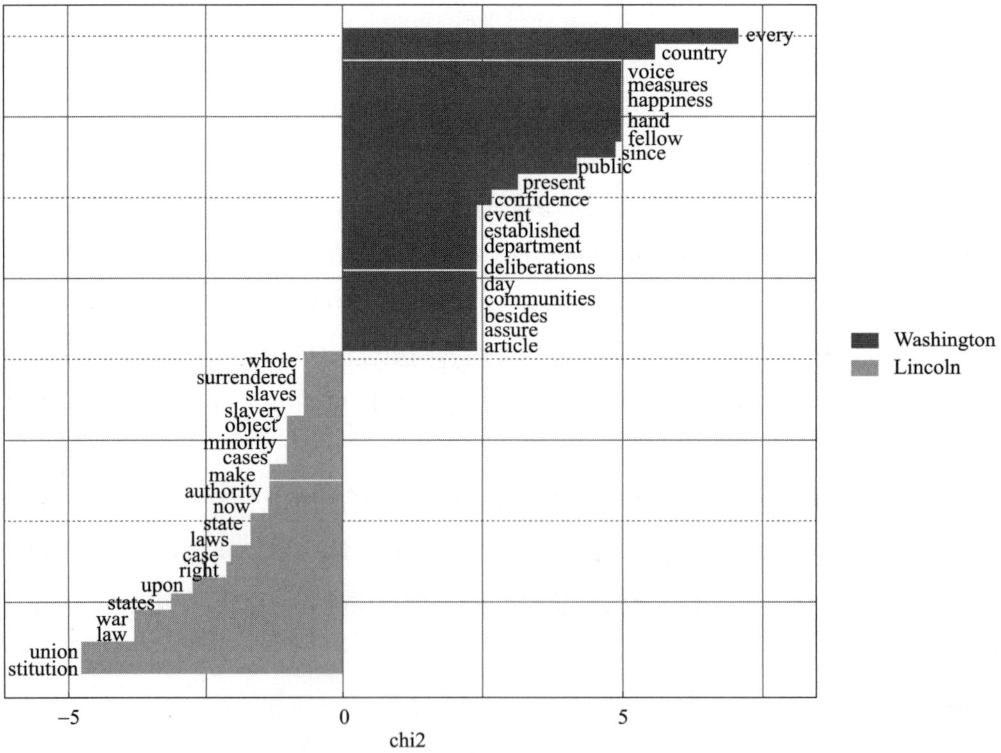

图 5－2　美国两位总统演讲词统计对比

5.4 高级主题

上面讨论的数据准备和词袋分析技术是目前研究中使用的大多数文本分析方法的基础。然而，对于某些类型的分析，可能需要依外部软件模块、计算要求更高或使用起来更复杂的技术。这里将简要阐述其中一些值得注意的高级方法。

除了数据准备部分讨论的预处理技术之外，还依赖更高级的自然语言处理（natural language processing，NLP）的强大预处理技术。目前，这些技术在 R 语言中不可用，而是依赖通常必须在 R 语言之外安装的外部软件模块。许多高级 NLP 技术对计算的要求也更高，因此需要更多的时间来执行。另一个复杂的问题是这些技术是特定于语言的，通常只适用于英语和其他一些使用较广泛的语言。几个 R 语言软件包为外部 NLP 模块提供了接口，一旦安装了这些模块，就可以在 R 语言中轻松使用它们。例如 CoreNLP 软件包（Arnold 和 Tilton，2022）为 Stanford CoreNLP java 库提供绑定（Manning，Surdeanu 和 Bauer，2014），这是一个完整的英语 NLP 解析器，它还支持（尽管有限制）阿拉伯语、中文、法语、德语和西班牙语。Spacyr 软件包（Benoit 和 Matsuo，2022）为 Python 的 spaCy 模块提供了一个接口，它与 CoreNLP 相当，但速度更快，并且支持英语和（同样有一些限制）德语和法语。CleanNLP 软件包（Arnold，2022）装了 CoreNLP 和 spaCy，还包括一个不依赖外部依赖项的最小后端。这样它就可以像瑞士军刀一样使用，选择最适合场合的方法，后端可用，但具有标准化的输出和方法。高级 NLP 解析器通常一次性执行所有技术。在下面的示例中，笔者使用 spacyr 软件包来解析一个句子，将用于说明词形还原、词性（POS）标记、命名实体识别（NER）和依赖解析四种高级 NLP 技术。

```
## Advanced Topics


### Advanced NLP


'''{r}
library(spacyr)
spacy_initialize()
d <- spacy_parse("Bob Smith gave Alice his login information.", dependency = TRUE)
d[, -c(1,2)]
'''

  token_id   token   lemma  pos    head_token_id dep_rel  entity
1        1     Bob     Bob  PROPN              2 compound PERSON_B
```

2	2	Smith	Smith	PROPN	3	nsubj	PERSON_I
3	3	gave	give	VERB	3	ROOT	
4	4	Alice	Alice	PROPN	3	dative	PERSON_B
5	5	his	his	PRON	7	poss	
6	6	login	login	NOUN	7	compound	
7	7	information	information	NOUN	3	dobj	
8	8	.	.	PUNCT	3	punct	

5.4.1 词形还原

词形还原实现与词干（stem）提取类似的目的，但不是切断术语的结尾来规范化它们，而是使用字典，用它们的词根替换术语。这个方法的主要优点是它可以更准确地规范化不同的动词形式，例如示例中的“gave”和“give”，这对于高度变形的语言（如荷兰语或德语）尤为重要。

5.4.2 词性标记

词性（part - of - speech，POS）标记是词的形态句法类别，例如名词、动词、冠词和形容词。在示例中，我们看到三个专有名词（propn）、一个动词（verb）、一个形容词（adj）、两个名词（noun）和标点符号（punct）。这些信息可用于集中分析某些类型的语法类别，例如使用名词和专有名称来衡量新闻项目中的相似事件，或者使用形容词来关注主观语言。同样，这是过滤掉某些类型的词（例如冠词或代词）的好方法。

5.4.3 命名实体识别

命名实体识别是一种识别一个词或一组词是否代表一个实体以及什么类型的实体的技术，例如人或组织。“Bob Smith”和“Alice”都被识别为人。理想情况下，命名实体识别与共同引用解析配对。共同引用解析是一种将对同一实体的不同引用分组的技术，例如指代（他、她、总统）。在例句中，“his”这个词指的是“Bob Smith”。目前只有 Stanford CoreNLP 支持共同引用解析，但 spaCy 软件包的 GitHub 页面上的讨论表明此功能在 sapCy 软件包中也已提上日程。

5.4.4 依赖解析

依赖解析提供了标记之间的句法关系，可用于在句法层面分析文本。在 spacyr 软件包中，head_token_i 和 dep_rel 列中给出此信息，其中前者指示标记与什么标记相关，后者指示关系类型。例如，“Bob”与“Smith”相关，head_token_i 2 作为复合词，因此将“Bob Smith”识别为单个实体。此外，由于“Smith”是动词“gave”的名词主语（nsubj），而 Alice 是受格（dative），因此，我们知道“Bob Smith”是给“Alice”（东西）的人。

5.4.5 词的位置和句法

正如上面所讨论的，文本的词袋表示具有内存效率，并且对于各种类型的分析都很方便，通常可以抵消由于丢失单词位置/顺序信息的缺点。然而，对于某些分析，单词的位置/顺序和句法属性即使不是至关重要，也可能非常有益。本节将介绍一些保持单词位置/顺序的文本表示和分析技术。

一种简单但潜力强大的解决方案是使用高阶 n - gram。也就是说，不仅将文本标记为单个单词（$n=1$；unigrams），还标记为两个单词的序列（$n=2$；bigrams），三个单词（$n=3$；trigrams）甚至更多。在标记化函数中，高阶 n - gram 的使用通常是可选的。Quanteda 软件包可以在标记化时形成 n - gram，或者从已经形成的标记中生成 n - gram。其他选项包括形成“skip - grams”，或从具有可变邻接窗口的单词中形成 n - gram。这种不相邻的搭配形成了计算加权邻近向量的基础，用于基于深度学习技术构建的基于向量空间网络模型（Selivanov，Bickel 和 Wang，2022）。下面，笔者将说明如何使用同时包含 0 和 1 跳跃的向量来形成三个单词（trigram）和大小为 3 的 skip - grams。

```
### Word Positions and Syntax


'''{r}
text <- "an example of preprocessing techniques"
toks <- tokens(text)
tokens_ngrams(toks, n = 3, skip = 0 : 1)
'''


Tokens consisting of 1 document.
text1 :
[1] "an_example_of"        "an_example_preprocessing"      "an_of_preprocessing"
[4] "an_of_techniques"     "example_of_preprocessing"      "example_of_techniques"
[7] "example_preprocessing_techniques"     "of_preprocessing_techniques"
```

这种方法的优点是这些 n - grams 可以像 unigrams 一样使用：我们可以用 n - grams 制作一个 DTM，并执行上面讨论的所有类型的分析。因此，在 R 语言中从原始文本创建 DTM 的函数通常允许使用 n－gram 而不只是 unigrams。对于某些分析，这可以提高性能。例如，否定和放大在情绪分析中的重要性，例如“不好”和“非常糟糕”（Aue 和 Gamon，2005）。然而，一个重要的缺点是使用 n－gram 对计算要求更高，因为多个单词的组合序列比单个单词多得多。这也意味着需要更多的数据才能很好地估计 n－gram 的分布。

另一种方法是在标记化之后保留单词的位置/顺序，这具有三个主要优点。首先，可以在分析中考虑标记的顺序和距离，从而能够对单词窗口中的单词共现进行分析。其次，数据可以转换为全文语料库（通过将标记粘贴在一起）和 DTM（通过删除标记位置）。这也使一些文本分析技术的结果能够在文本中可视化，例如基于单词比例模型（Slapin 和 Proksch，2008）给单词着色，或者为主题模型生成浏览器（Gardner，Lutes 和 Lund J 等，2010）。最后，每个标记都可以使用标记的特定信息进行注释，例如从高级 NLP 技术中获得的信息，这使可以使用依赖关系分析在句法子句层次执行分析（Van Atteveldt，Sheafer 和 Shenhav 等，2017）。保留位置的主要缺点是它的内存效率非常低，尤其是在保留所有标记并添加注释的情况下。

表示保持位置的标记的常用方法是数据框/数据帧，其中行表示标记，按位置排序，列表示与标记有关的不同变量，例如文字文本、词根及词性标记。上面高级 NLP 部分的 spacyr 标记输出中显示了此类表示的示例。几个 R 语言软件包为这种格式的标记提供专用类。第一种是 koRpus 软件包，专门从事各种类型的文本统计，特别是词汇多样性和可读性。第二种是 corpustools 软件包，它侧重于管理和查询带注释的标记，以及重建文本以可视化原始文本内容中的定量文本分析结果以进行定性研究。第三种是 tidytext 软件包，它并不关注这种带注释的标记格式，而是提供了一个在数据框/桢中处理标记化文本的框架。

为了简要演示如何利用单词位置，笔者使用 corpustools 软件包，支持在给定的单词距离内搜索单词。然后在上下文中的关键字（KWIC）列表中查看结果。在示例中，笔者使用 Washington 和 Lincoln 的国情咨文在五个词的距离内查询“country”和“constitution”。

笔者找到了一个记录，但不是在 Washington 和 Lincoln 的国情咨文中找到的，而是出现在乔治·沃克·布什（George W. Bush）的国情咨文中。

```
library(corpustools)
library(quanteda)
tc <- create_tcorpus(sotu_texts, doc_column = "id",text_columns = 'text',split_sentences = T)
hits <- search_features(tc,query = c('"constitution country" ~5'))
```

```
url = browse_hits(tc, hits, view = T)
'''
```

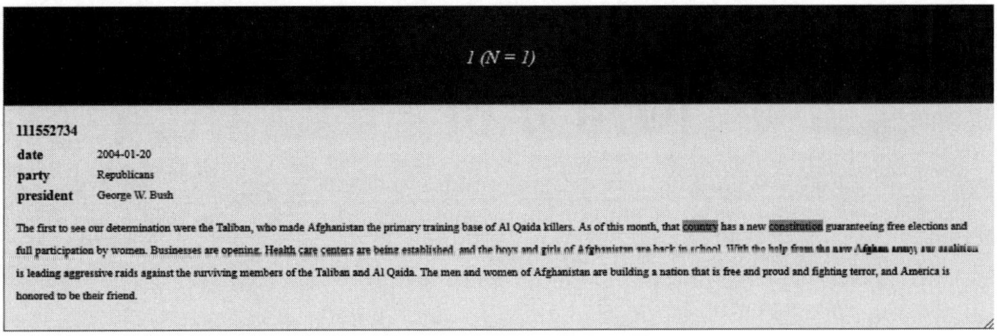

第 6 章
网络分析

本章介绍 R 语言中的网络分析技术，这些技术将对各种数据分析和研究有用，包括数据管理、网络可视化、相关网络描述性统计的计算，以及执行数学、统计和动态网络建模。本章分为四个主要部分：数据管理、网络可视化、网络描述和网络建模。

使用的网络数据集来自学者整理和发布的 UserNetR 软件包（Douglas，2015），其包含十多个网络数据集。本章使用这些数据集来支持编程和分析示例。UserNetR 软件包中包含的网络数据主要来自他们发布的网络分析，而创建这些数据是为了帮助说明特定的分析选项。UserNetR 软件包在 GitHub 上维护，必须下载并安装 Github 才能使用它提供的网络数据，这可以使用以下代码来完成。注意，如果系统上没有 devtools 软件包（Wichham，Hester 和 Chang 等，2022），也必须安装它。

```
'''{r}
library(devtools)
install_github("DougLuke/UserNetR")
'''
```

完成上述操作后，必须加载 UserNetR 软件包以使各种数据文件可用。这可以通过 library（）函数来完成，就像任何 R 语言软件包一样。

```
'''{r}
library(UserNetR)


# Finally, the documentation for the UserNetR package can be viewed through the R help system.


  help(package = 'UserNetR')
'''
```

可以通过 R 语言帮助系统查看 UserNetR 软件包的文档。

6.1 网络分析基础

R 语言中的网络分析应从哪里开始？

这里将重点介绍对网络分析几乎总是有用的两个初始步骤：网络可视化和网络基本描述。

与使用 R 语言的大多数类型的统计分析类似，第一步是加载适当的软件包（如果需要，应首先安装它们），使数据可用于分析。网络分析的 statnet 软件包将在此处用于分析（Handcock，Hunter 和 Butts 等，2019）。使用的数据来自 UserNetR 软件包。这里使用的特定数据集被称为 Moreno，其中包含由雅各布·莫雷诺在 20 世纪 30 年代首次收集的四年级学生的友谊网络。

```
'''{r, message = FALSE}
#install.packages("statnet")
library(statnet)
library(UserNetR)
data(Moreno)
'''
```

6.1.1 网络可视化

网络分析的第一步通常是看一下网络图形，因此网络可视化很重要。有效的网络图形需要仔细地规划和执行才能产生。一个简单的函数调用就可以生成一个信息丰富的网络图（见图 6－1）。这里唯一增加的复杂性是使用有关网络成员性别的信息对节点进行颜色编码。

```
'''{r}
gender <- Moreno %v% "gender"
plot(Moreno, vertex.col = gender + 2, vertex.cex = 1.2)
'''
```

由此产生的图形立即清楚地表明了友谊网络是如何由基于性别的两个不同的子网组成的。像这样快速生成的网络图形通常可以揭示社会网络中包含的最重要的结构模式。

图 6-1 Moreno 社会

6.1.2 基本描述

约翰·图基（John Tukey）最初提出的五数概括法（five - number summary）旨在使用易于生成的统计摘要来描述变量最重要的分布特征，包括最小值、第 1 四分位数、中位数、第 3 四分位数、最大值（Tukey，1997）。类似地，只使用几个函数和几行 R 语言代码就可以生成一个网络五数概括：网络大小、网络密度、子网个数、网络直径（网络紧凑程度）、聚类系数。

6.1.2.1 网络大小

网络大小是网络最基本的特征之一。网络大小是指网络成员的数量，网络成员通常被称为节点、顶点。Network. size（）函数是计算网络大小最简单的方法。Summary（）函数还提供了 statnet 网络对象的一些相关信息，如是否是有向网络、是否有回路、边的数量等。

```
'''{r}
network. size(Moreno)
summary(Moreno,print. adj = FALSE)
# Setting the print. adj to false suppresses some detailed adjacency information that can take up a lot of room.
'''
```

```
[1] 33
Network attributes:
  vertices = 33
  directed = FALSE
  hyper = FALSE
  loops = FALSE
  multiple = FALSE
  bipartite = FALSE
 total edges = 46
   missing edges = 0
   non-missing edges = 46
 density = 0.08712121

Vertex attributes:

 gender:
   numeric valued attribute
   attribute summary:
   Min. 1st Qu.  Median    Mean 3rd Qu.    Max.
  1.000   1.000   2.000   1.515   2.000   2.000
  vertex.names:
   character valued attribute
   33 valid vertex names

No edge attributes
```

在上面的示例中，网络大小为33，表示有33个节点。[1]

6.1.2.2　网络密度

在网络的所有基本特征中，密度是最重要的特征，也是最容易理解的特征。密度是网络中观察到的关系（也称为边）与最大可能关系（也称为边）的比例。因此，密度是一个介于0到1的比值。密度越接近1，网络的互连程度越高。密度是相对容易计算的，尽管基础公式根据网络关系是有向还是无向而有所不同。无向边是没有方向的，合作是无向关系的一个很好的例子。如果A与B合作，那么B必然也与A合作。有向边具有方向性，资金流向是有向关系的一个很好的例子。仅仅因为A给B钱，并不一定意味着B也给A钱。对于有向网络，k个节点之间可能的最大边数是$k \times (k-1)$，所以有向网络的密度公式是

$$\frac{L}{k \times (k-1)}$$

式中，L是网络中观察到的边数。此处定义的密度不允许特定节点与其自身之间存在联系（不存在回路）。

前面通过使用Summary（）函数给出了Moreno网络有33个节点和46条无向边，还给出了网络的密度density=0.08712121。也可以单独使用Gden（）函数计算网络密度。

```
'''{r}
gden(Moreno)
'''
```

---

[1] 示例代码运行结果以截图形式展示，以便读者自己运行代码对比，下文不再赘述。——编辑注

```
[1]0.08712121
```

注意，由于这里的网络是无向网络，可能的边的数量为$\frac{k\times(k-1)}{2}$。

6.1.2.3　子网个数

网络有时会分成不同的子组或者子成分。网络中一种非常基本的子组类型是子网。子网的非正式定义是所有参与者直接或间接连接的子组。可以使用 Components（）函数获得网络中的子网个数，图6-1中也展示了 Moreno 中2个子网的情况。请注意，对于有向网络，子网的含义更为复杂。有关更多信息请参阅帮助 help：components（）。

```
'''{r}
components(Moreno)
'''
[1]2
```

6.1.2.4　网络直径

尽管网络的整体规模可能很有趣，但考虑到其规模和互连程度，网络的一个更有用的特征是它的紧凑程度。网络直径是衡量这种紧凑程度的有用指标。路径是网络中从节点 A 到节点 B 所需的一系列步骤。最短路径是所需的最短步骤数。整个网络的直径是所有节点对的最短路径中最长的路径长度。这是紧凑程度或网络效率的衡量标准，因为网络直径反映了通过网络发送信息（或任何其他资源）的“最坏”情况。尽管社会网络可能非常大，但由于它们的密度和聚集性，其直径仍然可能很小。检查网络直径的唯一复杂因素是，对于包含多个子网的网络，其网络直径定义不统一。当有多个子网时，一种典型的方法是检查网络中最大子网的直径。Moreno 网络有两个子网，较小的子网只有两个节点。因此，笔者将使用包含其他 31 个已连接学生的较大子网。在下面的代码中，最大的子网被提取到一个新的矩阵中；然后使用 Geodist（）函数为每对节点计算最短路径；提取最大值，即该子网的网络直径。网络直径为 11，表明该网络不是很紧凑。连接这个友谊网络中相距最远的两个节点需要 11 个步骤。

```
'''{r}
lgc <- component.largest(Moreno,result = "graph")
gd <- geodist(lgc)
max(gd $ gdist)
'''

[1]11
```

6.1.2.5　聚类系数

社会网络的基本特征之一（与随机网络相比）是存在聚类或形成闭合三角形的趋

势。在社会网络中，当两个有共同朋友的人也成为朋友时，聚类和闭合过程就发生了，这可以在社会网络中通过检查其传递性来进行测量。传递性定义为闭合三角形（观察到所有三个关系的三元组）与开放和闭合三角形（观察到两个或所有三个关系的三元组）总数的比例。因此，与网络密度一样，传递性也是一个范围为0到1的比值。网络的传递性可以使用 Gtrans（）函数计算。Moreno 网络的传递性为0.2857143，表明四年级学生课堂网络中的聚类水平适中。

```
'''{r}
gtrans(Moreno,mode = "graph")
'''
```

```
[1]0.2857143
```

6.2 R 语言中的网络数据管理

6.2.1 网络数据

使用R语言进行网络分析的一个主要优势是用于访问和操作实际网络数据的工具的强大功能和灵活性。使用定量方法通常会将大部分时间花在处理数据管理任务和挑战上。分析和建模数据所花费的时间与为分析准备数据所花费的时间相比而言较少。这对于网络分析没有什么不同。事实上，鉴于网络数据的特殊性，数据管理任务显得更加艰巨。在本节中，笔者将讨论三个主要主题。首先，探索和定义网络数据的一般性质。其次，学习如何在R语言中创建和管理网络数据对象。最后，通过一组示例说明一些典型的网络数据管理任务。

6.2.1.1 网络数据结构

对于许多类型的数据分析，数据存储在这类矩形数据结构中，行用于描述案例或观察值，而列用于描述单个变量。电子表格 Excel 使用这种类型的数据组织，大多数统计数据包，例如 SPSS 软件，也使用这样的数据。

在R语言中，一种基本数据类型是“数据框/数据帧”（data frame），它使用与矩形数据结构相同的格式。网络由于需要描述更复杂的关系结构，因此需要不同类型的数据存储结构。

社会矩阵（sociomatrix）是描述网络的一种方式，也是许多网络分析程序存储和操作网络数据的常用方式。社会矩阵是一个正方形矩阵，其中为1的位置表示两个点之间有联系，为0的位置表示没有联系。约定行表示边的起点，列表示边的终点，如

图 6-2 所示。

	A	B	C	D	E
A	0	1	1	0	0
B	0	0	1	1	0
C	0	1	0	0	0
D	0	0	0	0	0
E	0	0	1	0	0

图 6-2 有向网络的社会矩阵示例

社会矩阵也称邻接矩阵。许多基本的网络算法都是基于对社会矩阵的数学或统计运算。然而，社会矩阵有一个很大的缺点。随着网络变得越来越大，社会矩阵变得非常稀疏。也就是说，大部分矩阵由空单元格（带有 0 的单元格）组成。这对数据存储、数据操作和数据显示提出了挑战。

另一种描述网络信息的方法可以避免社会矩阵这个问题，这种方法就是边列表（edge-lists）格式。顾名思义，边列表格式通过简单地列出网络中的每个边来描述网络。每一行对应一条边，分别代表从第一列中列出的节点连接到第二列中列出的节点，如图 6-3 所示。尽管对于小的网络，社会矩阵和边列表矩阵的大小相似，但后者对于大型网络更加有效。

From	To
A	B
A	C
B	C
B	D
C	B
E	C

图 6-3 有向网络的边列表示例

6.2.1.2 存储在网络对象中的信息

尽管可以使用基本矩阵来存储一些网络信息，但 R 语言和其他统计包使用更复杂的数据结构来包含各种网络节点、边、元数据和其他特征。一般来说，一个网络数据对象最多可以包含以下类型的信息。

节点：对于网络数据对象，必须知道哪些对象属于网络，这些对象通常被称为节点（在 statnet 软件包中称为顶点）。

边：网络数据对象中的第二个必需内容是将节点彼此连接起来的边列表。没有这两种信息，数据对象就不是真正的网络数据对象。

节点和边的属性：除了节点和边列表，网络数据对象通常还能够存储这些节点和边的特征。例如，如果网络中的节点是人，那么这些人的基本信息（例如性别或收入）可以包含在数据对象中。同样，边本身可能具有强度或评价等特征（例如正面与负面）。

元数据：网络数据对象还可能包含有关整个网络的元数据，或者在访问或分析数据时可能相关或有用的其他信息。例如，statnet 软件包将有关网络的全局信息存储为元数据，包括网络是否有向、是否允许循环、网络是否为二部网络等。

6.2.2　在 R 语言中创建和管理网络对象

6.2.2.1　在 statnet 软件包中创建网络对象

作为 statnet 软件包套件的一部分，network 软件包定义了一个 network 类，它是一个保存网络数据的对象结构。尽管 statnet 软件包可以识别存储在基本矩阵或数据帧中的关系数据，但在使用网络数据对象时，R 语言的网络分析的大部分功能和灵活性都得到了释放。要创建 network 对象，需要调用同名的 network（）函数。这个函数有许多选项，但最常用的是向它提供关系数据——通常是邻接矩阵或边列表。首先，我们将使用邻接矩阵创建一个网络，如图 6-4 所示。

```
'''{r}
netmat1 <- rbind(c(0,1,1,0,0),
                 c(0,0,1,1,0),
                 c(0,1,0,0,0),
                 c(0,0,0,0,0),
                 c(0,0,1,0,0))
rownames(netmat1) <- c("A","B","C","D","E")
colnames(netmat1) <- c("A","B","C","D","E")
net1 <- network(netmat1,matrix.type="adjacency")
class(net1)
summary(net1)
gplot(net1, vertex.col = 2, displaylabels = TRUE)
'''
```

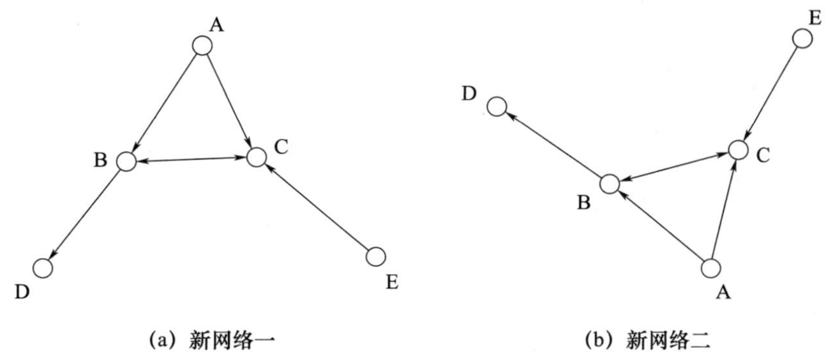

(a) 新网络一　　(b) 新网络二

图 6-4　新网络对像示意

Class（）函数和 Summary（）函数调用的结果表明已经成功创建了一个新的网络对象。此外，这表明如果矩阵具有相同的行名和列名，它们将用作节点的标签。通过绘制这个网络，还可以看到这个网络与图 6-2 和图 6-3 是同一个网络。

可以使用边列表格式创建相同的网络，这通常比使用邻接矩阵更方便。其原因不仅仅是边列表比社会矩阵小，而且网络数据通常以这种格式获得。例如，电子邮件通信可以被分析为网络，其中每封电子邮件对应于从电子邮件发送者到接收者的联系。这很容易产生边列表节点对。边列表是以节点 ID 号的形式提供的。为了正确标记节点，笔者使用了一个特殊的顶点属性构造函数 network. vertex. names（）。

```
'''{r}
netmat2 <- rbind(c(1,2),
                 c(1,3),
                 c(2,3),
                 c(2,4),
                 c(3,2),
                 c(5,3))
net2 <- network(netmat2,matrix. type = "edgelist")
network. vertex. names(net2) <- c("A","B","C","D","E")
gplot(net2, vertex. col = 2, displaylabels = TRUE)
summary(net2)
'''
```

```
Network attributes:
  vertices = 5
  directed = TRUE
  hyper = FALSE
  loops = FALSE
  multiple = FALSE
  bipartite = FALSE
 total edges = 6
   missing edges = 0
   non-missing edges = 6
 density = 0.3

Vertex attributes:
  vertex.names:
   character valued attribute
   5 valid vertex names

No edge attributes

Network adjacency matrix:
  A B C D E
A 0 1 1 0 0
B 0 0 1 1 0
C 0 1 0 0 0
D 0 0 0 0 0
E 0 0 1 0 0
```

Statnet 软件包还包含许多工具，允许将网络数据强制转换为其他矩阵格式。例如，调用 as. sociomatrix（）函数可将网络数据转换为社会矩阵格式。

```
'''{r}
as.sociomatrix(net1)
class(as.sociomatrix(net1))
'''
```

```
  A B C D E
A 0 1 1 0 0
B 0 0 1 1 0
C 0 1 0 0 0
D 0 0 0 0 0
E 0 0 1 0 0
[1]"matrix""array"
```

还有更一般的强制函数 as. matrix（），它可用于生成社会矩阵或边列表矩阵。

```
'''{r}
all(as.matrix(net1) == as.sociomatrix(net1))
as.matrix(net1,matrix.type = "edgelist")
'''
```

```
[1]TRUE
     [,1] [,2]
[1,]   1    2
[2,]   3    2
[3,]   1    3
[4,]   2    3
[5,]   5    3
[6,]   2    4
attr(,"n")
[1]5
attr(,"vnames")
[1]"A""B""C""D""E"
```

这种在网络对象和更基本的数据结构（如社会矩阵和边列表格式）之间来回切换的功能为分析人员在管理网络数据时提供了强大的能力和灵活性。

6.2.2.2 管理节点和边的属性

在 R 语言中进行网络分析时，不使用矩阵对象而使用网络对象的主要优点之一是网络对象能够存储额外的节点和边的属性信息。通常，分析人员对网络成员的了解远多于节点和边的简单列表，而这些节点或边特征可用于网络可视化、网络描述和网络建模。对于节点和边，statnet 软件包提供了一组函数，可用于创建、删除、访问和列出任何相关的属性信息。

(1) 节点属性

下面的示例使用两种不同的方法来设置一对节点属性（statnet 软件包中称为顶点属性）。第一种方法使用更正式的方法将性别代码分配给 net1 中的节点；第二种方法使用速记方法将数值向量分配为属性。在这种情况下，将每个节点的入度和出度的总和存储为一个新的顶点属性。

```
'''{r}
set. vertex. attribute(net1, "gender", c("F", "F", "M", "F", "M"))
net1 % v% "alldeg" <- degree(net1)
list. vertex. attributes(net1)
summary(net1)
'''
```

```
[1] "alldeg"        "gender"        "na"            "vertex.names"
Network attributes:
  vertices = 5
  directed = TRUE
  hyper = FALSE
  loops = FALSE
  multiple = FALSE
  bipartite = FALSE
 total edges = 6
   missing edges = 0
   non-missing edges = 6
 density = 0.3

Vertex attributes:

 alldeg:
   numeric valued attribute
   attribute summary:
   Min. 1st Qu.  Median    Mean 3rd Qu.    Max.
    1.0     1.0     2.0     2.4     4.0     4.0

 gender:
   character valued attribute
   attribute summary:
F M
3 2
  vertex.names:
   character valued attribute
   5 valid vertex names
```

```
No edge attributes

Network adjacency matrix:
  A B C D E
A 0 1 1 0 0
B 0 0 1 1 0
C 0 1 0 0 0
D 0 0 0 0 0
E 0 0 1 0 0
```

在这个例子中，我们看到在网络之外获得的信息（性别）或从网络本身获得的信息（度数）都可以用作节点属性。一旦设置了节点属性，就可以使用 list. vertex. attributes命令检查它们（注意复数）。此外，网络摘要将提供有关任何存储属性的一些基本信息。要查看存储在顶点属性中的实际值，可以使用以下两种等效方法。

```
'''{r}
get. vertex. attribute( net1 , "gender" )
net1 % v%  "alldeg"
'''
```

```
[1]"F""F""M""F""M"
[1]  2 4 4 1 1
```

（2）边属性

边的信息也存储在网络对象中，可以使用名称相似的 set. edge. attributes （）函数和 get. edge. attributes （）函数在网络对象中存储和管理有关边特征的信息。下面的示例创建了一个新的边属性，其中包含网络中每条边的随机数，然后访问该信息。

```
'''{r}
list. edge. attributes( net1 )
set. edge. attribute( net1 ,"rndval" ,runif( network. size( net1 ) ,0 ,1 ) )
list. edge. attributes( net1 )
summary( net1 % e%  "rndval" )
summary( get. edge. attribute( net1 ,"rndval" ) )
'''
```

```
[1] "na"
[1] "na"      "rndval"
   Min. 1st Qu.  Median    Mean 3rd Qu.    Max.
0.01358 0.03974 0.35950 0.40781 0.75403 0.89559
   Min. 1st Qu.  Median    Mean 3rd Qu.    Max.
0.01358 0.03974 0.35950 0.40781 0.75403 0.89559
```

想要创建新边属性的更典型情况是在创建或使用有价值的网络时。有价值的网络是网络边具有一定数值的网络。例如，资源交换网络可能不仅包括从一个节点到另一个节点的资金流，还包括该资金的实际金额。在 statnet 软件包中，有数值边的实际值存储在边属性中。下面的例子展示了如何从原始的价值社会矩阵着手将数值存储在一个名为“like”的边属性中。

```
'''{r}
netval1 <- rbind(c(0,2,3,0,0),
                 c(0,0,3,1,0),
                 c(0,1,0,0,0),
                 c(0,0,0,0,0),
                 c(0,0,2,0,0))
netval1 <- network(netval1,matrix.type="adjacency",ignore.eval=FALSE,names.eval="like")
network.vertex.names(netval1) <- c("A","B","C","D","E")
list.edge.attributes(netval1)
get.edge.attribute(netval1, "like")
as.sociomatrix(netval1)
as.sociomatrix(netval1,"like")
'''
```

```
[1] "like" "na"
[1] 2 1 3 3 2 1
  A B C D E
A 0 1 1 0 0
B 0 0 1 1 0
C 0 1 0 0 0
D 0 0 0 0 0
E 0 0 1 0 0
  A B C D E
A 0 2 3 0 0
B 0 0 3 1 0
C 0 1 0 0 0
D 0 0 0 0 0
E 0 0 2 0 0
```

这里的关键是 ignore. eval 和 names. eval 选项。此处设置的这两个选项告诉 network 函数评估社会矩阵，并将这些值存储在名称为“like”的新边属性中。一旦将数值存储在边属性中，就可以使用 as. sociomatrix 强制函数的 as 选项恢复原始值矩阵。

6.2.2.3 在 igraph 软件包中创建网络对象

另一个可用于存储和操作网络数据的主要 R 语言软件包是 igraph 软件包（Amestoy 和 Azzalini 等，2022），它是一套全面的网络数据管理和分析工具，已在 R 语言、Python 语言和 C/C++语言中实现。更多信息可以在官网 igraph. org 上获得。要开始使用 igraph 软件包，需要安装和加载软件包。它包含许多与 statnet 软件包套件中的函数同名的函数，因此在加载 igraph 软件包之前断开 statnet 软件包是一个好的做法。

```
'''{r}
detach(package：statnet)
library(igraph)
'''
```

在大多数情况下，igraph 软件包可用于以与 network 软件包类似的方式存储和访问网络、节点和边信息。特别是，可以从更为基本的社会矩阵或边列表数据结构创建 igraph 网络对象（称为“图”）。

```
'''{r}
inet1 <- graph.adjacency(netmat1)
class(inet1)
summary(inet1)
str(inet1)
help(summary.igraph)
print(inet1)
'''
```

```
[1] "igraph"
IGRAPH 0570aaa DN-- 5 6 --
+ attr: name (v/c)
Class 'igraph'  hidden list of 10
 $ : num 5
 $ : logi TRUE
 $ : num [1:6] 0 0 1 1 2 4
 $ : num [1:6] 1 2 2 3 1 2
 $ : num [1:6] 0 1 2 3 4 5
 $ : num [1:6] 0 4 1 2 5 3
 $ : num [1:6] 0 2 4 5 5 6
 $ : num [1:6] 0 0 2 5 6 6
 $ :List of 4
  ..$ : num [1:3] 1 0 1
  ..$ : Named list()
  ..$ :List of 1
  .. ..$ name: chr [1:5] "A" "B" "C" "D" ...
  ..$ : list()
 $ :<environment: 0x0000027403897150>
IGRAPH 0570aaa DN-- 5 6 --
+ attr: name (v/c)
+ edges from 0570aaa (vertex names):
[1] A->B A->C B->C B->D C->B E->C
```

来自 igraph 图对象的摘要信息比来自 statnet 网络的信息略显神秘。在列出“IGRAPH”标签（表明这是一个 igraph 对象）后，会出现一系列代码。在这种情况下，“D”表示有向图，“N”表示顶点已命名。也可能会用其他代码来指定图形是加权的（有价值的）还是二分的。这些代码之后显示的是顶点数量（5）和边数量（6）。更多详细信息请参阅 summary.igraph 的帮助条目。Str（）函数提供了更多信息，包括边列表。类似地，可以从边列表创建 igraph 图对象。

可以通过与 statnet 软件包中类似的方式创建、访问和转换节点和边的属性。事实上，节点和边属性的管理在 igraph 软件包中稍微容易一些，因为 Accesor 函数的底层优雅。为了创建和使用节点属性，使用 V（）顶点 Accessor 函数。类似地，为了管理边属性，使用 E（）边 accessor 函数。在下面的例子中，使用这些函数来设置节点的名称，并为观察到的关系设置边值。

```
'''{r}
inet2 <- graph.edgelist(netmat2)
summary(inet2)
V(inet2)$ name <- c("A","B","C","D","E")
E(inet2)$ val <- c(1:6)
summary(inet2)
str(inet2)
'''
```

```
IGRAPH f38af15 D--- 5 6 --
IGRAPH f38af15 DN-- 5 6 --
+ attr: name (v/c), val (e/n)
Class 'igraph'  hidden list of 10
 $ : num 5
 $ : logi TRUE
 $ : num [1:6] 0 0 1 1 2 4
 $ : num [1:6] 1 2 2 3 1 2
 $ : num [1:6] 0 1 2 3 4 5
 $ : num [1:6] 0 4 1 2 5 3
 $ : num [1:6] 0 2 4 5 5 6
 $ : num [1:6] 0 0 2 5 6 6
 $ :List of 4
  ..$ : num [1:3] 1 0 1
  ..$ : Named list()
  ..$ :List of 1
  .. ..$ name: chr [1:5] "A" "B" "C" "D" ...
  ..$ :List of 1
  .. ..$ val: int [1:6] 1 2 3 4 5 6
 $ :<environment: 0x0000027403f83400>
```

6.2.2.4　在 statnet 软件包和 igraph 软件包之间切换

有时会希望对存储在 igraph 图对象中的网络数据使用 statnet 网络函数，反之亦然。为此，intergraph 软件包可用于在两种格式之间转换网络数据对象（Bojanowsk，2016）。下面的示例使用 asIgraph（）函数将 net1 数据转换为 igraph 格式；反过来，可以使用 asNetwork（）函数。

```
'''{r}
library(intergraph)
class(net1)
net1igraph <- asIgraph(net1)
```

```
class(net1igraph)
str(net1igraph)

'''

 [1] "network"
 [1] "igraph"
Class 'igraph'  hidden list of 10
 $ : num 5
 $ : logi TRUE
 $ : num [1:6] 0 2 0 1 4 1
 $ : num [1:6] 1 1 2 2 2 3
 $ : num [1:6] 0 2 3 5 1 4
 $ : num [1:6] 0 1 2 3 4 5
 $ : num [1:6] 0 2 4 5 5 6
 $ : num [1:6] 0 0 2 5 6 6
 $ :List of 4
  ..$ : num [1:3] 1 0 1
  ..$ : Named list()
  ..$ :List of 4
  .. ..$ alldeg      : num [1:5] 2 4 4 1 1
  .. ..$ gender      : chr [1:5] "F" "F" "M" "F" ...
  .. ..$ na          : logi [1:5] FALSE FALSE FALSE FALSE FALSE
  .. ..$ vertex.names: chr [1:5] "A" "B" "C" "D" ...
  ..$ :List of 2
  .. ..$ na    : logi [1:6] FALSE FALSE FALSE FALSE FALSE FALSE
  .. ..$ rndval: num [1:6] 0.868 0.809 0.454 0.171 0.72 ...
 $ :<environment: 0x0000027403637898>
```

6.2.3 导入网络数据

将原始数据导入 R 语言以进行后续网络分析相对简单，只要外部数据采用边列表、邻接列表或社会矩阵形式（或可以轻松转换为此类形式）。下面的示例为创建一个与前面提到的相同示例网络相对应的边列表，然后将其保存为外部 CSV 文件；使用 read.csv 读入该文件；并将其转换为网络数据对象。

```
'''{r}
detach("package:igraph", unload = TRUE)
library(statnet)
netmat3 <- rbind(c("A","B"),
                 c("A","C"),
                 c("B","C"),
                 c("B","D"),
                 c("C","B"),
                 c("E","C"))
net.df <- data.frame(netmat3)
write.csv(net.df, file = "MyData.csv",row.names = FALSE)
net.edge <- read.csv(file = "MyData.csv")
net_import <- network(net.edge,matrix.type = "edgelist")
```

summary(net_import)

'''

```
'statnet' 2019.6 (2019-06-13), part of the Statnet Project
* 'news(package="statnet")' for changes since last version
* 'citation("statnet")' for citation information
* 'https://statnet.org' for help, support, and other information


There are updates for the following statnet packages on CRAN:
        Installed ReposVer Built
network "1.17.1"  "1.17.2" "4.2.0"
Restart R and use "statnet::update_statnet()" to get the updates.
Network attributes:
  vertices = 5
  directed = TRUE
  hyper = FALSE
  loops = FALSE
  multiple = FALSE
  bipartite = FALSE
 total edges = 6
   missing edges = 0
   non-missing edges = 6
 density = 0.3

Vertex attributes:
  vertex.names:
   character valued attribute
   5 valid vertex names

No edge attributes

Network adjacency matrix:
  A B C E D
A 0 1 1 0 0
B 0 0 1 0 1
C 0 1 0 0 0
E 0 0 1 0 0
D 0 0 0 0 0
```

statnet 软件包中的 network 软件包可以使用 read. paj（）函数读取 Pajek 格式的外部网络数据（Pajek. net 或 . paj 文件）。igraph 软件包还可以导入 Pajek 文件和一些其他格式的文件，包括 Graph ML 格式和 UCINet DL 格式的文件。

6.2.4 常见网络数据任务

前面介绍了在 R 语言中创建和管理网络数据对象所需的基本信息。但是，网络分析的数据管理任务并没有就此结束。有许多网络分析需要更复杂的数据管理和转换技术。这里将介绍两个这样的示例：①通过过滤节点和边的特征来准备网络数据子集以进行分析；②将有向网络转变为无向网络。

6.2.4.1 基于顶点或边属性值过滤网络

为了快速可视化或进一步分析，检查网络的子集是很常见的。有很多方法可以用来定义或识别更大网络中有趣的子网。但是，作为一项基本的数据管理任务，可以根据边属性或顶点属性中包含的值过滤网络。这两种情况下，将根据设置的选择标准删除节点或边。

（1）基于节点值的过滤

如果网络对象包含存储为顶点属性的节点特征，则此信息可用于选择新的子网进行分析。下面的示例网络中有性别顶点属性（见图6-5），如果想查看由女性组成的子网络，可以使用以下代码（从 igraph 软件包切换回 statnet 软件包后）。

```
'''{r}
n1F <- get.inducedSubgraph(net1, which(net1 %v% "gender" == "F"))
n1F[,]
gplot(n1F,displaylabels = TRUE)
'''
```

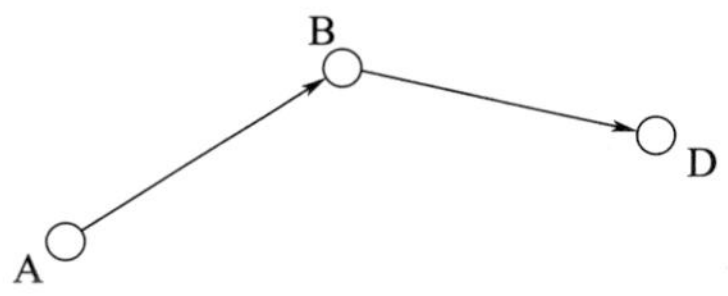

图6-5 女性子网

Get.inducedSubgraph（）函数返回一个基于顶点属性标准过滤的新网络对象，“%v%”运算符返回一个顶点 ID 列表。

利用相同的过程可以处理数字节点特征。以下代码将绘制度数大于或等于2的示例网络的子集（见图6-6）。但请注意，新子网络中的节点当然不会具有相同的原始度值。虽然工作方式相同，但使用“%s%”运算符，它是 get.inducedSubgraph（）函数的快捷方式。

```
'''{r}
deg <- net1 %v% "alldeg"
n2 <- net1 %s% which(deg > 1)
gplot(n2,displaylabels = TRUE)
'''
```

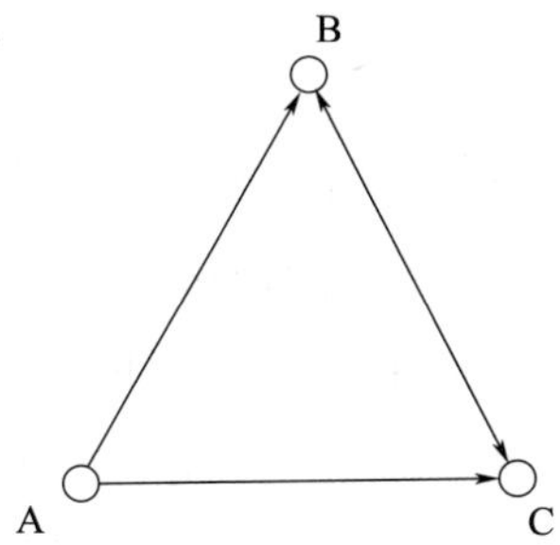

图6-6 绘制度数大于或等于2的子网

（2）去除孤立点

网络的另一个常见过滤任务是删除所有孤立点（度数为 0 的节点）；可以使用前述 get. inducedSubgraph（）函数；但如果想要删除某些节点，可以采用更直接的方法。

孤立点示例使用 ICTS 网络数据集，它作为随附 UserNetR 软件包的一部分被提供。该网络的成员是科学家，如果他们一起合作提交科学资助申请，就会有边的联系。使用 isolates（）函数可以看到这个网络有相当数量的孤立节点。

```
'''{r}
library(UserNetR)
data(ICTS_G10)
gden(ICTS_G10)
length(isolates(ICTS_G10))
'''
```

```
[1]0.01120566
[1]96
```

Isolates（）函数返回一个顶点 ID 向量，可以提供给 delete. vertices（）函数。然而，与我们见过的大多数 R 函数不同，delete. vertices（）函数不返回对象，而是直接在传递给它的网络上进行操作。因此，这种处理对象的副本更安全。

```
'''{r}
n3 <- ICTS_G10
delete.vertices(n3,isolates(n3))
gden(n3)
length(isolates(n3))
'''
```

```
[1]0.01728876
[1]0
```

（3）基于边值的过滤

社会网络通常包含有价值的边。例如，资源交换网络不仅列出了谁和谁相互交换货币（或某种其他资源），还列出了货币的数量。在 statnet 软件包中，关于边的信息存储在边属性中。当一个网络对关系（边）进行评估时，想要检查这些关系（边）中仅具有某些值的网络部分并不罕见。例如，可能只想可视化或分析资源交换网络中那些给予或接受超过一定数量金钱的人。为此，需要使用包含在相应边属性中的相关值来过滤网络。下面的示例将使用更大、更真实的社会网络。美国卫生与公共服务部

（Department of Health and Human Services，DHHS）协作网络包含网络数据，该网络数据来自2005年在美国卫生与公共服务部11个不同机构工作的54名烟草控制专家之间的关系研究。该数据集中包含的主要关系是协作——两名成员如果在过去的一年里一起工作过，这种联系的价值在于捕捉合作强度的差异。具体来说，协作关系可以采用以下四个值之一：①仅非正式地共享信息；②非正式地一起工作；③在一个项目上正式合作过；④在多个项目上正式合作过。可以看到原始网络相对密集，因此在绘制网络结构时有点难以解释（见图6-7）。

```
'''{r}
data(DHHS)
d <- DHHS
gden(d)
op <- par(mar = rep(0, 4))
gplot(d,gmode = "graph",edge.lwd = d %e% 'collab', edge.col = "grey50",vertex.col = "lightblue",
vertex.cex = 1.0,vertex.sides = 20)
par(op)
'''
[1]0.312369
```

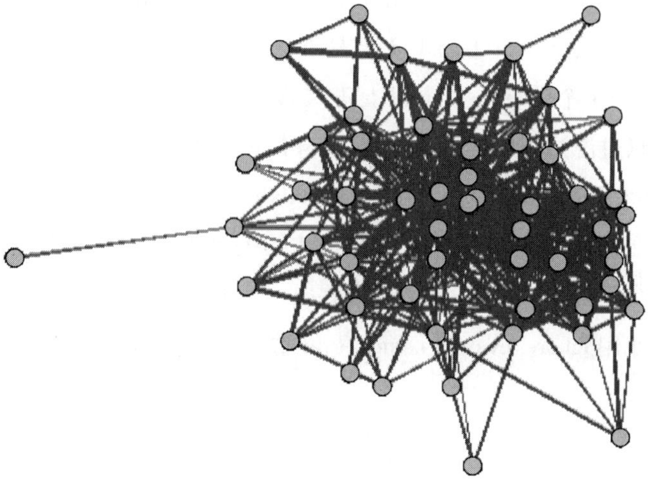

图6-7 DHHS协作网络

过滤原始网络仅显示协作编码为3或更高的那些边。要了解边过滤的工作原理，重要的是记住有价值的关系是如何存储在网络对象中的。边本身作为二进制指示符存储在网络对象中，而这些边的值存储在边属性中。可以看到DHHS协作网络是如何工作的。首先，检查网络前六个成员的网络关系。其次，确定协作值的存储位置，并使用它来查看同一组六个成员的边的值。

```
'''{r}
as. sociomatrix(d)[1 : 6,1 : 6]
list. edge. attributes(d)
as. sociomatrix(d,attrname = "collab")[1 : 6,1 : 6]
table(d %e% "collab")
'''
```

```
        ACF-1 ACF-2 AHRQ-1 AHRQ-2 AHRQ-3 AHRQ-4
ACF-1       0     1      0      0      0      0
ACF-2       1     0      0      0      0      0
AHRQ-1      0     0      0      1      1      1
AHRQ-2      0     0      1      0      1      1
AHRQ-3      0     0      1      1      0      1
AHRQ-4      0     0      1      1      1      0
[1] "collab" "na"
        ACF-1 ACF-2 AHRQ-1 AHRQ-2 AHRQ-3 AHRQ-4
ACF-1       0     1      0      0      0      0
ACF-2       1     0      0      0      0      0
AHRQ-1      0     0      0      3      3      3
AHRQ-2      0     0      3      0      3      2
AHRQ-3      0     0      3      3      0      3
AHRQ-4      0     0      3      2      3      0

  1   2   3   4
163 111  94  79
```

网络对象的摘要显示，DHHS 网络中有 447 个关系，并且可以很容易地看到边的值的分布。在 447 个关系中，①为 163 个是非正式地共享信息，②为 111 个是非正式地一起工作，③为 94 个是在一个项目上正式合作过，④为 79 个是在多个项目上正式合作过。现在可以过滤边以获得仅包含正式合作的关系，需要三个步骤：首先，创建一个有价值的社会矩阵，其中包含存储在“collab”边属性中的关系值；其次，过滤掉想忽略的关系，在这种情况下，编码为 1 和 2 的关系被 0 替换；最后，基于过滤后的社会矩阵创建一个新网络。这里的关键是在 d. val 中找到非零值的任何地方都会创建边。此外，通过使用 ignore. eval 和 names. eval 选项，将保留的边缘值存储在名为“collab”的边属性中。

```
'''{r}
d. val <- as. sociomatrix(d,attrname = "collab")
d. val[d. val < 3] <-0
d. filt <- as. network(d. val, directed = FALSE, matrix. type = "a",ignore. eval = FALSE, names. eval = "collab")
summary(d. filt,print. adj = FALSE)
gden(d. filt)
'''
```

```
Network attributes:
  vertices = 54
  directed = FALSE
  hyper = FALSE
  loops = FALSE
  multiple = FALSE
  bipartite = FALSE
 total edges = 173
   missing edges = 0
   non-missing edges = 173
 density = 0.1208945

Vertex attributes:
  vertex.names:
   character valued attribute
   54 valid vertex names

Edge attributes:

 collab:
   numeric valued attribute
   attribute summary:
   Min. 1st Qu.  Median    Mean 3rd Qu.    Max.
  3.000   3.000   3.000   3.457   4.000   4.000
[1] 0.1208945
```

可以看到，新网络的参与者数量相同，但只有 173 个关系［对应于③和④合作的原始数字］（见图 6-8）。此外，毫不奇怪，密度要低得多。

现在，当绘制网络时，可以检查一组较小的关系以获取重要的结构信息。

```{r}
op <- par(mar = rep(0, 4))
gplot(d.filt,gmode = "graph",displaylabels = TRUE, vertex.col = "lightblue",vertex.cex = 1.3, label.cex = 0.4,label.pos = 7, displayisolates = FALSE)
par(op)
```

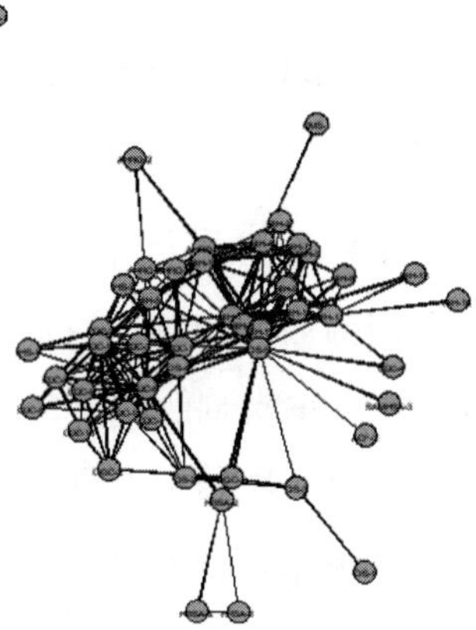

图 6-8　DHHS 中正式合作关系（一）

注：仅包含③和④合作关系。

请注意，gplot（）函数本身的功能有限，只能使用 thresh 选项显示超过某个较低阈值的边（见图6－9）。例如，此命令将显示与前面代码相同的网络，而无须执行创建新过滤网络的步骤。请注意，要使其正常工作，必须将有价值的社会矩阵传递给 gplot（）函数，而不是实际的网络对象。

```
'''{r}
op <- par(mar = rep(0, 4))
d.val <- as.sociomatrix(d,attrname = "collab")
gplot(d.val, gmode = "graph", thresh = 2, displaylabels = TRUE, vertex.col = "lightblue", vertex.cex = 1.3, label.cex = 0.3, label.pos = 5, displayisolates = FALSE)
par(op)
'''
```

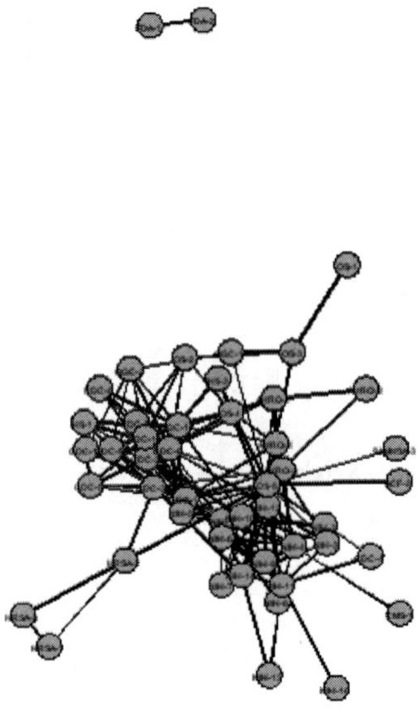

图6－9　DHHS 中正式合作关系（二）

注：仅包含③和④合作关系。

6.2.4.2　将有向网络转换为无向网络

通常情况下，即使网络分析中的原始数据由有向关系组成，仍希望将数据视为非有向数据。虽然网络关系是无向的，但数据收集过程可能导致生成有向的边。

R 语言可以很容易地将有向网络转换为无向网络。为此，可以使用 symmetrize（）函数。该函数的名称表示，当网络数据存储在社会矩阵中时，如果数据围绕对角线对称，则表明关系是无向的。

```
'''{r}
net1mat <- symmetrize(net1,rule = "weak")
```

```
net1mat
net1symm <- network(net1mat,matrix.type="adjacency")
network.vertex.names(net1symm) <- c("A","B","C","D","E")
summary(net1symm)
'''
```

```
     [,1] [,2] [,3] [,4] [,5]
[1,]    0    1    1    0    0
[2,]    1    0    1    1    0
[3,]    1    1    0    0    1
[4,]    0    1    0    0    0
[5,]    0    0    1    0    0
Network attributes:
  vertices = 5
  directed = TRUE
  hyper = FALSE
  loops = FALSE
  multiple = FALSE
  bipartite = FALSE
 total edges = 10
   missing edges = 0
   non-missing edges = 10
 density = 0.5

Vertex attributes:
  vertex.names:
   character valued attribute
   5 valid vertex names

No edge attributes

Network adjacency matrix:
  A B C D E
A 0 1 1 0 0
B 1 0 1 1 0
C 1 1 0 0 1
D 0 1 0 0 0
E 0 0 1 0 0
```

Symmetrize（）函数过程相对简单，它返回一个社会矩阵（或者一个边列表），需要把它变成一个网络对象，就像之前所做的那样。“rule”选项提供了四种不同的选择来使关系对称。“weak”规则对应于布尔“OR”条件，如果存在从i到j或从j到i的有向关系，则在节点i和j之间创建边。还有一个“strong”规则，对应于布尔值“AND”，其中仅当i到j和j到i存在定向关系时，才在i和j之间创建边。这样，将创建一个对称网络，其中唯一保留的关系是完全互惠的关系。

6.3 基本网络绘图和布局

6.3.1 网络可视化的挑战

生成网络图通常是网络分析的重要一步。与任何信息图形一样，网络图形的总体目的是突出基础数据中包含的重要信息。有无数种方法可以在二维空间中直观地布局网络节点和边，以及使用图形元素（例如节点大小、线条颜色、图形图例等）来传达网络数据中的故事。一个有效的网络图形将传达社会网络中的重要信息，如整体结构、网络中重要参与者的位置、独特子群的存在等。同时，图形中无关信息应尽量少。例如，网络图形中的连线长度是任意的，因为连线的长度没有意义。一个有效的网络图形其设计和布局应以最大限度地降低观众误解边长度含义的可能性为原则（见图6-10）。

```
'''{r, message = FALSE}
library(UserNetR)
library(statnet)
data(Moreno)
op <- par(mar = rep(0, 4),mfrow = c(1,2))
plot(Moreno,mode = "circle",vertex. cex = 1.5)
plot(Moreno,mode = "fruchtermanreingold",vertex. cex = 1.5)
par(op)
'''
```

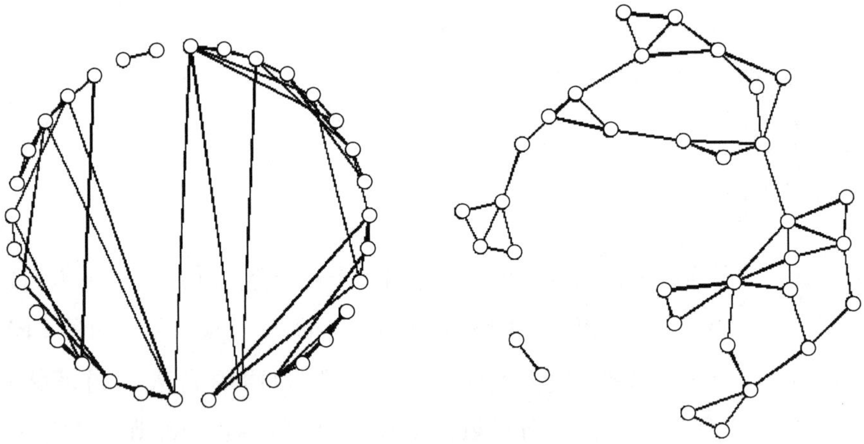

图6-10 相同的网络和不同的布局

乍一看，这些数字似乎显示了两个完全不同的网络。实际上，它们是同一社会网络的两种不同的视觉表示。这个社会网络是四年级学生之间的友谊关系。尽管都代表相同的网络数据，但右侧的图更容易解释，特别是更容易看出网络由两个独立的子网组成，并且大子网具有两个相当不同的内聚子组。也就是说，与第一种布局相比，第二种布局更容易确定网络的重要结构特征。这是网络可视化的基本挑战：在不失真的情况下揭示网络的重要结构特征。

6.3.2 网络布局的美学

尽管在屏幕上显示网络的方式不是无限的，但可能性是无限的。大多数可能性会产生丑陋或混乱的布局，因此必须用一些方法来选择视觉上可以接受的布局。网络和可视化科学家已经研究了使网络图布局更易于理解和解释的原因，并形成了一套美学原则，可以用来更有效地展示网络。如果网络图形尽可能遵循以下五个准则，则更易于理解。

（1）尽量减少边交叉。

（2）最大化节点布局的对称性。

（3）尽量减少边长度的可变性。

（4）当边交叉或边连接节点时，最大化边之间的角度。

（5）尽量减少用于网络显示的总空间。

目前大量用于网络图形自动布局的方法已经被开发出来。其中，一类被称为力引导（force - directed，Fruchterman 和 Reingold，1991）的通用算法已被证明是一种灵活而强大的自动网络布局方法。这些算法迭代地工作以最小化网络中的总能量，其中能量可以通过多种方式定义。一种流行的方法是让连接的节点具有类似弹簧的吸引力，同时将排斥力分配给所有节点对。该算法中的弹簧将连接的节点拉得更近，而排斥力将未连接的节点推离彼此，由此产生的网络系统将四处移动并振荡一段时间，然后进入趋于最小化网络系统能量的稳定状态。下面的示例描述了算法的工作原理，其显著的特点是生成的网络图往往会产生美观的显示（见图6-11）。

```
'''{r}
op <- par(mar = c(0,0,4,0),mfrow = c(1,2))
gplot(Moreno,gmode = "graph",mode = "random",
vertex.cex = 1.5,main = "Random layout")
gplot(Moreno,gmode = "graph",mode = "fruchtermanreingold",
vertex.cex = 1.5,main = "Fruchterman - Reingold")
par(op)
'''
```

在图6-11（a）布局中，使用 Moreno network 网络随机显示。在图6-11（b）布局中，使用 Fruchterman - Reingold 算法进行网络显示这也是第一个力引导的网络显示算法（Fruchterman 和 Reingold，1991），目前其应用仍然非常广泛。事实上，它是 statnet 网络绘图功能使用的默认算法。在图 6-11（b）布局中，节点显示得更加对称，边交叉相对较少，并且连接长度更加均匀。所有这些都使解释网络中包含的结构信息变得更加容易。

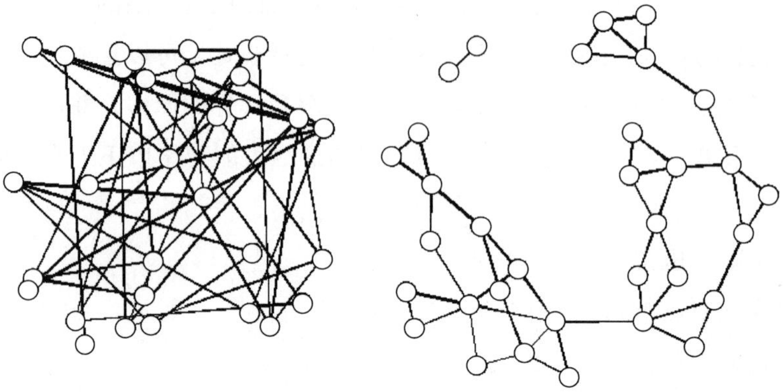

(a) Random layout　　(b) Fruchterman – Reingold

图 6 – 11　Moreno network – random 与 Fruchterman – Reingold 布局

6.3.3　基本绘图算法和方法

statnet 软件包中的网络可视化由两个密切相关的 plot 函数和 gplot 函数处理。后者有更多的布局选项，因此它可能更普遍有用。要使用不同的布局算法，只需指定适当的布局选项即可（见图 6 – 12）。

```
'''{r}
op <- par(mar = c(0,0,4,0),mfrow = c(2,3))
gplot(Moreno,gmode = "graph",edge.col = "grey75", vertex.cex = 1.5,mode = 'circle',main = "circle")
gplot(Moreno, gmode = "graph",edge.col = "grey75", vertex.cex = 1.5,mode = 'eigen',main = "eigen")
gplot(Moreno,gmode = "graph",edge.col = "grey75", vertex.cex = 1.5,mode = 'random',main = "random")
gplot(Moreno,gmode = "graph",edge.col = "grey75", vertex.cex = 1.5,mode = 'spring',main = "spring")
gplot(Moreno,gmode = "graph",edge.col = "grey75", vertex.cex = 1.5,mode = 'fruchtermanreingold', main = 'fruchtermanreingold')
gplot(Moreno, gmode = "graph",edge.col = "grey75", vertex.cex = 1.5,mode = 'kamadakawai', main = 'kamadakawai')
par(op)
'''
```

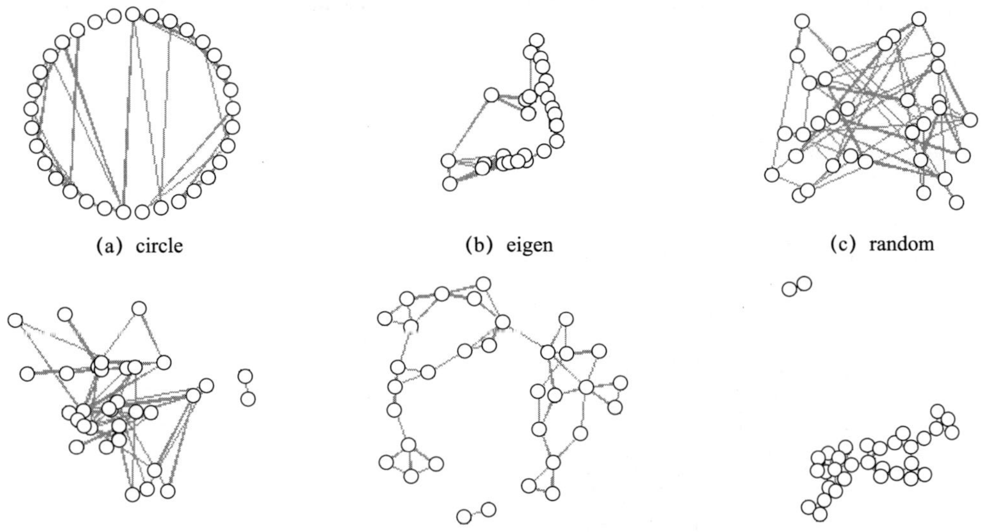

(a) circle (b) eigen (c) random

(d) spring (e) fruchterman reingold (f) kamadakawai

图 6-12 网络布局选项

6.3.3.1 *更好地控制网络布局*

statnet 软件包中提供的布局选项以算法式或启发式方式工作，通常具有一些随机性。因此，即使使用相同的布局选项，每次绘制网络时都会产生不同的图形布局。幸运的是，R 语言提供了一种精确控制布局坐标的方法，允许精确定位或在绘制特定网络后保存布局坐标。plot 函数中的 coord 选项用于此目的。此选项需要一个包含两列的矩阵。每行对应一个节点，第一列给出 *X* 坐标，第二列给出 *Y* 坐标。此外，结果可以将绘图函数的值保存到一个对象中，该对象将包含生成的绘图的坐标。下面的示例是生成 Moreno 网络的初始图，保存坐标。然后，通过将 *Y* 坐标乘以一个常数来扩展图形的布局。图 6-13 显示了这两个图以及轴，以便更容易看到坐标是如何变化的。还有许多其他方法可以使用特定坐标，但主要用途是保留特定布局以供将来制作和检查。

```
'''{r}
mycoords1 <- gplot(Moreno,gmode = "graph",vertex.cex = 1.5)
mycoords2 <- mycoords1
mycoords2[,2] <- mycoords1[,2] * 1.5
mycoords1
mycoords2
op <- par(mar = c(4,3,4,3),mfrow = c(1,2))
gplot(Moreno,gmode = "graph",coord = mycoords1, vertex.cex = 1.5, suppress.axes = TRUE,
ylim = c(min(mycoords2[,2])-1,max(mycoords2[,2]) +1), main = "Original coordinates")
gplot(Moreno,gmode = "graph",coord = mycoords2, vertex.cex = 1.5,suppress.axes = TRUE, ylim =
```

c(min(mycoords2[,2])-1,max(mycoords2[,2]) +1),main ="Modified coordinates")

par(op)

'''

#mycoords1

```
                x            y
 [1,]   3.65916567  -2.81334090
 [2,]   4.19930576   0.82564638
 [3,]   6.22450233   4.28961779
 [4,]   7.16405946   8.49004187
 [5,]   8.09557340  -2.45278179
 [6,]   6.93974732  -5.19805647
 [7,]   4.79661776   7.82720170
 [8,]   4.71084647  10.81421993
 [9,]   4.83449826   4.97961532
[10,]  -0.05078625   6.82864547
[11,]   8.67520809   1.77942795
[12,]  -8.04879557   7.94111177
[13,]  -6.23651604  10.01843389
[14,]  -7.85077708   5.58347220
[15,]  -4.55745582   7.41698896
[16,]   6.49213887   0.03730987
[17,]   9.28989598   4.57321113
[18,]  -2.18942292  -3.38801126
[19,]  -4.28216609  -0.05994767
[20,]  -4.95404360  -2.77865413
[21,]  -3.47453854 -12.56422618
[22,]  -1.55112342 -15.19673898
[23,]   0.33521626 -13.59102272
[24,]  -8.47940420  -1.64275180
[25,]  -2.09513993  -6.19059691
[26,]  -1.93608021  -9.69331704
[27,] -11.10823759  -3.38805747
[28,] -11.16090075  -5.72979627
[29,]  -7.33765850  -5.23476784
[30,]  -4.18549715  -6.88130589
[31,]  -6.86959473  -9.75467756
[32,]  10.98576729  -8.41845369
[33,]   9.14754783 -10.48865213
```

#mycoords2

```
                x            y
 [1,]   3.65916567  -4.22001135
 [2,]   4.19930576   1.23846958
 [3,]   6.22450233   6.43442669
 [4,]   7.16405946  12.73506280
 [5,]   8.09557340  -3.67917269
 [6,]   6.93974732  -7.79708470
 [7,]   4.79661776  11.74080255
 [8,]   4.71084647  16.22132990
 [9,]   4.83449826   7.46942298
[10,]  -0.05078625  10.24296820
[11,]   8.67520809   2.66914193
[12,]  -8.04879557  11.91166766
[13,]  -6.23651604  15.02765083
[14,]  -7.85077708   8.37520830
[15,]  -4.55745582  11.12548344
[16,]   6.49213887   0.05596481
[17,]   9.28989598   6.85981669
[18,]  -2.18942292  -5.08201689
[19,]  -4.28216609  -0.08992151
[20,]  -4.95404360  -4.16798119
[21,]  -3.47453854 -18.84633927
[22,]  -1.55112342 -22.79510846
[23,]   0.33521626 -20.38653409
[24,]  -8.47940420  -2.46412771
[25,]  -2.09513993  -9.28589536
[26,]  -1.93608021 -14.53997556
[27,] -11.10823759  -5.08208620
[28,] -11.16090075  -8.59469440
[29,]  -7.33765850  -7.85215176
[30,]  -4.18549715 -10.32195883
[31,]  -6.86959473 -14.63201634
[32,]  10.98576729 -12.62768053
[33,]   9.14754783 -15.73297819
```

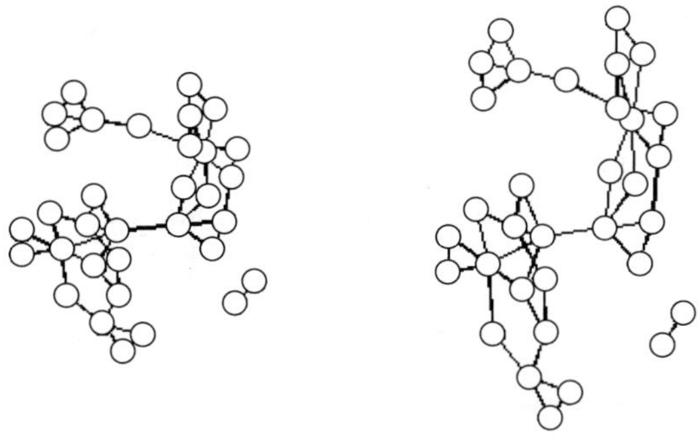

(a) Original coordinates　　(b) Modified coordinates

图6－13　修改坐标的网络布局

6.3.3.2　使用 igraph 软件包的网络图布局

igraph 软件包为用户提供了一组类似的选项来控制网络图形的布局。layout 选项用于指定现有的布局函数或引用一组顶点坐标（见图6－14）。有关 igraph 软件包中绘图和布局选项的更多信息请参见 igraph. plotting。

```
'''{r, message = FALSE}
detach(package:statnet)
library(igraph)
library(intergraph)
iMoreno <- asIgraph(Moreno)
op <- par(mar = c(0,0,3,0),mfrow = c(2,3))
plot(iMoreno,layout = layout_in_circle,main = "Circle")
plot(iMoreno,layout = layout_randomly,main = "Random")
plot(iMoreno,layout = layout_with_kk,main = "Kamada - Kawai")
plot(iMoreno,layout = layout_with_fr,main = "Fruchterman")
plot(iMoreno,layout = layout_with_gem,main = "Gem")
?igraph. plotting
par(op)
'''
```

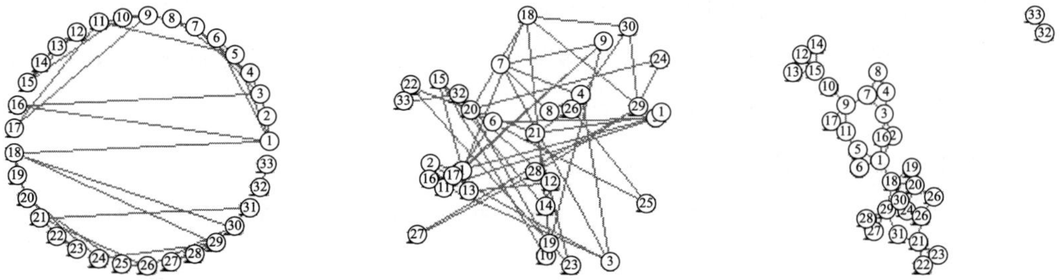

(a) Circle　　(b) Random　　(c) Kamada–Kawai

图6－14　Igraph 的网络布局选项

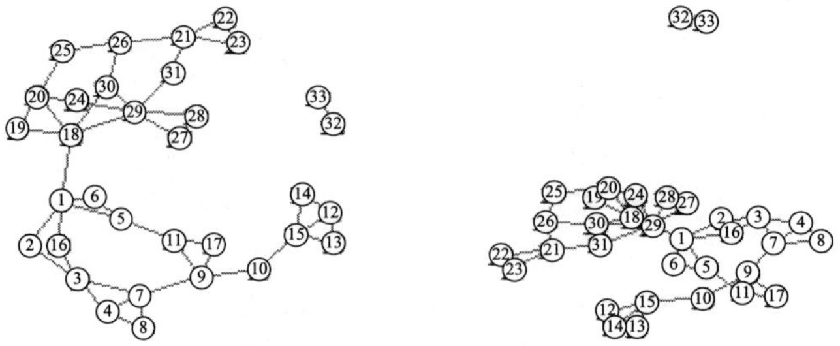

(d) Fruchterman　　(e) Gem

图 6-14　Igraph 的网络布局选项（续）

6.4　有效的网络图形设计

6.4.1　基本原则

实现有效的网络图形设计与任何其他类型的信息图形没有什么不同。网络图形实际上具有一个重要优势，因为它们通常具有高信息/墨水比。任何网络图形设计的目标都应该是生成一个图形，以揭示网络数据中包含的重要或有趣的信息。为此，分析师必须对图中可能出现的每个图形元素做出决定。R 语言以及包含在 statnet 软件包和 igraph 软件包中的绘图函数，使分析人员几乎可以完全以编程方式控制网络图形的外观。

6.4.2　设计元素

与任何其他类型的信息图形一样，网络可视化由大量不同的视觉元素组成。这些单独的元素包括网络图形特有的东西，例如节点和边，以及大多数图形共有的其他元素，例如标题、图例等。statnet 软件包和 igraph 软件包中的绘图功能提供了大量的程序控制给用户。尽管对绘图函数的简单调用足以生成默认网络图形，但几乎总是需要花时间设置适当的函数选项并开发一些额外的 R 语言代码来生成一个有效的图形。一些设计决策将基于美学基础做出，而许多其他设计决策将希望通过图形传达最重要的模式或故事，并且由底层网络数据支持。

6.4.2.1　节点颜色

默认情况下，statnet 软件包会生成一个以红色圆圈为节点的网络图形❶。在 gplot

❶ 由于本书为黑白印刷，书中提及的颜色功能显示以 R 语言运行环境为准，本书仅为示例，以不同灰度区分，下同。——编辑注

函数中使用 vertex. col 选项，可指定不同的颜色。因此，生成具有吸引人的浅蓝色节点的图是一件简单的事情（见图 6－15）。

```
'''{r, message = FALSE}
detach(package:igraph)
library(statnet)
gplot(Moreno,vertex.col = "slateblue2",gmode = "graph")
'''
```

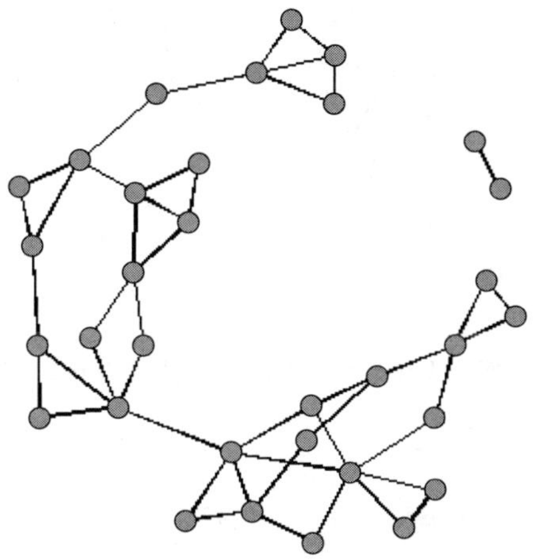

图 6－15 带有浅蓝色节点 Moreno 网络

通常 R 语言的所有基本颜色处理选项都可用于绘制网络，这为图形设计提供了很大的灵活性，但是有效地使用颜色需要使用掌握一些函数的使用。正如上面的例子所暗示的，一种颜色可以通过它的颜色名称来指定。要查看 R 语言识别的所有 657 种可能的颜色名称，请使用 colors（）命令。除了指定名称之外，还可以使用强度的红绿蓝（RGB）三元组来选择颜色。或者，也可以使用"#RRGGBB"形式的十六进制字符串来提供 RGB 规范，其中字符串的每个 RR、GG 和 BB 部分都是一个十六进制数，提供的红色、绿色和蓝色强度范围为 00 到 FF。以下代码将生成具有相同浅蓝色节点的相同网络图形，显示如何使用 RGB 和十六进制方法获取颜色（见图 6－16）。要获取特定颜色名称的适当 RGB 值，可以使用 col2rgb（）函数。

```
'''{r}
col2rgb('slateblue2')
gplot(Moreno,vertex.col = rgb(122,103,238, maxColorValue = 255),gmode = "graph")
gplot(Moreno,vertex.col = "#7A67EE",gmode = "graph")
'''
```

R 语言中一种不太常见的颜色特征可以用于网络绘图，尤其是对于图形中节点重叠的大型网络。通常，颜色是完全不透明的，因此图形中的重叠节点会导致难以区分节点的大颜色“斑点”。但是，可以使用部分透明的颜色，使用内置的 alpha 透明度颜色通道。Rgb（）函数可用于指定透明度的量，从 0（完全透明）到 1（完全不透明）。

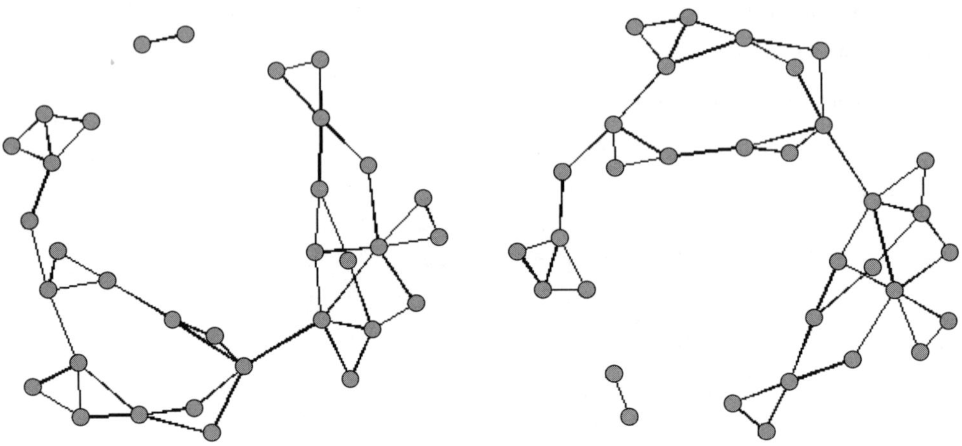

图 6－16　使用 RGB 和十六进制方法给 Moreno 节点着色

```
'''{r}
ndum <- rgraph(300,tprob=0.025,mode="graph")
op <- par(mar = c(0,0,2,0),mfrow=c(1,2))
gplot(ndum,gmode="graph",vertex.cex=2, vertex.col = rgb(0,0,139, maxColorValue=255), edge.col="grey80",edge.lwd=0.5, main="Fully opaque")
gplot(ndum,gmode="graph",vertex.cex=2, vertex.col=rgb(0,0,139,alpha=80, maxColorValue=255), edge.col="grey80",edge.lwd=0.5, main="Partly transparent")
par(op)
'''
```

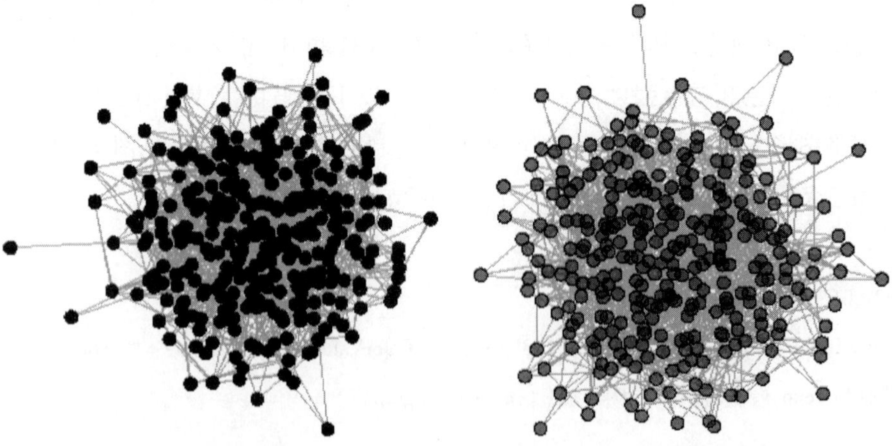

(a) 完全不透明　　　　(b) 部分透明

图 6－17　Alpha 透明度颜色通道

图 6－17 中显示了使用 Alpha 透明度颜色通道时的差异。图 6－17（a）和图 6－17（b）都显示了相同的 300 个节点的随机网络（布局不同，因为每个都使用 Fruchterman－Reingold 力引导算法）。图 6－17（a）使用完全不透明的深蓝色。图 6－17（b）仍使用深蓝色，但 Alpha 透明度颜色通道约为 30%。当使用透明颜色时，重叠节点更容易看到。请注意，R 语言中的某些图形设备可能不支持透明颜色。

在前面的示例中，每个节点都具有相同的颜色。颜色的一个更重要的用途是通过让不同的节点具有不同的颜色来传达节点或网络的某些特征。具体来说，存储在分类节点属性中的信息通常可以通过节点颜色选择来传达。例如，Moreno 网络具有 gender 顶点属性，该属性存储每个成员性别的分类描述。节点颜色可用于有效区分网络成员性别。由于此信息已经存储在顶点属性中，statnet 软件包可以使用它来自动选择节点颜色。这仅适用于 plot（）函数，而不适用于 gplot（）函数。

```
'''{r}
rolelab <- get.vertex.attribute(Moreno,"gender")
op <- par(mar = c(0,0,0,0))
plot(Moreno,usearrows = FALSE, vertex.cex = 1.5, label = rolelab, displaylabels = T, vertex.col =
"gender")
par(op)
palette()
'''
```

图 6－18 中显示了 Moreno 网络，其中节点根据每个成员的性别着色。通过以这种方式使用颜色编码，网络更易于解释。使用默认调色板有许多缺点。例如，它仅限于八种颜色（"black" "#DF536B" "#61D04F" "#2297E6" "#28E2E5" "#CD0BBC" "#F5C710" "gray62"）。

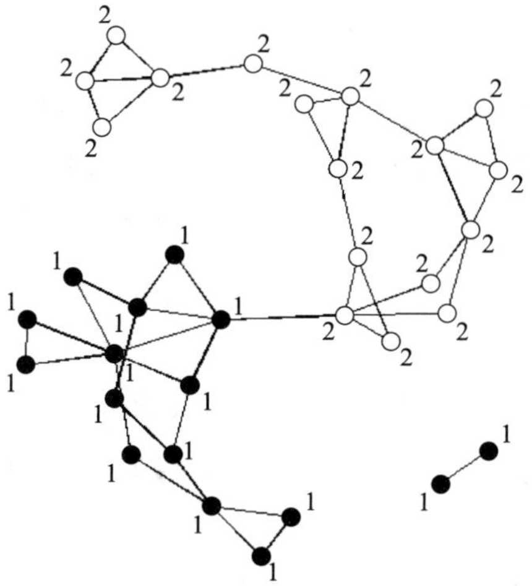

图 6－18　按性别着色的 Moreno 网络

一种更灵活且通常在美学上更令人满意的方法是设置自己的调色板，然后对其索引以进行颜色选择。RColorBrewer 软件包提供了许多预先设计的调色板，这些调色板在使用颜色区分相对较小的类别时非常有用。有关 ColorBrewer 软件包的更多详细信息系统可在官网（http：//www. colorbrewer. org）了解，还有许多其他可用的颜色和调色板选择选项，例如，请参阅交互式调色板选择器（http：//paletton. com）（见图 6 - 19）。

```
'''{r}
library(RColorBrewer)
display. brewer. pal(6, "Set2")
?RColorBrewer
'''
```

Set2 (qualitative)

图 6 - 19　从 RColorBrewer 调色板中选择的一组六种颜色

```
'''{r}
my_pal <- brewer. pal(2,"Set2")
rolecat <- as. factor(get. vertex. attribute(Moreno,"gender"))
plot(Moreno,vertex. cex = 1. 5,label = rolelab, displaylabels = T,vertex. col = my_pal[rolecat])
'''
```

在以上代码中，通过从 RColorBrewer 软件包提供的名称为 Set2 的较大调色板中选择 2 种颜色来创建用户定义的调色板。一旦定义了调色板，用户就可以在网络绘图调用中使用它（见图 6 - 20）。这种方法可以产生更多令人愉悦的颜色集，并且比依赖默认调色板更灵活。

6. 4. 2. 2　节点形状

除了使用颜色来区分不同类型的节点，statnet 软件包可以为节点使用不同的形状。对于无法使用颜色来区分节点（或帮助可能有色盲的观众）的情况，它特别有用。Statnet 软件包通过指定用于绘制节点多边形的边数（通常边数为 50，生成一个圆），通过形状区分节点的能力有限。如果边数是 3，得到一个三角形；边数 4，得到一个正

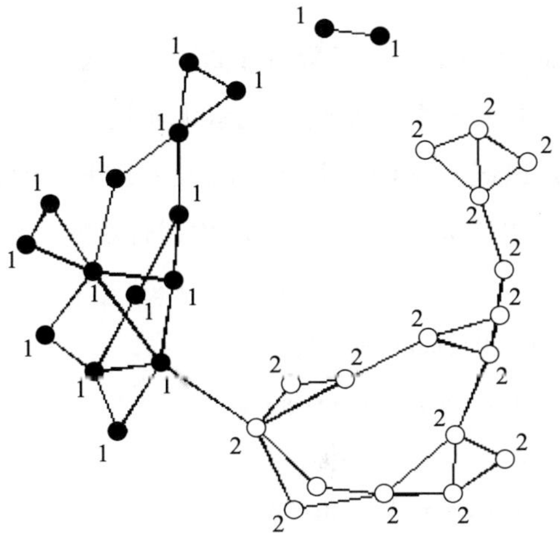

图 6-20 具有更好颜色的 Moreno 网络

方形，以此类推。这对节点类型很少的情况下有用。如果特别需要在网络图形中使用节点形状，则 igraph 软件包在这方面要灵活得多（见图 6-21）。

```
'''{r}
op <- par(mar = c(0,0,0,0))
sidenum <- 3 : 4
plot(Moreno, usearrows = FALSE, vertex. cex = 4, displaylabels = F, vertex. sides = sidenum[role-
cat])
par(op)'''
```

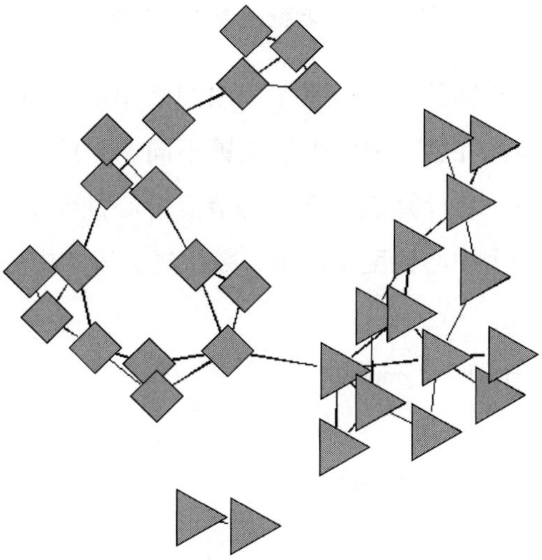

图 6-21 不同节点形状的 Moreno 网络

6.4.2.3 节点大小

网络节点大小由 statnet plot（）函数和 gplot（）函数中的 vertex. cex 选项控制（类似于在基本 R 语言图形系统中控制图形元素大小的方式）。应设置节点的整体大小，节点不要太小，要足以区分它们，但又不能太大，不至于导致互相重叠。在下面的示例中，可以看到如何调整 vertex. cex 选项以找到有效的节点大小（见图 6－22）。

```
'''{r}
op <-par(mar = c(0,0,2,0),mfrow=c(1,3))
plot(Moreno,vertex.cex=0.5,main="Too small")
plot(Moreno,vertex.cex=2,main="Just right")
plot(Moreno,vertex.cex=6,main="Too large")
par(op)
'''
```

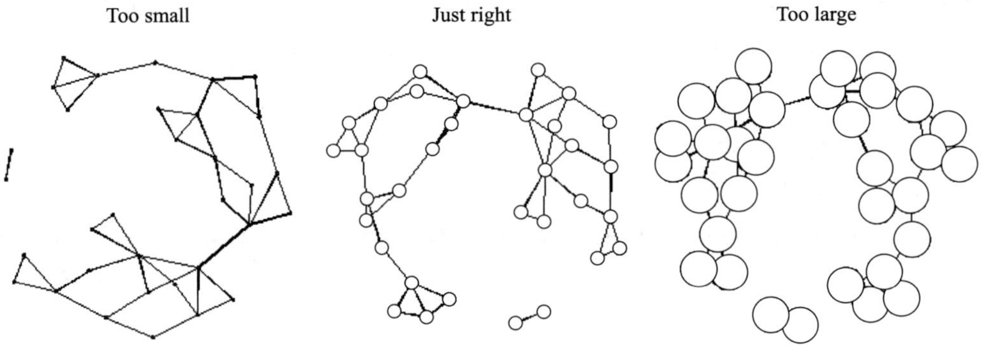

图 6－22 调整整体节点大小

与其为每个节点设置相同的大小，不如使用网络图形中的节点大小来传达一些重要的量化特征。例如，节点在整个网络中的位置不同。一些节点非常中心，而另一些则更外围。为了进行设置，将计算三种不同的节点中心性度量。下面代码行中的每一行都会为每个节点生成一个中心性度量向量，数字越大表示中心性越大。

```
'''{r}
deg <-degree(Moreno,gmode="graph")
deg
cls <-closeness(Moreno,gmode="graph")
cls
bet <-betweenness(Moreno,gmode="graph")
bet
'''
```

```
  [1] 5 2 4 3 3 2 4 2 4 2 3 3 2 2 4 2 2 5 2 4 4 2 2 2 2 3 2 2 6 3 2 1 1
  [1] 0 0 0 0 0 0 0 0 0 0 0 0 0 0 0 0 0 0 0 0 0 0 0 0 0 0 0 0 0 0 0 0 0
  [1] 236.63333  32.56667  67.63333   9.40000 131.53333   0.00000  47.93333   0.00000
  [9] 136.86667 104.00000 122.86667   0.50000   0.00000   0.00000  81.50000  32.56667
 [17]   0.00000 232.50000   0.00000  34.00000  58.00000   0.00000   0.00000   3.00000
 [25]   6.00000  41.00000   0.00000   0.00000 119.50000  51.00000  40.00000   0.00000
 [33]   0.00000
```

一旦有了这个节点级的量化信息向量，它就可以用来设置节点的相对大小。通过使用相同的vertex. cex选项，不是分配单个数字，而是分配节点信息的向量（见图6-23）。

```
'''{r}
op <- par(mar = c(0,0,2,1),mfrow = c(1,2))
plot(Moreno,usearrows = T,vertex. cex = deg,main = "Raw")
plot(Moreno,usearrows = FALSE,vertex. cex = log(deg),main = "Adjusted")
par(op)
'''
```

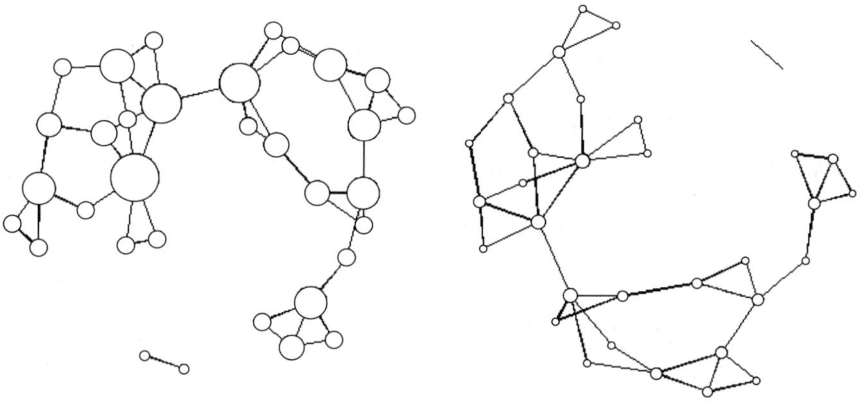

(a) 节点大小用deg的原始值　　(b) 节点大小用deg的对数进行调整

图6-23　调整相对节点大小

然而，通过比较图6-23中的两个效果，我们可以看到，deg向量中的原始数字产生的节点太大了。它们需要调整，在这种情况下，通过获取deg值的对数来获得可用尺寸，这将导致节点大小相对于度数较低的节点，可以更容易地看到度数较高的节点。

接近中心度cls（closeness）均为0，因此这里不能使用它来调节节点大小。中介中心度bet（betweenness）提供了一个更复杂的例子，原始向量大小在几个数量级之间变化。此外，一些节点的bet值为0。这些0值将导致节点以0绘制，因此需要通过在取平方根之前将1添加到整个向量来处理这个问题（见图6-24）。

```
'''{r}
op <- par(mar = c(0,0,2,1),mfrow = c(1,2))
plot(Moreno,usearrows = T,vertex. cex = bet,main = "Raw")
```

```
plot(Moreno,usearrows = FALSE,vertex. cex = sqrt(bet + 1),main = "Adjusted")
par(op)
'''
```

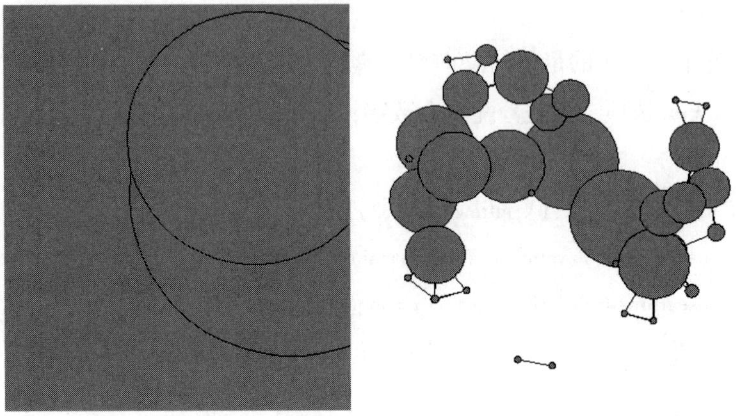

(a) 节点大小用bet的原始值　　(b) 节点大小用bet+1的均方根进行调整

图 6-24　使用 bet 的值与调整相对节点大小

相对节点大小的调整可能很乏味，尽管 R 语言确实可以完全控制如何调整大小。在确定最佳节点大小时，可以使用以下函数来节省一些时间。rescale（）函数采用节点特征向量（实际上可以是任何数字向量），并重新调整值以适应低值和高值（见图 6-25）。

```
'''{r}
rescale <- function(nchar,low,high) {
  min_d <- min(nchar)
  max_d <- max(nchar)
  rscl <- ((high - low) * (nchar - min_d))/(max_d - min_d) + low
  rscl
}
plot(Bali,vertex. cex = rescale(deg,1,6), main = "Adjusted node sizes with rescale function. ")
'''
```

6.4.2.4　节点标签

如果节点被标记以便可以看到谁或什么组成了网络，那么网络图形通常更有趣并且更容易解释。这对于较小的网络特别有用；如果网络变得太大，那么标签本身可能会妨碍网络信息。如果 statnet 软件包中的网络对象包含特殊的顶点属性 vertex. names，那么这可用于在绘图时自动显示节点标签，可以控制节点标签的其他特征，例如字体大小、颜色和与节点的距离（见图 6-26）。

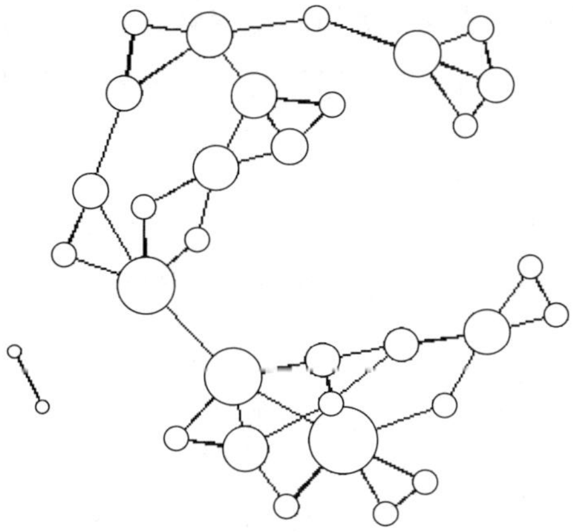

图6－25 基于度数重新缩放节点大小

```
'''{r}
get.vertex.attribute(Moreno,"vertex.names")
op <- par(mar = c(0,0,0,0))
plot(Moreno,displaylabels = TRUE,label.cex = 0.8, pad = 0.4, label.col = "darkblue")
par(op)
'''
[1]  1  2  3  4  5  6  7  8  9 10 11 12 13 14 15 16 17 18 19 20 21 22 23 24 25 26 27 28 29
[30] 30 31 32 33
```

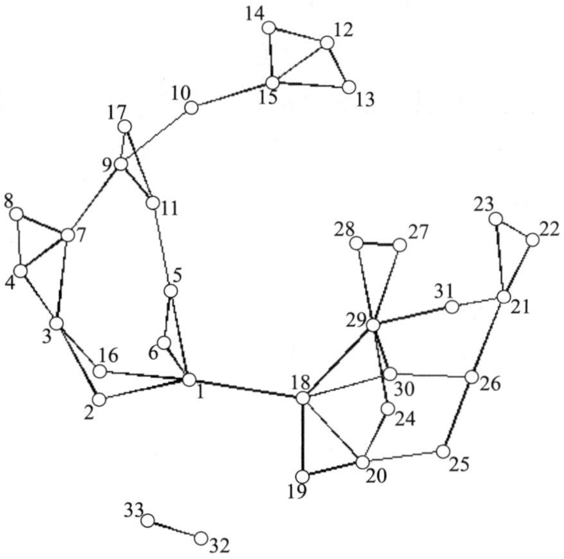

图6－26 带有标记节点的 Moreno 网络

基于 vertex. names 属性中存储的信息的自动标签可能不是最重要或最有用的信息。可以使用其他文本信息来标记节点，例如使用存储在 gender 顶点属性中的文本来标记节点。关键是使用标签选项来指定用于标签的文本向量（见图 6－27）。

```
'''{r}
rolelab <- get. vertex. attribute(Moreno,"gender")
plot(Moreno,usearrows = FALSE,label = rolelab, displaylabels = T,label. col = "darkblue")
'''
```

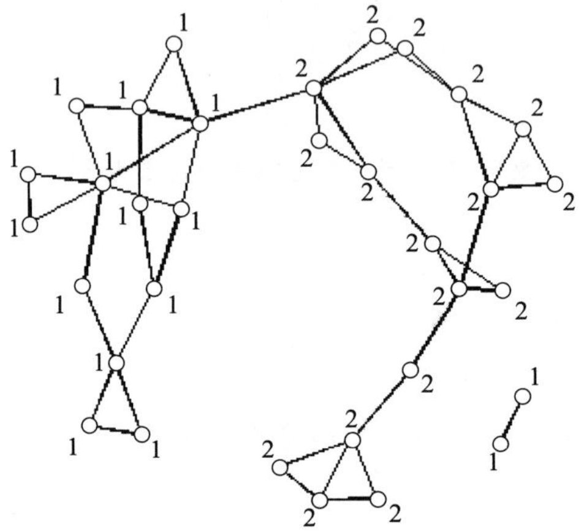

图 6－27　带有性别标签的 Moreno 网络

6.4.2.5　边的颜色

虽然可以设置边的宽度以传达有关网络联系的定量信息，但也可以设置边的颜色以传达有关联系的定性信息，类似于节点颜色的设置方式。下面的示例中设置了一个调色板，可用于根据分类边向量对正确的颜色选择进行索引。蓝色将用于边类型#1，红色用于边类型#2，绿色用于边类型#3。这可能反映中性关系（蓝色）、消极关系（红色）和积极关系（绿色）（见图 6－28）。

```
'''{r}
n_edge <- network. edgecount(Moreno)
edge_cat <- sample(1 : 3,n_edge,replace = T)
linecol_pal <- c("blue","red","green")
plot(Moreno,vertex. cex = 1. 5,vertex. col = "grey25",edge. col = linecol_pal[edge_cat],edge. lwd = 2)
'''
```

6.4.2.6　边的类型

虽然可以设置边的宽度以传达有关网络联系的定量信息，但也可以设置边的类型

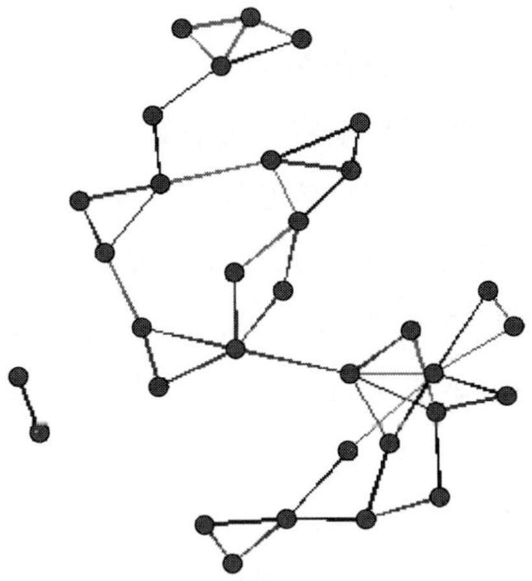

图6－28　不同边缘颜色的 Moreno 网络

以传达有关网络联系的定性信息。例如，可以使用不同类型的线条图形来区分社会网络中的正面和负面联系。因此在这里创建一个随机分类向量来演示如何在网络图形中使用不同的边的类型。下面的示例使用了三种不同的线型（2 = 虚线；3 = 点线；4 = 点划线）。此外，使用 plot（）函数并不能清楚地显示不同的线型，因此这里使用了 gplot（）函数（见图6－29）。

```
'''{r}
n_edge <- network.edgecount(Moreno)
edge_cat <- sample(1:3,n_edge,replace = T)
line_pal <- c(2,3,4)
gplot(Moreno,vertex.cex = 0.8,gmode = "graph",vertex.col = "gray50",edge.lwd = 1.5, edge.lty =
line_pal[edge_cat])
'''
```

图6－29　不同边类型的 Moreno 网络

6.4.2.7　图例

前面的示例显示了如何使用网络图形元素（如节点颜色、节点形状、节点大小、边的类型、边的颜色、边的类型等）来传达网络的重要特征。与其他类型的信息图形一样，提供图例通常很有用，以便用户清楚地了解此信息的含义。Statnet 软件包中包含的基本绘图功能没有提供网络图形图例的内置功能，但使用 R 语言提供的 legend（）函数可以很容易地为网络图形添加图例。下面的示例添加了一个图例以提供节点颜色的含义，并缩放节点大小以反映节点的特征信息（见图 6-30）。

```
'''{r}
my_pal <- brewer.pal(2,"Set2")
rolecat <- as.factor(get.vertex.attribute(Moreno,"gender"))
plot(Moreno,vertex.cex = rescale(deg,1,5),vertex.col = my_pal[rolecat])
legend("bottomleft",legend = c("F","M"), col = my_pal, pch = 19,pt.cex = 1.5,bty = "n", title
= "Gender")
'''
```

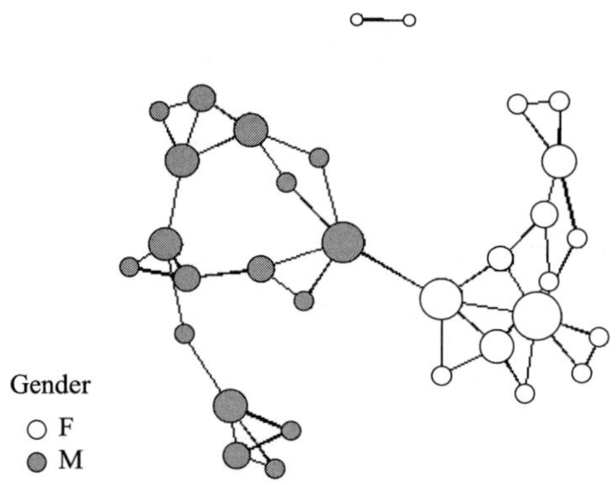

图 6-30　带有图例的 Moreno 网络

6.5　高级网络图形

statnet 软件包和 igraph 软件包都具有复杂的绘图功能，可以生成各种各样的网络图形，但是这些绘图功能不能满足所有的分析或演示需求，特别是网络科学家可能希望制作更专业的网络图形。此外，虽然 statnet 软件包和 igraph 软件包擅长制作高质量的网络图形，但这些图形是静态的。对此，开发人员已经开始探索如何获取网络图形并将它们传送到基于 Web 的平台，方便用户可以在其中与图表进行交互。

6.5.1 交互式网络图形

许多其他网络分析软件包（如 UCINet 和 Pajek）在某种程度上能够生成交互式的网络图。例如，在 Pajek 软件包中，可以在单独的“绘图”窗口中生成网络可视化，然后用户可以以各种方式与该窗口交互以编辑或更改网络图形。这些功能对于探索网络以及微调网络图形以供后续交流非常有用。尽管 R 语言的编程框架允许对网络图形的所有元素进行详细控制，但这通常不能以交互方式提供给用户。不过也有一些允许创建且可以发布到 Web 的交互式网络图的新包。

6.5.1.1 igraph 软件包中的简单交互网络

Igraph 软件包包括 tkplot（）函数，该函数通过 Tk 图形窗口支持简单的交互式网络图，不过只能修改网络图形的某些特征。此功能的典型用途是生成交互式图形，调整节点位置以改进网络布局，保存节点位置坐标，然后使用该坐标生成最终（非交互式）网络图（见图6－31）。

```
library(intergraph)
library(igraph)
iMoreno <- asIgraph(Moreno)
Coord <-tkplot(iMoreno, vertex.size=3, vertex.label=V(iBali)$role, vertex.color="darkgreen")
# Edit plot in Tk graphics window before running next two commands.
MCoords <- tkplot.getcoords(Coord)
plot(iMoreno, layout=MCoords, vertex.size=5, vertex.label=NA, vertex.color="lightblue")
'''
```

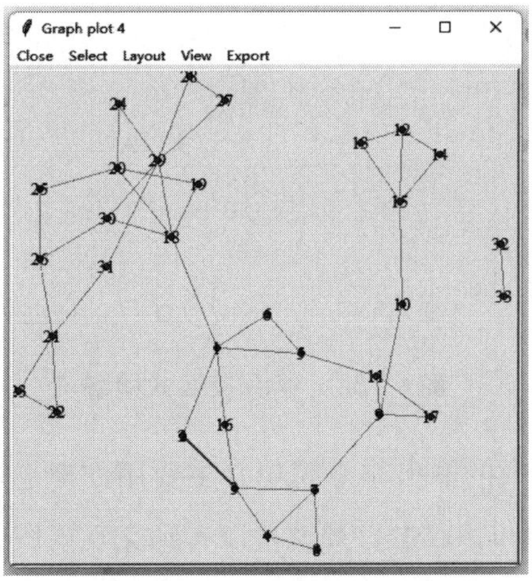

图6－31 交互式 Moreno 网络

6.5.1.2 发布基于 Web 的交互式网络图

越来越多的人不再在 R 语言中构建交互式网络图形，而是开始研究如何使用诸如 D3 JavaScript 库之类的框架（官网 http://d3js.org/）和 shiny（官网 http://shiny.rstudio.com/）来生成在 Web 上发布的交互式图形。这些方法中没有一个能接近完全开发的网络图形应用程序（如 Gephi）所能做到的。但是，预计在接下来的几年中，将看到更多与 R 语言连接方法的快速发展，以实现基于 Web 的网络可视化。

（1）NetworkD3 软件包

NetworkD3 软件包（Allaire，Ellis 和 Gandrud 等，2017）是一组函数，可用于构建简单的交互式网络图形，这些图形可以显示在 shiny 文档（RStudio）或 HTML 网页中。下面代码显示了生成交互式图形是多么简单。如果在 RStudio 中运行命令，这一组命令会将图形发送到查看器窗口（见图 6－32）。SimpleNetwork（）函数期望网络数据以边缘列表的形式存储在数据帧中。

```
'''{r}
install.packages("networkD3")
library(networkD3)
src <- c("A","A","B","B","C","E")
target <- c("B","C","C","D","B","C")
net_edge <- data.frame(src, target)
simpleNetwork(net_edge)
net_D3 <- simpleNetwork(net_edge)
saveNetwork(net_D3,file = 'Net_test1.html', selfcontained = TRUE)
'''
```

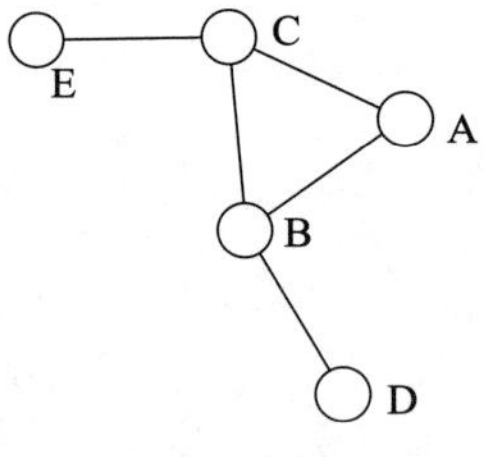

图 6－32 Web 交互式网络

SimpleNetwork（）函数的输出非常简单，主要用作概念验证或技术演示。在本地硬盘上生成的 Net_test1.html，双击打开就可以看到交互式图。

使用 forceNetwork（）函数可以生成稍微复杂的网络图形。该函数期望数据在两个数据帧中传递给它。“edge”数据帧将包含边缘列表格式的网络数据。“node”数据帧将具有节点 ID 和节点属性。目前只允许使用分类分组变量。如果节点有数字 id，它们必须从

0开始。因此，使用该函数的主要工作是将数据转换为正确的格式（见图6-33）。

```
'''{r}
iMoreno_edge <- get.edgelist(iMoreno)
iMoreno_edge <- iMoreno_edge - 1
iMoreno_edge <- data.frame(iMoreno_edge)
iMoreno_nodes <- data.frame(NodeID = as.numeric(V(iMoreno) - 1), Group = V(iMoreno)
$gender, Nodesize = (degree(iMoreno)))
forceNetwork(Links = iMoreno_edge, Nodes = iMoreno_nodes, Source = "X1", Target = "X2",
NodeID = "NodeID",Nodesize = "Nodesize", radiusCalculation = "Math.sqrt(d.nodesize) * 3", Group =
"Group", opacity = 0.8, legend = TRUE)'''
```

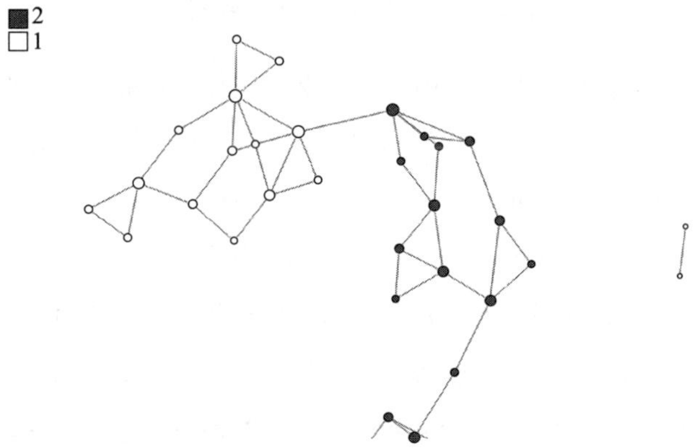

图6-33 Web交互式Moreno网络

（2）VisNetwork软件包

VisNetwork软件包（Almende和Thieurmel，2022）是一组类似的工具，它使用vis. js库（官网http：//visjs. org/）生成基于Web的交互式网络图形。该软件包还要求在节点数据帧和边数据帧中提供网络数据。节点数据帧应包含id列，边数据帧应包含from和column。使用Moreno网络，下面代码设置数据并生成交互式网络图形的最小示例（见图6-34）。与前面的示例一样，此代码在RStudio的查看器窗口中生成一个交互式网络。

```
'''{r}
library(visNetwork)
iMoreno_edge <- get.edgelist(iMoreno)
iMoreno_edge <- data.frame(from = iMoreno_edge[,1],to = iMoreno_edge[,2])
iMoreno_nodes <- data.frame(id = as.numeric(V(iMoreno)))
visNetwork(iMoreno_nodes, iMoreno_edge, width = "100% ")
'''
```

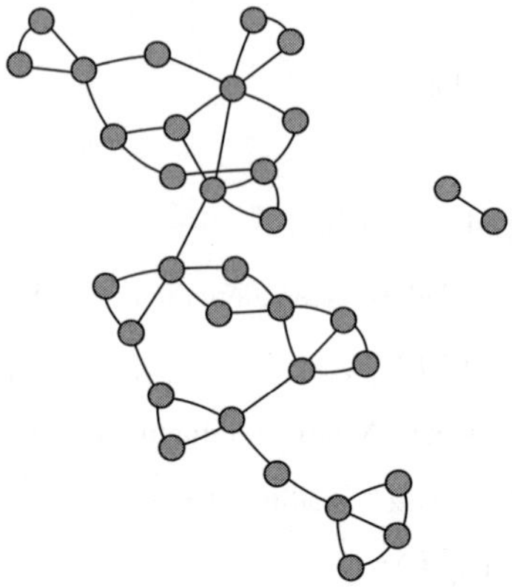

图 6-34 交互式 Moreno 网络

VisNetwork 软件包有大量选项可用于控制网络图的外观，以及控制网络图如何嵌入 Shiny Web 应用程序中。请参阅软件包帮助文件以获取更多信息，以及更深入地演示其功能（网址为 http：//dataknowledge. github. io/visNetwork/）。

6.5.1.3 StatnetWeb：shiny 的交互式 statnet 软件包

作为交互式网络工具快速发展的证据，statnet 软件包开发团队最近使用 shiny 的 Web 应用程序框架发布了基于 Web 版本的 R 语言网络分析工具（Chang 和 Cheng 等，2022）。可以通过直接连接到 shinyapps. io 服务器（https：//statnet. shinyapps. io/statnetWeb）来使用 statnetWeb 软件包，或者通过安装 statnetWeb 软件包在本地运行这些工具（见图 6-35）。除了通过从下拉框中选择参数和选项来生成基本网络图之外，statnetWeb 软件包还可以生成各种网络统计数据以及拟合和测试 ERGM。尽管基于 Web 的 statnet 软件包对网络分析结果的控制或再现性不如编程方法那么多，但它是一个令人印象深刻的快速探索网络特征的平台，对教学和传播网络分析结果很有用。

```
'''{r}
install.packages("shiny")
install.packages("ndtv")
library(statnetWeb)
run_sw()
'''
```

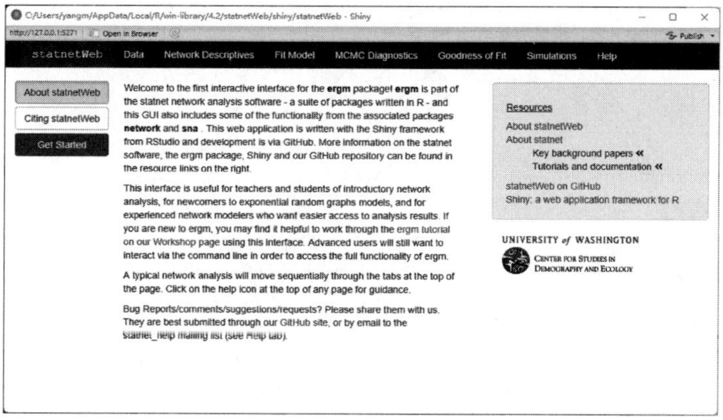

图 6-35　Shiny 生成的 Web 应用

6.5.2　专业网络图

传统上，绘制网络图是为了说明基本的网络和节点属性。但是，有许多更专业的绘图技术可以用于突出网络的其他重要或有趣的方面。其中常见的有三种方法：弧形图、和弦图和热图。

6.5.2.1　弧形图

当对网络中节点的位置不如边的模式感兴趣时，可以使用弧形图。下面是一个使用 arcdiagram 软件包的弧形图的简单示例。

```
'''{r}
library(devtools)
install_github("gastonstat/arcdiagram")
'''
```

此示例的设置包括加载所有必需的库，然后为 arcdiagram（）函数创建一个边列表对象。这个例子显示了 Moreno 中 33 个成员之间的互动关系（见图 6-36）。

```
'''{r}
library(arcdiagram)
library(igraph)
library(intergraph)
library(UserNetR)
iMoreno <- asIgraph(Moreno)
Moreno_edge <- get.edgelist(iMoreno)
arcplot(Moreno_edge)
'''
```

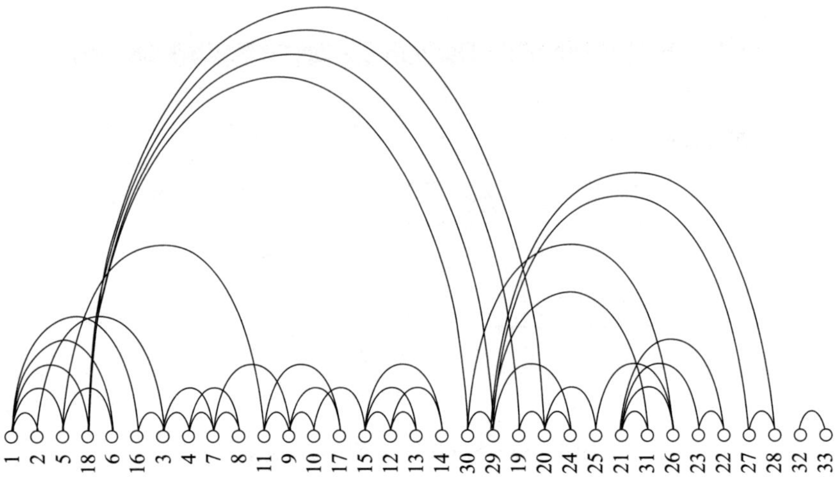

图 6－36　Moreno 关系网络

6.5.2.2　和弦图

和弦图是一种特殊类型的信息图形，它使用圆形布局来显示矩阵中数据之间的相互关系。它在遗传学研究中特别受欢迎，因为网络信息可以以矩阵的形式组织。和弦图是网络图的一个有趣的图形选项。对于有权重（加权）和有向网络尤其如此，其中“flow”的数量和方向很重要。例如 circlize 软件包实现了各种圆形图形，包括和弦图。该软件包具有许多功能，使用户可以很好地控制图形外观。在下面的例子中，图 6－37 显示了 2010 年荷兰世界杯的足球队。虽然图 6－36 中显示了球队 11 名成员之间传球 flow 的基本模式，但它忽略了传球次数（存储在顶点属性中）。在这里，将创建一个和弦图来进一步检查这些模式。加载所需的软件包并准备数据，主要要求是以社会矩阵的形式表示网络数据，如果它是一个有权重的网络，则条目对应于边的强度或大小。社会矩阵必须为行和列分配名称。有一个 $N \times N$ 矩阵，因此行和列的名称相同。Circlize 软件包也可用于 $N \times K$ 矩阵，因此和弦图也可用于 2 模关系网络。

```
'''{r}
library(statnet)
# install.packages("circlize")
library(circlize)
data(FIFA_Nether)
FIFAm <- as.sociomatrix(FIFA_Nether,attrname = 'passes')
names <- c("GK1","DF3","DF4","DF5","MF6","FW7","FW9","MF10","FW11",
"DF2","MF8")
rownames(FIFAm) = names
colnames(FIFAm) = names
```

```
FIFAm
'''
```

```
      GK1 DF3 DF4 DF5 MF6 FW7 FW9 MF10 FW11 DF2 MF8
GK1     0  42  67  21   2  27   7    5    2  17   3
DF3    30   0  44  14  42  15   8    7   10  36  29
DF4    38  43   0  57  18  11   7   21    1   7  28
DF5     6  14  47   0  11  50  20   40    1   4  42
MF6     9  28  25  10   0  41  28   37   14  34  21
FW7     4  12   1  21  21   0  15   33    9  25  18
FW9     0   0   1   8   7  12   0   31   16   7   2
MF10    1  11  11  22  43  29  20    0   28  13  21
FW11    3   2   2   3   7   6  11   15    0  21  12
DF2    29  38   8   3  45  38  10   18   26   0  15
MF8    12  25  26  38  23  13  12   32   11  24   0
```

社会矩阵揭示了许多传球次数非常少的边。为了使随后的图形更容易解释，下面的示例放弃了少于 10 次传球的所有边。

```
'''{r}
FIFAm[FIFAm < 10] <-0
FIFAm
chordDiagram(FIFAm)
'''
```

```
      GK1 DF3 DF4 DF5 MF6 FW7 FW9 MF10 FW11 DF2 MF8
GK1     0  42  67  21   0  27   0    0    0  17   0
DF3    30   0  44  14  42  15   0    0   10  36  29
DF4    38  43   0  57  18  11   0   21    0   0  28
DF5     0  14  47   0  11  50  20   40    0   0  42
MF6     0  28  25  10   0  41  28   37   14  34  21
FW7     0  12   0  21  21   0  15   33    0  25  18
FW9     0   0   0   0   0  12   0   31   16   0   0
MF10    0  11  11  22  43  29  20    0   28  13  21
FW11    0   0   0   0   0   0  11   15    0  21  12
DF2    29  38   0   0  45  38  10   18   26   0  15
MF8    12  25  26  38  23  13  12   32   11  24   0
```

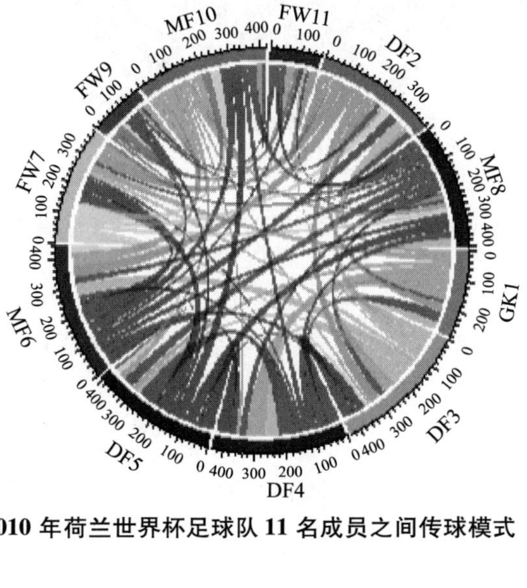

图 6－37　2010 年荷兰世界杯足球队 11 名成员之间传球模式（默认选项）

使用分配了名称的社会矩阵，可以通过简单调用 chordDiagram（）函数来生成基本的和弦图（见图 6－38）。

和弦图可以包含大量信息，尤其是对于较大的网络，因此微调图以突出显示最重要的信息通常很重要。下面的示例使用了许多选项来使图形更易于解释。首先设置颜色，使同一位置的球员（前锋、中场等）具有相同的颜色。然后，因为这是一个有向网络，所以传球 flow 是双向的。使用方向选项是为了让离开的传球开始远离外圈，从而更容易看到发送的传球和接收的传球之间的差异。最后，order 选项用于按球员的位置对球员进行排序。

```
'''{r}
grid.col <- c("#AA3939",rep("#AA6C39",4),rep("#2D882D",3), rep("#226666",3))


chordDiagram(FIFAm,directional = TRUE, grid.col = grid.col,
order = c("GK1","DF2","DF3","DF4","DF5","MF6","MF8","MF10","FW7","FW9",
"FW11"))
'''
```

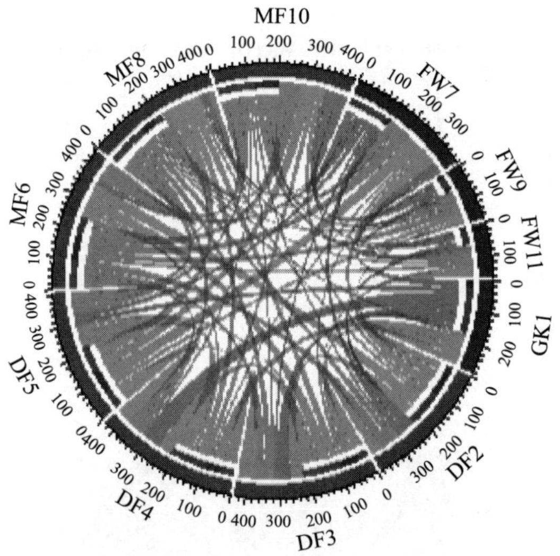

图 6－38　2010 年荷兰世界杯足球队 11 名成员之间传球模式（高级选项）

在生成的和弦图中，更容易看出球员之间的传球模式。可以看到 FW7 接到的传球次数是其他两名前锋的两倍多。同样，可以看到守门员最喜欢的目标是 DF4，而 DF4 喜欢频繁传球给 DF5。

6.5.2.3　热图

热图是有权重或加权网络的专用图形的另一个示例。下面的示例制作了一张热图，如图6－39所示，以突出显示荷兰队友中传球或接球最多的球员。首先使用反映边权重的单元格创建一个社会矩阵，在该例中为“传球”，为边标签定义行名和列名。

```
'''{r}
data(FIFA_Nether)
FIFAm <- as. sociomatrix(FIFA_Nether,attrname = 'passes')
colnames(FIFAm) <- c("GK1","DF3","DF4","DF5","MF6","FW7","FW9","MF10",
"FW11","DF2","MF8")
rownames(FIFAm) <- c("GK1","DF3","DF4","DF5","MF6","FW7","FW9","MF10",
"FW11","DF2","MF8")
palf <- colorRampPalette(c("#669999", "#003333"))
heatmap(FIFAm[,11:1],Rowv = NA,Colv = NA,col = palf(60),scale = "none", margins = c
(11,11))
'''
```

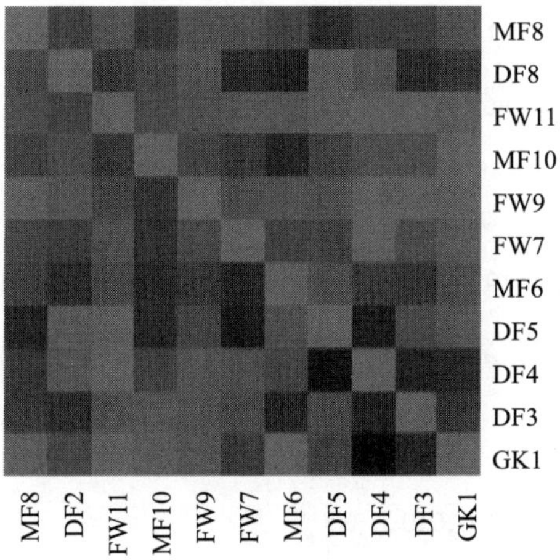

图6－39 2010年荷兰世界杯足球队传球次数热图

一旦设置好数据，热图就相对容易生成。colorRampPalette（）函数用于指定将用于社会矩阵中值的低端和高端的颜色范围。网络数据是有向的，重要的是，要记住这里的行是“传递者”，而列是“接收者”。热图还显示了与上一个示例中相同的传球次数多少的模式，最暗的方块是守门员传给DF4的传球次数。

6.6 网络成员的重要性评估

网络之所以有趣，是因为它们具有特定的结构模式，以及这些结构如何影响网络成员。更简单地说，网络会根据这些成员在网络中的位置影响其成员。与网络的许多其他成员有联系的成员可能会与其他相对孤立的成员完全不同地看待网络。网络分析提供了许多工具来查看、分析和评估各个节点和边的位置。这通常是获得网络数据后执行的第一种网络分析，而不仅是简单的网络描述。通过检查单个网络成员的位置，可以评估这些成员的重要性。下面介绍一些最常用的评估网络成员重要性的方法。无向网络将研究中心性。在有向网络中，重要成员是广泛联系的对象。

6.6.1　中心性：无向网络

从直觉上讲，与网络中许多其他成员有联系的网络成员处于显要位置。对于无向网络，这种类型的参与者具有高中心性，或者说它处于中心位置。然而，有许多方法可以实现这种显要位置。事实上，可以使用数十种中心性测量方法。下面介绍三种常见的中心性度量方法：度中心性（degree centrality）、中介中心性（betweenness centrality）、接近中心性（closeness centrality）。

6.6.1.1　度中心性

最简单的中心性度量是基于这样一种概念，即具有更多直接边的节点比具有较少或没有边的节点更重要。因此，度中心性就是每个节点的度数。

度中心性被定义为

$$C_D(n_i) = d(n_i)$$

下面示例的网络非常简单，可以手动计算节点度数。本节讲如何在 statnet 软件包中计算度中心性，假设将数据存储在一个名为 net 的网络对象中。

```
'''{r}
library(statnet)
net_mat <- rbind(c(0,1,1,0,0,0,0,0,0,0),
                 c(1,0,1,0,0,0,0,0,0,0),
                 c(1,1,0,1,1,0,1,0,0,0),
                 c(0,0,1,0,1,0,0,0,0,0),
                 c(0,0,1,1,0,1,0,0,0,0),
                 c(0,0,0,0,1,0,1,0,0,0),
                 c(0,0,1,0,0,1,0,1,0,0),
                 c(0,0,0,0,0,0,1,0,1,1),
                 c(0,0,0,0,0,0,0,1,0,0),
                 c(0,0,0,0,0,0,0,1,0,0))
net_mat <- network(net_mat,matrix.type = "adjacency")
network.vertex.names(net_mat) <- c("a","b","c","d","e","f","g","h","i","j")
```

```
net_mat
net <- network(net_mat)
net %v% 'vertex. names'
sna::degree(net,gmode = "graph")
'''
```

```
Network attributes:
  vertices = 10
  directed = TRUE
  hyper = FALSE
  loops = FALSE
  multiple = FALSE
  bipartite = FALSE
  total edges= 24
    missing edges= 0
    non-missing edges= 24

 Vertex attribute names:
    vertex.names

No edge attributes
 [1] "a" "b" "c" "d" "e" "f" "g" "h" "i" "j"
 [1] 2 2 5 2 3 2 3 3 1 1
```

运行 degree（）函数并返回每个节点的度中心度分数。gmode 选项告诉函数将网络对象视为无向网络，即使网络被创建并存储为无向网络，也需要使用此选项。结果表明：节点 c 具有最高程度的中心性。它连接到网络中的其他五个节点比任何其他节点都多。

6.6.1.2　中介中心性

中介中心性衡量一个节点位于网络中其他节点对“之间”的程度，使其他节点之间的路径必须通过该节点。因此，具有高中介中心性的节点是重要的中介节点，因为该节点能够观察或控制网络中的信息流。中介中心性测量公式为

$$C_B(n_i) = \sum_{j<k} g_{jk}(n_i)/g_{jk}$$

式中，g_{jk}是节点j和k之间的路径（两个节点之间的最短路径）。g_{jk}（n_i）是节点j和k之间包含节点i的路径。

```
'''{r}
net %v% 'vertex. names'
sna::betweenness(net,gmode = "graph")
'''
```

```
[1] "a"  "b"  "c"  "d"  "e"  "f"  "g"  "h"  "i"  "j"
[1]  0.0  0.0 20.0  0.0  2.5  2.0 19.5 15.0  0.0  0.0
```

这表明节点 c 的中介中心性得分最高，节点 g 和 h 紧随其后。

6.6.1.3 接近中心性

除了检查节点之间直接连接，还可以关注每个节点与网络中每个其他节点的距离，从而产生接近中心性的概念，有些节点在接近网络中所有其他节点的程度上更加好。接近中心性的计算公式为

$$C_C(n_i) = \frac{1}{\sum_{j=1}^{g} d(n_i, n_j)}$$

式中，d 是两个节点之间的路径距离。因此，接近中心性是节点 i 与网络中所有其他节点之间所有距离之和的倒数。

```
'''{r}
net %v% 'vertex.names'
sna::closeness(net,gmode="graph")
'''
```

```
 [1] "a" "b" "c" "d" "e" "f" "g" "h" "i" "j"
 [1] 0.4090909 0.4090909 0.6000000 0.4285714 0.4500000 0.4500000 0.6000000 0.4736842 0.3333333
[10] 0.3333333
```

这里的结果告诉我们节点 c 和 g 以最高的紧密度联系在一起。

这些简单的例子表明，不同的中心性度量将强调网络中节点突出的不同方面。

6.6.2 R 语言中的中心性测量

R 语言可以处理许多不同的中心性测量方法。有关 statnet 软件包和 igraph 软件包中当前包含的方法如表 6-1 所示。正如我们所看到的，R 语言提供了多种方法来检查网络中各个成员的中心性。选择使用哪种中心性测量方法部分取决于拥有的网络数据类型；特别是网络是否有向。在许多现实世界的社会网络中，各种中心性存在大量重叠。例如，使用特征向量中心性被识别为高度中心的节点也可能被其他度量方法识别为中心，尤其是那些与特征向量中心性最密切相关的节点（例如，Bonacich 幂）。可以通过展示应用于 DHHS 合作网络的 statnet 软件包中可用的一组中心性度量之间的相关性来说明这一点（见图 6-40）。

表 6-1 statnet 软件包和 igraph 软件包中的中心性测量方法

Measures	statnet（软件包）	igraph（软件包）
Degree Centrality	degree()	degree()
Closeness Centrality	closeness()	closeness()

续表

Measures	statnet（软件包）	igraph（软件包）
Betweenness Centrality	betweenness（）	betweenness（）
Eigenvector Centrality	evcent（）	evcent（）
Bonacich power	bonpow（）	bonpow（）
Flow betweenness	flowbet（）	—
Load	Loadcent（）	—
Information	infocent（）	—
Stress	Stresscent（）	—
Harary graph	Graphcent（）	—
Bonacich alpha	—	alpha. centrality（）
Kleinberg authority	—	auth. score（）
Kleinberg hub	—	hub. score（）
Page Rank	—	page. rank（）

```
library(UserNetR)
library(statnet)
data(DHHS)
df.prom <- data.frame(
deg = sna::degree(DHHS),
cls = sna::closeness(DHHS),
btw = sna::betweenness(DHHS),
evc = sna::evcent(DHHS),
inf = sna::infocent(DHHS),
flb = sna::flowbet(DHHS)
)
cor(df.prom)
plot(DHHS)
'''
```

```
          deg       cls       btw       evc       inf       flb
deg 1.0000000 0.9728955 0.7495416 0.9724735 0.9017211 0.9442772
cls 0.9728955 1.0000000 0.7867419 0.9338638 0.8897166 0.9409675
btw 0.7495416 0.7867419 1.0000000 0.6002209 0.4854913 0.8844251
evc 0.9724735 0.9338638 0.6002209 1.0000000 0.9402564 0.8428375
inf 0.9017211 0.8897166 0.4854913 0.9402564 1.0000000 0.7733465
flb 0.9442772 0.9409675 0.8844251 0.8428375 0.7733465 1.0000000
```

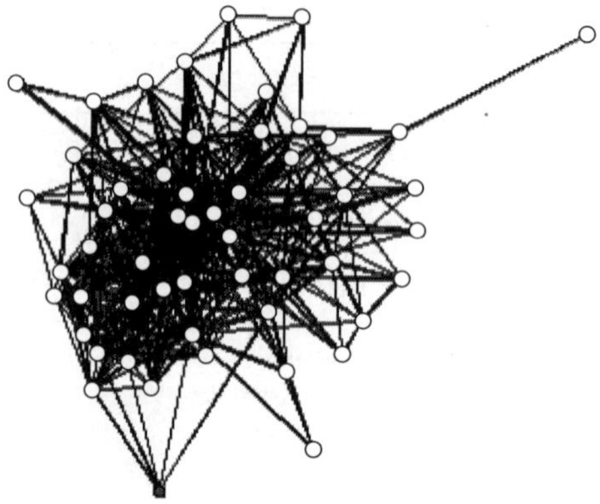

图 6 - 40　DHHS 合作网络

6.6.3　网络的中心度测量

中心性是网络中节点的特征，它基于节点在整个网络中的位置。它可以为网络中个体中心性的变化提供非常丰富的信息。例如，考虑以下两个极端示例：星形图和圆形图（见图 6 - 41）。

```
'''{r}
library(RColorBrewer)
dum1 <- rbind(c(1,2),c(1,3),c(1,4),c(1,5))
star_net <- network(dum1,directed = FALSE)
dum2 <- rbind(c(1,2),c(2,3),c(3,4),c(4,5),c(5,1))
circle_net <- network(dum2,directed = FALSE)
par(mar = c(4,4,.1,.1),mfrow = c(1,2))
my_pal <- brewer.pal(5,"Set2")
gplot(star_net,usearrows = FALSE,displaylabels = FALSE,vertex.cex =2,
vertex.col = my_pal[1], edge.lwd =0,edge.col = "grey50",xlab = "Star Graph")
gplot(circle_net,usearrows = FALSE,displaylabels = FALSE,vertex.cex =2,
vertex.col = my_pal[3], edge.lwd =0,edge.col = "grey50",xlab = "Circle Graph")
'''
```

在 statnet 软件包中，中心度是使用 centralization（）函数计算的。该函数返回适当的网络层面的中心度测量值。请注意 centralization（）函数可用于有向图。对于圆形图，可以看到每个节点具有相同的中心度得分 0.6666667，而整个圆形图的中心度得分 0。星形图显示了相反的模式，节点的中心性分数之间存在变化，从而导致更高的中心度分数 0.5357。

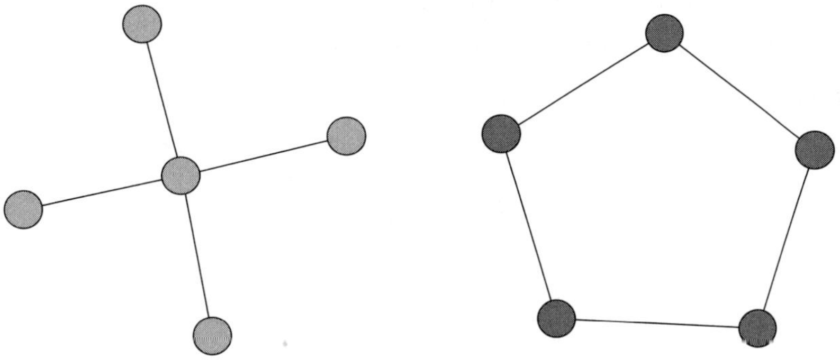

(a) 星形图　　　　(b) 圆形图

图 6－41　星形图和圆形图

```
'''{r}
closeness(circle_net)
centralization(circle_net,closeness)
closeness(star_net)
centralization(star_net,closeness)
'''
```

```
[1] 0.6666667 0.6666667 0.6666667 0.6666667 0.6666667
[1] 0
[1] 1.0000000 0.5714286 0.5714286 0.5714286 0.5714286
[1] 0.5357143
```

Statnet 软件包和 igraph 软件包中的所有中心性函数都会产生一个节点级分数的向量，用于描述网络中的每个节点的中心性。使用 DHHS 网络可以看到网络成员的中心性差异很大。

```
'''{r}
data(DHHS)
df.prom2 <- data.frame(
deg = sna::degree(DHHS),
close = sna::closeness(DHHS),
between = sna::betweenness(DHHS)
)
row.names(df.prom2) <- DHHS %v% "vertex.names"
df.promsort <- df.prom2[order(-df.prom2$deg),]
cd <- centralization(DHHS,sna::degree)
cc <- centralization(DHHS,sna::closeness)
cb <- centralization(DHHS,sna::betweenness)
```

```
df.promsort <- rbind(df.promsort,c(cd,cc,cb))
row.names(df.promsort)[55] <- "\\emph{Centralization}"
print(df.promsort)
'''
```

Description: df [55 × 3]

	deg <dbl>	close <dbl>	between <dbl>
OS-5	90.0000000	0.8688525	469.8340280
CDC-12	88.0000000	0.8412698	307.8897502
CDC-3	76.0000000	0.7681159	174.4299595
CDC-11	68.0000000	0.7260274	118.7149057
CDC-6	66.0000000	0.7260274	167.5568684
NIH-4	60.0000000	0.6883117	112.3095927
NIH-1	58.0000000	0.6794872	40.3420442
NIH-10	52.0000000	0.6543210	30.4186671
NIH-6	50.0000000	0.6463415	21.0505787
CDC-2	48.0000000	0.6385542	34.4422443
NIH-5	48.0000000	0.6385542	18.9046515
AHRQ-3	46.0000000	0.6309524	51.3802870
CDC-5	44.0000000	0.6235294	21.4819972
AHRQ-4	42.0000000	0.6162791	30.1855141
CDC-1	42.0000000	0.6162791	17.0707973
CDC-9	42.0000000	0.6091954	47.5979001
NIH-9	42.0000000	0.6162791	7.8341722
NIH-11	40.0000000	0.6091954	28.3216278
CDC-7	38.0000000	0.6022727	20.0207363
NIH-7	38.0000000	0.6022727	6.8874891
NIH-13	38.0000000	0.6022727	11.6730818
NIH-3	36.0000000	0.5955056	5.2271451
NIH-14	36.0000000	0.5955056	19.2547899
OS-4	34.0000000	0.5955056	37.9170256
FDA-2	32.0000000	0.5824176	59.6929055
IHS-2	30.0000000	0.5698925	10.9751848
NIH-8	30.0000000	0.5760870	11.0608050
NIH-12	30.0000000	0.5760870	4.7907232
NIH-15	30.0000000	0.5760870	8.9753299
AHRQ-1	28.0000000	0.5698925	11.3707189
CDC-10	28.0000000	0.5578947	5.5017039

1-31 of 55 rows Previous 1 2 Next

上面的示例显示了三个常见中心性测量中的每个人的分数：度中心性、接近中心性和中介中心性。

6.7 割点和桥

6.7.1 割点

在评估单个节点或边的位置属性时，图论中还有两个额外的概念可以成为有用的工具。第一个概念是割点（cutpoint），它被定义为一个节点，如果该节点被删除，将增加网络中的子网数量。因此，在许多类型的网络中，割点占据了连接网络不同子网的重要位置。如果它们被删除，这将导致两个子网无法相互联通。可以使用 statnet 软件包中的 cutpoint（）函数快速识别网络中的任何割点。对于有向网络，需要指定是使用"弱"还是"强"规则来识别割点（见图 6-42）。

```
library(statnet)

cpnet <- cutpoints(net,mode="graph",return.indicator=TRUE)
```

```
gplot(net,gmode = "graph", vertex.col = cpnet + 2, coord = NULL, jitter = FALSE, displaylabels = TRUE)
net2 <- net_mat
components(net2)
delete.vertices(net2,7)
components(net2)
'''
```

```
[1] 1
[1] 2
```

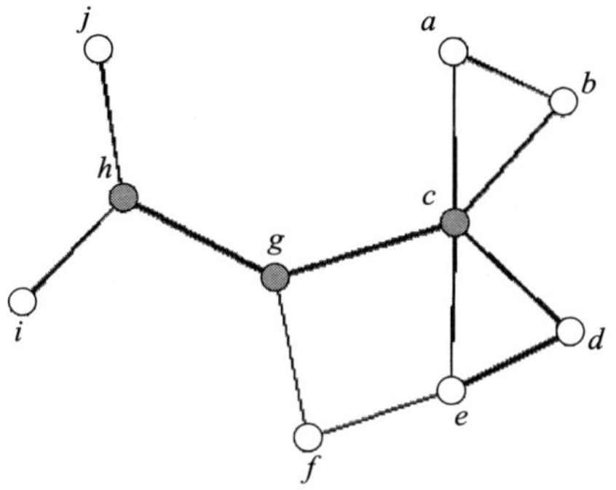

图 6-42　有 3 个割点的网络

可以看出，除了之前确定的两个中心节点（c 和 g），h 也是一个割点。删除割点 g，网络就分为 2 个子网，一个子网有 a，b，c，d，e，f 六个节点，另一个子网有 h，i，j 三个节点。

6.7.2　桥

桥（bridge）就是相当于割点的边。也就是说，如果删除一条边会将一个子网分成两部分，那么这条边就是桥。Statnet 软件包中没有内置桥识别功能，但创建一个检测桥的功能相对容易。此函数采用 statnet 软件包定向或非定向网络，并检查每个边以查看删除它是否会更改子网数量。返回一个长度等于边数的逻辑向量，指示哪些边是桥。一旦定义了这个函数，就可以直接使用它。

```
'''{r}
bridges <- function(dat,mode = "graph",connected = c("strong", "weak"))
{
  e_cnt <- network.edgecount(dat)
```

```
if (mode == "graph") {
        cmp_cnt <- components(dat)
        b_vec <- rep(FALSE,e_cnt)
        for(i in 1:e_cnt) {
                dat2 <- dat
                delete.edges(dat2,i)
                b_vec[i] <- (components(dat2) != cmp_cnt)
                        }
                    }
            else {
cmp_cnt <- components(dat,connected = connected)
b_vec <- rep(FALSE,e_cnt)
    for(i in 1:e_cnt) {
            dat2 <- dat
            delete.edges(dat2,i)
b_vec[i] <- (components(dat2,connected = connected) != cmp_cnt)
                    }
            }
return(b_vec)
}

bridges(net)
'''
```

```
 [1] FALSE FALSE FALSE FALSE FALSE FALSE FALSE FALSE FALSE FALSE FALSE FALSE FALSE
[14] FALSE FALSE FALSE FALSE FALSE  TRUE  TRUE  TRUE  TRUE  TRUE  TRUE
```

Bridges 函数显示哪些边是桥，下面的示例展示了示例网络中的 3 条边是桥（见图 6-43）。

```
'''{r}
brnet <- bridges(net)
gplot(net,gmode = "graph",vertex.col = "red", edge.col = brnet + 2,coord = NULL,jitter = FALSE,
displaylabels = TRUE)
'''
```

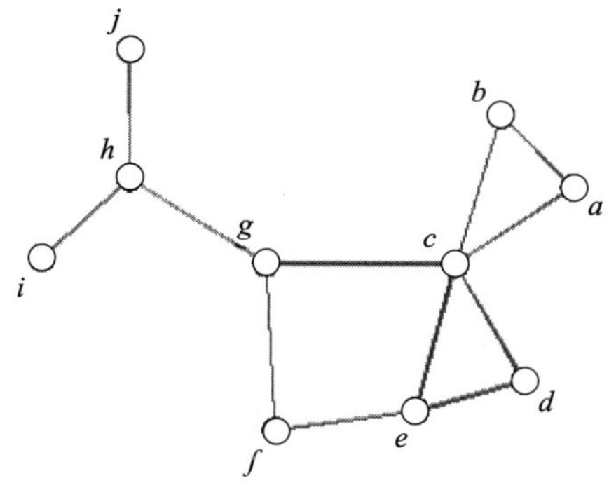

图6-43 有3条桥的网络

6.8 子组（子群/子图/子网）

网络中包含的社会系统通常表现出复杂的结构。许多社会网络由相对密集连接的子群（例如友谊子网）组成，这些子群/子组/子网本身仅通过不太常见的关系（例如熟人之间）连接。因此，能够定义和识别此类子群/子组/子网很重要。许多学科的理论假设更大的社会系统由可区分的子群/子组/子网组成，例如社会学家考虑社会阶级、心理学家检查小组行为、公共卫生检查不同社会群体之间的健康差异等。下面介绍R语言中可用的识别子群/子组/子网的技术，用于识别和检查可能包含在较大社会网络中的子群/子组/子网。Igraph软件包被广泛使用，因为它涵盖了子群/子组/子网和社区检测技术。有时，可能没有必要使用特定的子群/子组/子网技术。例如，前面研究过的Moreno社会图，该网络由两个小学班级组成是不言而喻的，即使我们事先不知道它描绘了一个小学班级。然而，在大多数现实世界的社会网络中，子群/子组/子网结构并不那么清晰。下面的示例显示了一个更现实的网络，其中有一些子群/子组/子网结构，但需要更系统地分析来发现它。

6.8.1 社会凝聚力

考虑网络子群的一种方法是通过社会凝聚力。有凝聚力的子群是通过频繁、牢固和直接的关系联系在一起的行为者的集合。这种方法非常直观，以至于产生了许多用于识别网络子群/子组/子网的最早技术。

6.8.1.1 团（圈）

团（圈）（cliques）是最简单的凝聚子群类型之一，并且由于其简单的定义也是最容易理解的类型之一。团是一个最大完全子图；也就是说，它是节点的子集，它们之间具有所有可能的联系。例如，下面示例的图6-44中有两个团：A、B、C、D和

E、F、G。从技术上讲，相连的2个节点也是团，但通常只对大小为3或更大的团感兴趣。此外，根据定义，任何大小为 k 的团也将包含所有大小为 $k-1$、$k-2$ 等的团。

```
'''{r}
clq <- rbind(c(1,2),c(1,3),c(1,4),c(2,3),c(2,4),c(3,4),c(4,5),c(5,6),c(5,
7),c(6,7))
clqnet <- network(clq,directed = FALSE)
clqnet <- network(clqnet,matrix. type = "edgelist")
network. vertex. names(clqnet) <-c ("A","B","C","D","E","F","G")
gplot(clqnet,gmode = "graph",vertex. col = "BLUE",coord = NULL,jitter = FALSE,displaylabels =
TRUE)
'''
```

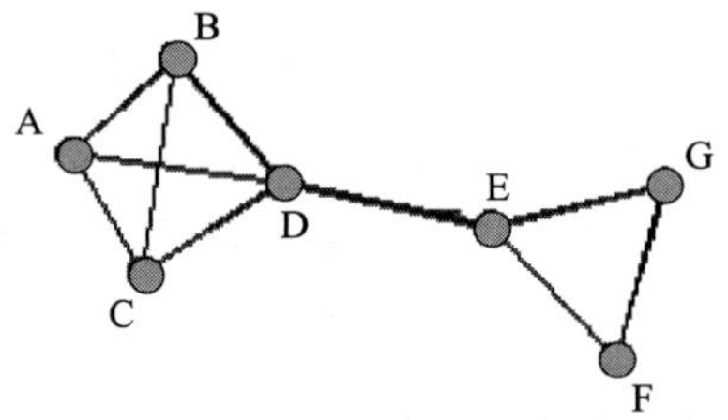

图6-44　有2个团的网络

以下代码演示了如何获取有关网络中任何团的信息。尽管顾名思义，clique. number（）函数并不返回clique的数量，而是返回最大clique的大小。要获取所有cliques的列表，受最小或最大大小的限制，使用cliques（）。当网络中有大量cliques时，maximal. cliques（）函数可能更有用，它返回最大团的具体情况。最后，largest. cliques（）函数将找到网络中所有最大的团。

```
'''{r}
library(igraph)
#detach(package:statnet)
clqexmp <- graph. formula(A:B:C:D—A:B:C:D,D-E,E-F-G-E)
clique. number(clqexmp)
cliques(clqexmp, min =3)
maximal. cliques(clqexmp,min =3)
largest. cliques(clqexmp)
V(clqexmp)[unlist(largest. cliques(clqexmp))]
'''
```

```
[1] 4
[[1]]
+ 3/7 vertices, named, from c47f0f9:
[1] B C D

[[2]]
+ 3/7 vertices, named, from c47f0f9:
[1] E F G

[[3]]
+ 3/7 vertices, named, from c47f0f9:
[1] A B C

[[4]]
+ 4/7 vertices, named, from c47f0f9:
[1] A B C D

[[5]]
+ 3/7 vertices, named, from c47f0f9:
[1] A B D

[[6]]
+ 3/7 vertices, named, from c47f0f9:
[1] A C D

[[1]]
+ 3/7 vertices, named, from c47f0f9:
[1] E F G

[[2]]
+ 4/7 vertices, named, from c47f0f9:
[1] A B D C

[[1]]
+ 4/7 vertices, named, from c47f0f9:
[1] A B D C

+ 4/7 vertices, named, from c47f0f9:
[1] A B D C
```

clique. number（clqexmp）函数返回的值是4，表示最大团的节点个数是4。cliques（clqexmp，min =3）函数返回最小含 3 个节点的团的具体情况，分别有 6 个团。maximal. cliques（clqexmp，min =3）函数返回了节点数分别为 3 和 4 的最大两个团的具体情况。largest. cliques（clqexmp）函数找到最大的团的具体情况。这三个函数都返回找到的团的顶点 ID 列表。当 igraph 对象具有顶点名称时，V（clqexmp）[unlist（largest. cliques（clqexmp））] 命令显示名称而不是 id。

然而，团有两个主要缺点，降低了它们在现实世界社会网络分析中的效用。第一个缺点，团是对凝聚子群的非常保守的定义。考虑一个由 7 个顶点组成的子图，要成为一个团，所有 21 种可能的边必须存在于所有 7 个成员之间。如果仅缺少一条边，则这 7 个顶点将不属于一个团，即使这 7 个顶点的密度（20/21 = 0.95）非常高，这表明团是一个内聚子群。这种脆弱性的结果是团的第二个缺点：它们在更大的社会网络中并不常见。下面的示例展示了一些简单的模拟结果，证明了团的稀有性。使用 25、50、100 和 500 个节点创建了四个随机网络。对于每个网络，平均度数被限制为大约

6。结果显示，即使网络规模急剧增加，团的数量也大致保持不变。此外，团的规模仍然很小。

```
'''{r}
library(igraph)
g25 <- erdos.renyi.game(25, 75, type = "gnm")
g50 <- erdos.renyi.game(50, 150, type = "gnm")
g100 <- erdos.renyi.game(100, 300, type = "gnm")
g500 <- erdos.renyi.game(500, 1500, type = "gnm")
nodes <- c(25,50,100,500)
lrgclq <- c(clique.number(g25), clique.number(g50), clique.number(g100), clique.number
(g500))
numclq <- c(length(cliques(g25,min =3)), length(cliques(g50,min =3)),
length(cliques(g100,min =3)), length(cliques(g500,min =3)))
clqinfo <- data.frame(Nodes = nodes,Largest = lrgclq, Number = numclq)
print(clqinfo)
'''
```

Description: df [4 × 3]

Nodes <dbl>	Largest <int>	Number <int>
25	4	39
50	3	38
100	3	37
500	3	26

4 rows

6.8.1.2　k-核

由于观察到社会网络中团的稀有性，目前已经提出了许多关于团概念的变体。一个流行的变体是 k-核（k-core）。k-核是一个最大子图，其中每个顶点都连接到子图中的至少 k 个其他顶点。k-核有很多优点：它们是嵌套的（四核的每个成员也是三核的成员，依此类推），它们不重叠，并且易于识别。对 k-核的分析通常首先确定整个 k-核核心集，然后对 k-核结构进行检查，可能对单个 k-核级别（例如六核）进行更仔细的检查。对于如何检查社会网络中 k-核的示例，将使用 DHHS 数据集。该数据集显示了 2005 年在美国卫生与公众服务部内不同机构工作的烟草控制专家之间的合作关系（Leischow，Luke 和 Mueller 等，2010）。该数据集是一个 statnet 网络对象，因此笔者首先使用 intergraph 软件包将其转换为 igraph 对象。此外，DHHS 是一个有权重的网络，其权重范围从 1（仅共享信息）到 4（跨多个项目的正式合作）。对于这个例子，笔者将只检查正式的合作关系（“collab”边缘属性是3或4）。在这里，使用igraph subgraph. edges函数仅选择那些边。筛选结果提供了一个新网络，其密度是原始网络的一半。

```
'''{r}
library(igraph)
library(intergraph)
data(DHHS)
iDHHS <- asIgraph(DHHS)
graph.density(iDHHS)
iDHHS <- subgraph.edges(iDHHS,E(iDHHS)[collab > 2])
graph.density(iDHHS)


'''
```

```
[1]0.312369
[1]0.1533688
```

为了识别网络中的 k-核结构，使用graph. coreness函数，它返回一个向量，列出网络中所有的 k-核。结果告诉我们，k-核的范围是1到6。

```
'''{r}
coreness <- graph.coreness(iDHHS)
table(coreness)
maxCoreness <- max(coreness)
maxCoreness
'''
```

```
coreness
 1  2  3  4  5  6
 7  6  2  5  2 26
[1] 6
```

table（coreness）函数列出了 k-核分别取1到6的数量。max（coreness）函数返回了最大 k-核的 k 值，这里是6。

为了更好地理解 k-核结构，可以使用 k-核信息绘制网络。下面的例子说明了igraph软件包如何使用特殊的顶点属性名称和颜色。name属性默认用于标记图中的节点。在这里，复制存储在statnet顶点属性vertex. names中的顶点名称。color vertex属性用于设置节点的默认颜色。将存储在coreness向量中的 k-核值加1，为每个 k-核选择不同颜色（见图6-45）。

```{r}
'''{r}
summary(iDHHS)

Vname <- igraph::get.vertex.attribute(iDHHS,name = 'vertex.names', index = V(iDHHS))
V(iDHHS)$name <- Vname
V(iDHHS)$color <- coreness + 1
op <- par(mar = rep(0, 4))
plot(iDHHS,vertex.label.cex =0.8)
par(op)
'''
```

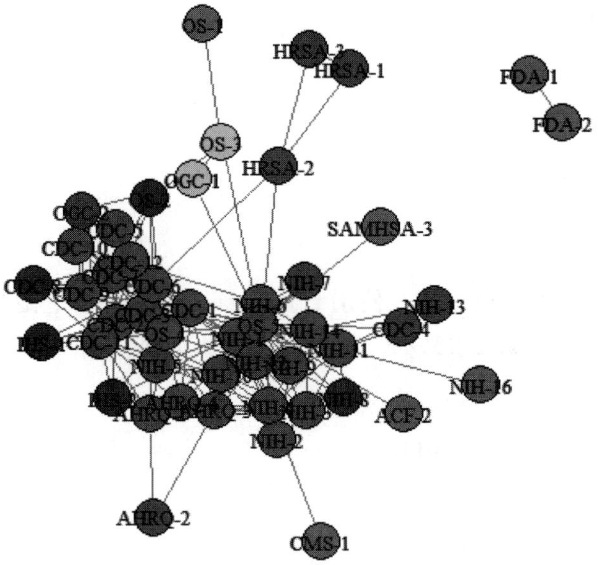

图 6-45　DHHS 网络中的 *k*-核结构

为了帮助解释，可以用 k-核成员值标记节点。

此外，下面的例子演示了一种自动为节点选择一组独特颜色的替代方法（见图 6-46）。

```{r}
'''{r}
colors <- rainbow(maxCoreness)
op <- par(mar = rep(0, 4))
plot(iDHHS,vertex.label = coreness,vertex.color = colors[coreness])
par(op)
'''
```

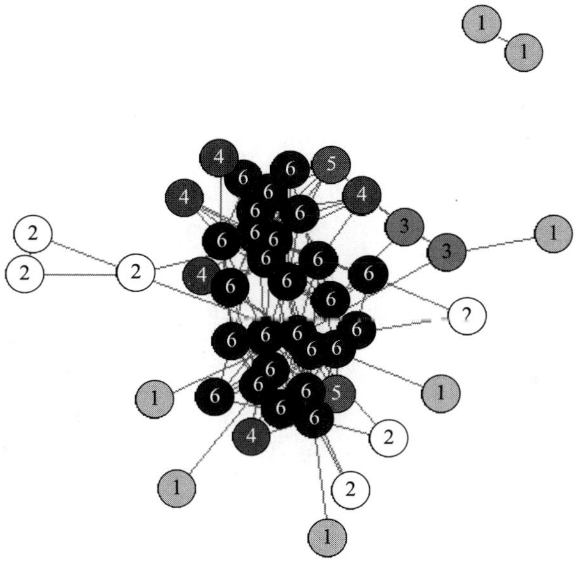

图 6 - 46 DHHS 网络中的 k -核结构（具有 k -核成员值）

下面的示例展示网络的中心主要由最高的 k -核组成。在这种情况下，6 -核由 54 个节点中的 26 个组成。由于 k -核的嵌套结构，可以通过依次“剥离”每个较低的 k -核进一步检查子组模式。为此，利用了 induced. subgraph 函数（见图 6 - 47）。

```
'''{r}
V(iDHHS)$ name <- coreness
V(iDHHS)$ color <- colors[coreness]
iDHHS1_6 <- iDHHS
iDHHS2_6 <- induced. subgraph(iDHHS,vids = which(coreness > 1))
iDHHS3_6 <- induced. subgraph(iDHHS,vids = which(coreness > 2))
iDHHS4_6 <- induced. subgraph(iDHHS,vids = which(coreness > 3))
iDHHS5_6 <- induced. subgraph(iDHHS,vids = which(coreness > 4))
iDHHS6_6 <- induced. subgraph(iDHHS,vids = which(coreness > 5))
lay <- layout. fruchterman. reingold(iDHHS)
op <- par(mfrow = c(3,2),mar = c(0,0,1,0))
plot(iDHHS1_6,layout = lay,main = "All k - cores")
plot(iDHHS2_6,layout = lay[which(coreness > 1),],main = "k - cores 2 - 6")
plot(iDHHS3_6,layout = lay[which(coreness > 2),],main = "k - cores 3 - 6")
plot(iDHHS4_6,layout = lay[which(coreness > 3),],main = "k - cores 4 - 6")
plot(iDHHS5_6,layout = lay[which(coreness > 4),],main = "k - cores 5 - 6")
plot(iDHHS6_6,layout = lay[which(coreness > 5),],main = "k - cores 6 - 6")
```

```
par(op)
'''
```

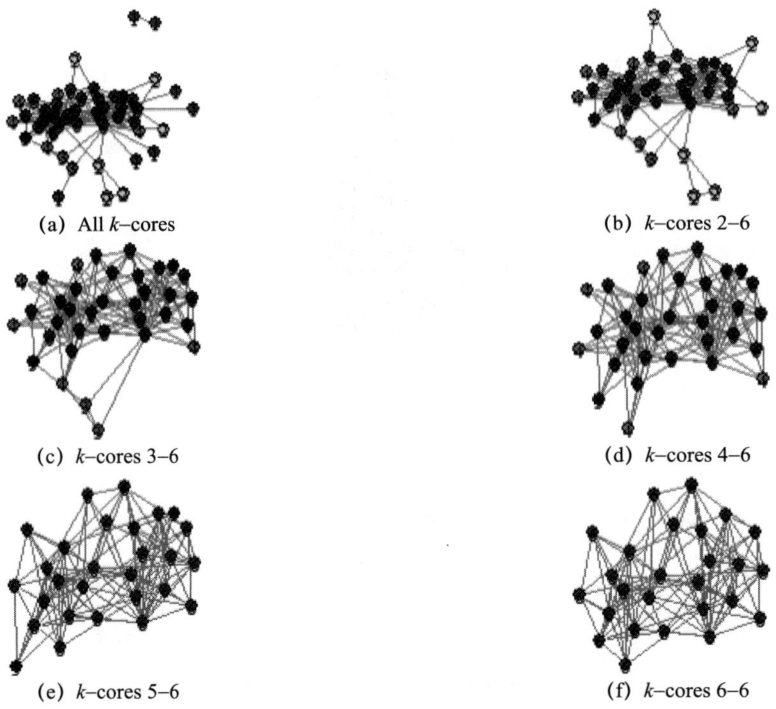

图 6 - 47　DHHS 网络中依次剥离较低 k -核的子组模式

6.8.2　社团（社区）检测

团和 k -核都是完全依赖于定义特定群体的内部联系模式的子群体识别示例。网络科学家已经开发了各种各样的子组识别算法和启发式算法，这些算法不仅根据内部联系来定义子组，而且根据不同组之间的联系模式来定义子组。也就是说，网络中的子组是一组节点，其内部联系相对较多，而从该组到网络其他部分的联系也相对较少。这些方法在细节上有所不同，但它们都旨在识别与其他组或节点有些分离或隔离的内部凝聚子组。这些方法有时被称为社区检测算法（community detection）。

6.8.2.1　模块度

许多社区检测算法中使用的一个重要特征是模块度（modularity）。模块度是对网络结构的度量，特别是节点表现出聚类的程度，其中聚类内的密度更高而它们之间的密度更低。模块度可以以探索性方式使用，其中算法尝试最大化模块并返回找到的节点分类，该分类可以最好地解释观察到的聚类。相反，算法以描述性方式使用模块度，其中为任何感兴趣的节点分类变量计算模块度统计。例如，可以根据网络成员的性别计算友谊网络的模块度分数。使用这种方式，模块度能反映性别在多大程度上解释观察到的网络中朋友之间的聚类。模块度是一个机会校正的统计量，并且被定义为落在给定组内的边的分数值减去边是随机分布边的预期分数值。模块度统计的范围可以从 1/2 到 1。越接近 1，网络对给定节点表现出的聚类越多。考虑以下具有九个节点的网络的简单示例，其有两种分类顶点属性，每个属性将节点分为三组（见图 6－48）。

```
'''{r}
g1 <- graph.formula(A-B-C-A,D-E-F-D,G-H-I-G,A-D-G-A)
V(g1)$ grp_good <- c(1,1,1,2,2,2,3,3,3)
V(g1)$ grp_bad <- c(1,2,3,2,3,1,3,1,2)
op <- par(mfrow = c(1,2))
plot(g1,vertex.color = (V(g1)$ grp_good), vertex.size = 20, main = "Good Grouping")
plot(g1,vertex.color = (V(g1)$ grp_bad), vertex.size = 20, main = "Bad Grouping")
par(op)
modularity(g1,V(g1)$ grp_good)
modularity(g1,V(g1)$ grp_bad)
'''

[1] 0.4166667
[1] -0.3333333
```

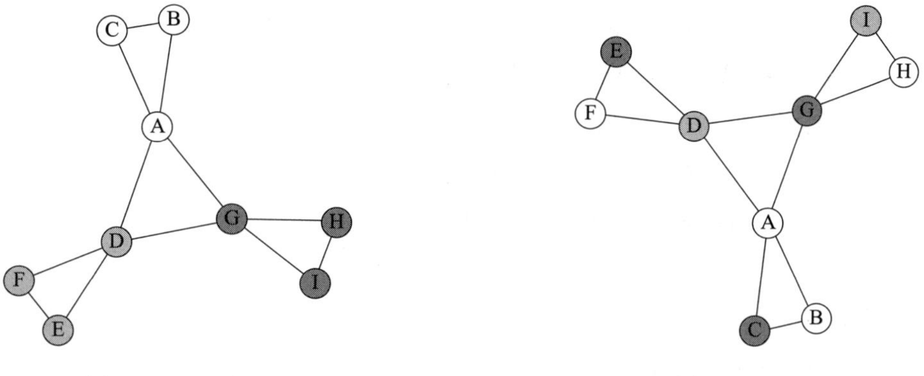

(a) Good Grouping　　(b) Bad Grouping

图 6－48　图的模块度

如图 6－48 所示，与 grp bad 变量相比，grp good 节点属性更好地解释了网络中明显的聚类。这可以通过计算 igraph 软件包中的模块度函数提供的模块化分数来确认。Grp good 变量的模块度为 0.4167，grp bad 变量的模块度为－0.3333。

现实世界的社会网络通常以聚类为特征，但是用肉眼判断聚类当然更难。在前面提到的 DHHS 网络中，包含一个有趣的子组结构，并且该结构可能部分由 DHHS 组织解释。

```
'''{r}
library(intergraph)
data(DHHS)
iDHHS <- asIgraph(DHHS)
table(V(iDHHS)$ agency)
V(iDHHS)[1:10]$ agency
modularity(iDHHS,(V(iDHHS)$ agency +1))
'''
```

```
 0  1  2  3  4  5  6  7  8  9 10
 2  4 12  2  2  3  2 16  3  5  3
 [1] 0 0 1 1 1 1 2 2 2 2
[1] 0.1402264
```

模块度函数期望节点分组变量从 1 开始编号（实际上，如果社区成员为 0，则该函数的当前版本将崩溃。）在这种情况下，代理从 0 开始编号，因此我们之前对其加 1 将其传递给模块度函数。0.14 的模块度表明 DHHS 机构确实解释了网络中存在的一些聚类。然而，像大多数网络描述性统计数据一样，这个数字本身并没有什么意义。当与另一个相关度量进行比较时，对网络特征的解释变得更有意义。例如，模块度如何随时间变化？或者，这个模块度值与同一网络上不同顶点属性的模块度值相比如何？作为比较，可以查看 UserNetR 软件包中包含的另外两个数据集的模块度。对于 Moreno 数据，可以看到性别如何解释子群结构。对于 Facebook 网络，可以使用群组节点属性，它指定 Facebook 好友所属的社交群组类型（家庭、工作、音乐、高中等）。结果表明，Moreno 和 Facebook 社交网络表现出比 DHHS 网络更高的模块度。

```
'''{r}
data(Moreno)
iMoreno <- asIgraph(Moreno)
table(V(iMoreno)$ gender)
modularity(iMoreno,V(iMoreno)$ gender)

'''
1  2
16  17
[1]0.4761342
```

```
'''{r}
data(Facebook)
levels(factor(V(Facebook)$group))
grp_num <- as.numeric(factor(V(Facebook)$group))
modularity(Facebook,grp_num)
'''
```

```
[1]"B""C""F""G""H""M""S""W"
[1] 0.6145798
```

6.8.2.2　社团检测算法

使用 igraph 软件包的主要原因是它支持许多（如果不是大多数）现有的社团检测方法。表6－2列出了 igraph 软件包当前支持的算法，以及每个函数是否支持有向网络、加权网络，以及该算法是否可以用于具有多个组的子网的网络。

表6－2　igraph 软件包中的社团检测函数

Name	Function	Directed	Weighted	Components
Edge－betweenness	cluster_edge_betweenness	T	T	T
Leading eigenvector	cluster_leading_eigen	F	F	T
Fast－greedy	cluster_fast_greedy	F	T	T
Louvain	cluster_louvain	F	T	T
Walktrap	cluster_walktrap	F	T	F
Label propagation	cluster_label_prop	F	T	F
InfoMAP	cluster_infomap	T	T	T
Spinglass	cluster_spinglass	F	T	F
Optimal	cluster_optimal	F	T	T

在 igraph 软件包中进行社团检测的基本工作流程是：对网络运行社团检测函数，并将结果存储在社团类对象中。然后，可以使用许多知道如何处理社团对象的 igraph 函数来探索网络中已识别的子组，还可以轻松地绘制网络以显示社团检测的结果。例如，考虑简单的 Moreno 友谊网络，它根据性别明确分为两个子组。该网络上的社团检测如下进行（见图6－49）。

```
'''{r}
library(UserNetR)
library(igraph)
cw <- cluster_walktrap(iMoreno)
membership(cw)
```

```
modularity(cw)
plot(cw, iMoreno)
```
'''

```
[1] 1 1 1 1 1 1 1 1 3 3 3 5 5 5 5 1 3 2 2 2 4 4 4 2 2 2 2 2 2 2 2 6 6
[1] 0.6181474
```

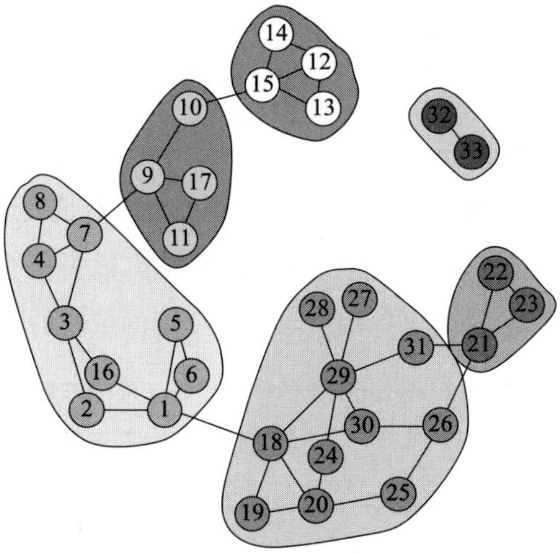

图 6-49　Moreno 网络上的社团检测

模块度为 0.618，相当高，表明 walktrap 算法在检测子群结构方面做得很好。membership 函数表明已经确定了六个不同的子组。这些子组最好通过可视化来理解。给 plot 函数传递一个社团对象及其所属的网络，那么就会产生一个有吸引力的图，每个子组都有自己的颜色编码阴影多边形。

一旦有了社团检测子组解决方案，就可以像任何成员向量一样对其进行检查。例如，可以将其与基于节点特征的现有子组划分进行比较。在下面的示例中，walktrap 解决方案与 DHHS 网络中节点的特定代理进行比较。

```
'''{r}
cw <- cluster_walktrap(iDHHS)
modularity(cw)
membership(cw)
table(V(iDHHS)$ agency,membership(cw))
'''
```

```
[1] 0.1653754
 [1] 4 5 1 1 1 1 1 1 1 1 1 1 1 1 1 1 1 1 1 1 1 1 1 1 1 1 1 3 3 3 3 3 3 3 3 3 3 3 3 3
[41] 3 3 3 2 2 2 2 1 2 1 1 1 1 1

      1  2  3  4  5
  0   0  0  0  1  1
  1   4  0  0  0  0
  2  12  0  0  0  0
  3   2  0  0  0  0
  4   2  0  0  0  0
  5   3  0  0  0  0
  6   2  0  0  0  0
  7   0  0 16  0  0
  8   0  3  0  0  0
  9   3  2  0  0  0
  10  3  0  0  0  0
```

一种常见的做法是使用多个社团检测算法并比较结果。以下示例探讨了不同算法如何在 DHHS 网络中找到略有不同的子组。

```
'''{r}
library(intergraph)
iDHHS <- asIgraph(DHHS)
cw <- cluster_walktrap(iDHHS)
modularity(cw)
membership(cw)
ceb <- cluster_edge_betweenness(iDHHS)
modularity(ceb)
membership(ceb)
cs <- cluster_spinglass(iDHHS)
modularity(cs)
membership(cs)
cfg <- cluster_fast_greedy(iDHHS)
modularity(cfg)
membership(cfg)
clp <- cluster_label_prop(iDHHS)
modularity(clp)
membership(clp)
cle <- cluster_leading_eigen(iDHHS)
modularity(cle)
membership(cle)
cl <- cluster_louvain(iDHHS)
modularity(cl)
membership(cl)
```

```
co <- cluster_optimal(iDHHS)

modularity(co)

membership(co)

'''
```

```
[1] 0.1653754
 [1] 4 5 1 1 1 1 1 1 1 1 1 1 1 1 1 1 1 1 1 1 1 1 1 1 1 1 1 3 3 3 3 3 3 3 3 3 3 3 3 3 3 3
[44] 2 2 2 2 1 2 1 1 1 1 1
[1] 0.03580419
 [1]  1  2  3  4  5  6  5  5  5  7  5  8  9 10 11 12  5  5 13 14 15 16 17 18 19 20 21  5  5
[30]  5  5  5  5  5 22  5  5  5  5  5  5 23 24 25 26 25 27 28 29 30  5 31 32 33
[1] 0.2107888
 [1] 1 4 4 4 2 4 3 3 3 3 3 4 3 3 3 3 4 3 4 4 4 4 4 4 4 3 3 2 2 2 2 2 2 2 2 2 2 2 2 2 2 2 2
[44] 4 4 4 4 4 4 4 4 4 3 4
[1] 0.1729627
 [1] 2 2 2 2 2 2 1 1 1 1 1 2 1 1 1 1 2 1 2 2 2 2 2 2 2 1 2 1 1 1 1 1 1 1 1 1 1 1 1 1 1 1 1
[44] 2 2 2 2 2 2 2 2 2 1 2
[1] 0
 [1] 1 1 1 1 1 1 1 1 1 1 1 1 1 1 1 1 1 1 1 1 1 1 1 1 1 1 1 1 1 1 1 1 1 1 1 1 1 1 1 1 1 1 1
[44] 1 1 1 1 1 1 1 1 1 1 1
[1] 0.1766062
 [1] 1 1 1 1 2 1 2 3 3 2 2 3 3 3 3 3 3 3 1 2 1 1 1 1 3 3 3 2 2 2 2 2 2 2 2 2 2 2 2 2 2 2 2
[44] 1 3 1 1 1 1 1 1 1 3 1
[1] 0.203617
 [1] 1 1 1 1 2 1 3 3 3 3 3 3 3 3 3 3 1 1 1 1 1 1 1 1 1 3 3 2 2 2 2 2 2 2 2 2 2 2 2 2 2 2 2
[44] 1 1 1 1 1 1 1 1 1 3 1
[1] 0.2122552
 [1] 1 1 1 1 2 1 3 3 3 3 3 1 3 3 3 3 1 3 1 1 1 1 1 1 1 3 3 2 2 2 2 2 2 2 2 2 2 2 2 2 2 2 2
[44] 1 1 1 1 1 1 1 1 1 3 1
```

这些结果表明，所有检测算法都可以识别两个或三个子组。模块度范围从 0.035 到 0.212。

最后，可以绘制多个解决方案的网络图，以更好地了解不同社团检测算法之间的异同（见图 6－50）。

```
'''{r}

op <- par(mfrow = c(3,2),mar = c(0,0,1,0))

plot(ceb, iDHHS,vertex.label = V(iDHHS)$role, main = "Edge Betweenness")

plot(cfg, iDHHS,vertex.label = V(iDHHS)$role,main = "Fastgreedy")

plot(clp, iDHHS,vertex.label = V(iDHHS)$role,main = "Label Propagation")

plot(cle, iDHHS,vertex.label = V(iDHHS)$role,main = "Leading Eigenvector")

plot(cs, iDHHS,vertex.label = V(iDHHS)$role,main = "Spinglass")

plot(cw, iDHHS,vertex.label = V(iDHHS)$role,main = "Walktrap")

par(op)'''
```

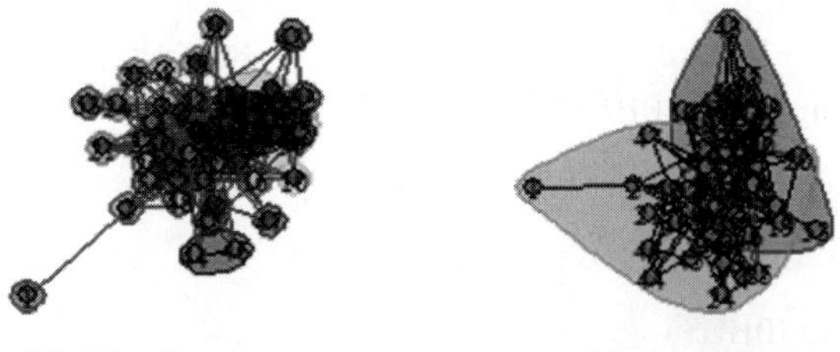

(a) Edge Betweenness　　(b) Fastgreedy

图 6－50　DHHS 网络中多个社区检测方法比较

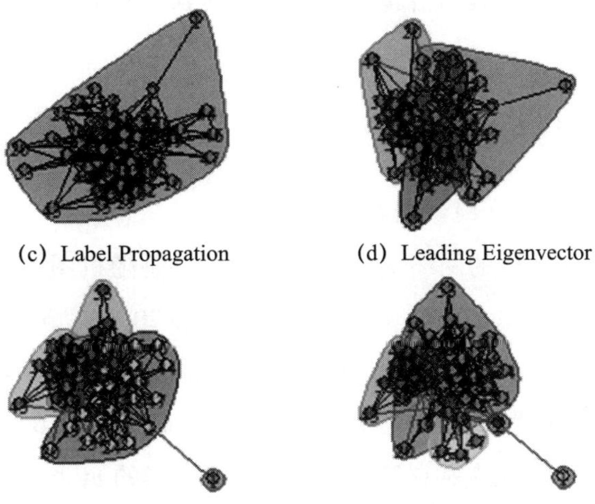

(c) Label Propagation (d) Leading Eigenvector

(e) Spinglass (f) Walktrap

图6-50 DHHS 网络中多个社区检测方法比较（续）

6.9 随机网络模型

6.9.1 网络模型的作用

根据林顿·弗里曼（Linton C. Freeman）的观点（Freeman，2004），现代社会网络分析具有以下四个主要特征。

（1）基于连接社会行为者的关系的结构直觉。

（2）以系统的经验数据为基础。

（3）大量使用图形图像。

（4）依赖于数学和/或计算模型的使用。

科学模型是对现实世界的简化描述，用于预测或解释感兴趣现象的特征或行为。模型可以以相同的方式用于网络。使用网络模型，可以超越简单的描述来构建和测试关于网络结构、形成过程和网络动态的假设。

这里介绍网络结构和形成的一些基本数学模型，它们是网络科学史上的重要模型之一，但在今天仍然有用。通过这些基本数学模型可以深入了解社会网络的基本属性，可以作为经验社会网络的基础，以及更复杂网络模拟的构建块。Igraph 软件包中提供了十几个函数，用于基于许多数学算法和启发式方法生成随机网络。这些都使用“game”作为函数名称的最后部分，例如 barabasi. game（）函数基于 Barabási - Albert 模型生成无标度随机图。本节将介绍 igraph 软件包中可用的一些重要数学网络模型，以及如何使用这些模型来探索网络属性以及与观察到的经验社会网络进行比较的一些示例。

6.9.2 网络结构和形成模型

6.9.2.1 Erdos－Renyi 随机图模型

历史上最早也是最重要的网络结构数学模型之一是随机图模型，由保罗·厄多斯（Paul Erdos）和阿尔弗雷德·莱利（Alfred Renyi）在20世纪50年代末和60年代初首次开发（Newman，2010）。随机图模型有时被称为泊松随机图模型（因为大型随机图的泊松度分布），有时称为随机图模型。该模型非常简单，用 G（n，m）表示，其中随机图 G 定义为具有 n 个顶点和在这些顶点中随机选择的 m 条边。更容易使用的等效模型是 G（n，p），其中不是指定 m 条边，而是每条边以概率 p 出现在图中。这个随机图模型在 igraph 软件包中使用 erdos. reny. game（）函数实现。通过指定所需网络的大小、边数或边的概率来生成随机图。type 参数用于指定第二个参数是否应解释为边出现的概率 p 或边数 m。

```
'''{r}
library(igraph)
g <- erdos. renyi. game(n = 12,10,type = 'gnm')
g
graph. density(g)
'''
```

```
IGRAPH 95b51ff U--- 12 10 -- Erdos-Renyi (gnm) graph
+ attr: name (g/c), type (g/c), loops (g/l), m (g/n)
+ edges from 95b51ff:
 [1] 1-- 5 6-- 8 5-- 9 6-- 9 3--10 7--11 1--12 4--12 5--12 8--12
[1] 0.1515152
```

通过生成多个图可以看出图的随机性。在每种情况下，顶点的数量都是相同的，但边是随机确定的（见图6－51）。

```
op <- par(mar = c(0,1,3,1),mfrow = c(1,2))
plot(erdos. renyi. game(n = 12,10,type = 'gnm'), vertex. color = 1, main = "First random graph")
plot(erdos. renyi. game(n = 12,10,type = 'gnm'), vertex. color = 6, main = "Second random graph")
par(op)
'''
```

尽管随机图模型很简单，但它导致了许多关于网络结构的重要发现。对于较大的 n，网络将具有泊松度分布（见图6－52）。

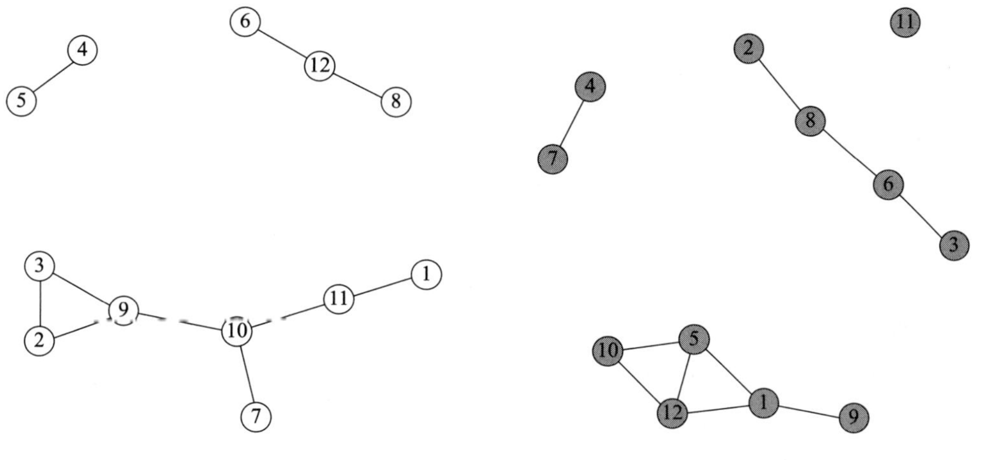

(a) First random graph　　(b) Second random graph

图 6－51　两个随机图

```
'''{r}
g <- erdos. renyi. game(n = 1000,. 005,type = 'gnp')
plot(degree. distribution(g), type = "b",xlab = "Degree",ylab = "Proportion")
'''
```

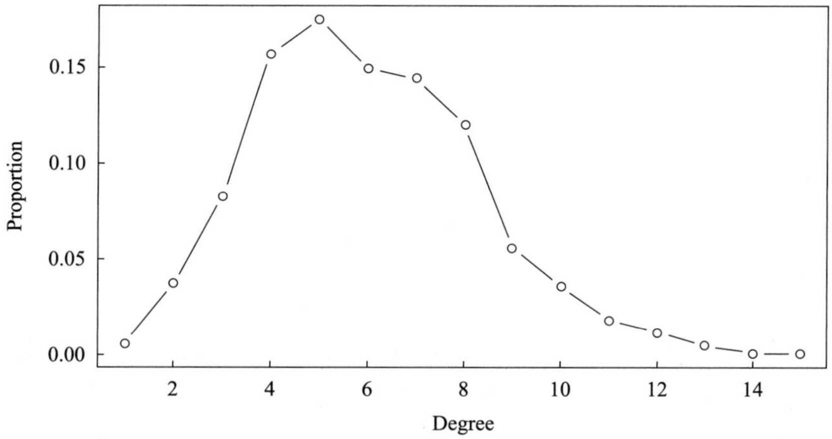

图 6－52　G 的度数分布（$n=1000$ 和 $p=0.005$）

更出乎意料的是，随机图在平均度数相当低的情况下变得完全连接。这意味着即使边是随机确定的，每个单独的网络成员也不必连接到太多其他成员来连接网络本身（网络只有一个子网）。更准确地说，如果 p 大于 ln/n ，则随机图很可能连接在一个大子网中（Newman，2010）。随机图的平均度 c 与图大小和边的概率有关。

$$c=(n-1)p$$

因此，这意味着在社会网络分析中常见的网络规模范围内（例如 100～10000），拥有完全连接的网络所需的平均度数将小于 12。以下示例中的随机图模拟和绘图证明了这一点（见图 6－53）。

```
'''{r}
crnd <- runif(500,1,8)
cmp_prp <- sapply(crnd,function(x) max(clusters(erdos.renyi.game(n = 1000, p = x/999))
$csize)/1000)

smoothingSpline <- smooth.spline(crnd,cmp_prp,spar = 0.25)
plot(crnd,cmp_prp,col = 'grey60', xlab = "Avg. Degree", ylab = "Largest Component Proportion")
lines(smoothingSpline,lwd = 1.5)
'''
```

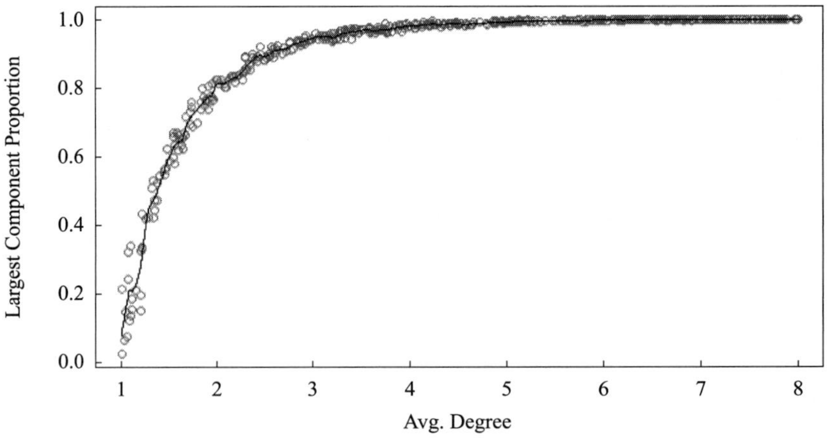

图 6－53　随机图中平均度与连通性的关系

这个示例需要一些拆解以便于理解。首先，使用 500 个从 1 到 8 的随机值创建一个向量。这将用作一个函数的输入，该函数将创建 500 个随机图，平均度数从 1 到 8 不等。接下来，sapply（）函数用于重复调用随机图函数，并将结果分配给 cmp_prp。该函数本身创建每个具有 1000 个节点的随机图，并且 p 等于所需的平均度数除以 999（$p = c/(n-1)$）。一旦生成随机图，使用 clusters（）函数计算最大分量。然后将这个数字除以网络的大小（1000），得到最大子图占网络的比例。结果表明，对于 1000 个节点的随机网络，当平均度数大于 4 或 5 时，网络几乎或完全连通。

随机图的另一个令人惊讶的特性是连接的随机图非常紧凑。也就是说，即使对于大型网络，随机图中最大子网的直径也保持相对较小（见图 6－54）。

```
'''{r}
n_vect <- rep(c(50,100,500,1000,5000),each = 50)
```

```
g_diam <- sapply(n_vect,function(x) diameter(erdos.renyi.game(n = x,p = 6/(x - 1))))
library(lattice)
bwplot(g_diam ~ factor (n_vect), panel = panel.violin, xlab = "Network Size", ylab =
"Diameter")
'''
```

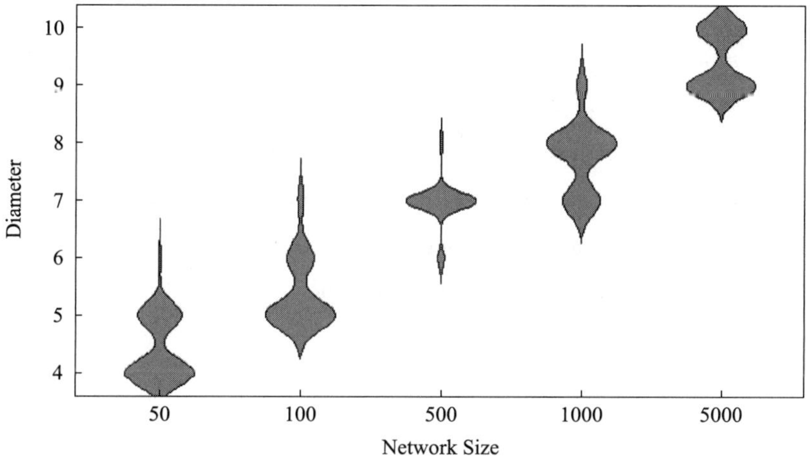

图6－54　随机图大小与直径的关系（平均度数=6）

上面的代码总共运行了250次模拟，生成了50到5000个节点的随机图。如图6－54所示，尽管图的大小增加了两个数量级，但每个图中最大子网的直径增加慢得多，从5个到10个。随机图的这两个特征：完全连接且平均度低，以及直径相对于图大小缓慢增加，可能是现实世界社会网络的一些“小世界”特征的部分原因（Newman M，2010）。

6.9.2.2　小世界模型

厄多斯和莱利的随机图模型的一个主要限制是它不能描述许多现实世界社会网络的属性。特别是，完全随机图的度分布与观察到的网络不太匹配，而且它们的聚类水平也很低（传递性）。一种模型被称为小世界模型（small world model，Watts和Strogatz，1998），其产生的随机网络比Erdos－Renyi更真实，特别是小世界模型网络具有更现实的传递性和小直径。小世界模型从一圈节点开始，其中每个节点都连接到它的c个直接邻居（形成正式的格结构）。然后，重新连接少量现有边，先将它们移除，再用另一个连接两个随机节点的边替换。如果重新布线的概率为0，那么将最终得到原始的格网络。当p为1时，得到的就是Erdos－Renyi随机图。有趣的是，只有一小部分连接需要重新布线，以显著减小网络的直径。

下面的示例显示了各种小世界模型网络在不同的重新布线概率下的形状。Watts.strogatz.game（）函数用来生成一个由30个节点组成的小世界网络。设置选项

nei = 2 （用于邻域），每个节点都绑定到两侧最近的两个邻居，这导致每个节点的度数等于 4 （见图 6 - 55）。

```
'''{r}
g1  <- watts.strogatz.game(dim = 1, size = 30, nei = 2, p = 0)
g2  <- watts.strogatz.game(dim = 1, size = 30, nei = 2, p = .05)
g3  <- watts.strogatz.game(dim = 1, size = 30, nei = 2, p = .20)
g4  <- watts.strogatz.game(dim = 1, size = 30, nei = 2, p = 1)
op  <- par(mar = c(1,1,1,1),mfrow = c(2,2))
plot(g1,vertex.label = NA,layout = layout_with_kk,main = expression(paste(italic(p),"  = 0")))
plot(g2,vertex.label = NA,main = expression(paste(italic(p),"  =.05")))
plot(g3,vertex.label = NA,main = expression(paste(italic(p),"  =.20")))
plot(g4,vertex.label = NA,main = expression(paste(italic(p),"  =  1")))
par(op)
'''
```

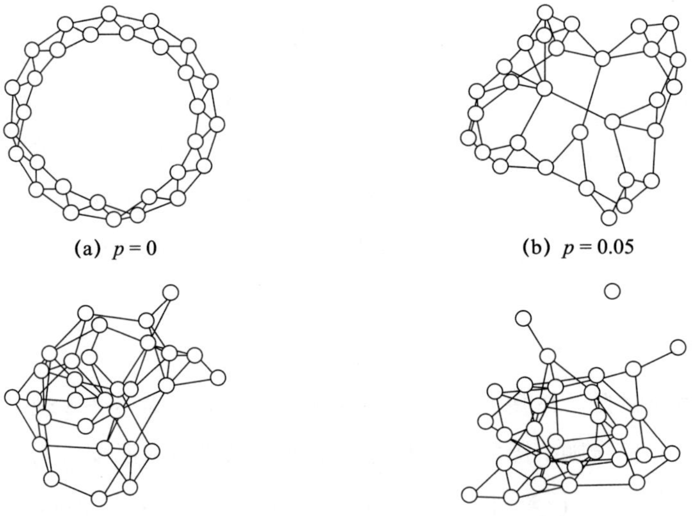

(a) $p=0$　(b) $p=0.05$

(c) $p=0.20$　(d) $p=1$

图 6 - 55　重连概率增加的小世界模型

下面的示例模拟和显示了重新布线如何快速减少小世界模型中的网络直径。使用具有 100 个节点的网络时，每个节点开始都连接到其每侧的两个邻居。因此，该图将有 200 条边。格子网络的起始直径为 25（从一个节点到圆的另一侧需要 25 步）。

```
'''{r}
g100  <- watts.strogatz.game(dim = 1,size = 100,nei = 2,p = 0)
g100
```

diameter(g100)

'''

```
IGRAPH d5f111f U--- 100 200 -- Watts-Strogatz random graph
+ attr: name (g/c), dim (g/n), size (g/n), nei (g/n), p (g/n), loops
| (g/l), multiple (g/l)
+ edges from d5f111f:
 [1]  1-- 2  2-- 3  3-- 4  4-- 5  5-- 6  6-- 7  7-- 8  8-- 9  9--10 10--11 11--12
[12] 12--13 13--14 14--15 15--16 16--17 17--18 18--19 19--20 20--21 21--22 22--23
[23] 23--24 24--25 25--26 26--27 27--28 28--29 29--30 30--31 31--32 32--33 33--34
[34] 34--35 35--36 36--37 37--38 38--39 39--40 40--41 41--42 42--43 43--44 44--45
[45] 45--46 46--47 47--48 48--49 49--50 50--51 51--52 52--53 53--54 54--55 55--56
[56] 56--57 57--58 58--59 59--60 60--61 61--62 62--63 63--64 64--65 65--66 66--67
[67] 67--68 68--69 69--70 70--71 71--72 72--73 73--74 74--75 75--76 76--77 77--78
+ ... omitted several edges
[1] 25
```

模拟设置为计算300个网络，每个网络10个用于重新布线的边数，范围从1到30。因为我们知道每个图中有多少条边（200），所以重新布线的概率可以通过重新布线的边数除以总边数来计算。如果重新连接30条边，则概率为0.15（见图6－56）。

```
'''{r}
p_vect <- rep(1:30,each=10)
g_diam <- sapply(p_vect,function(x) diameter(watts.strogatz.game(dim=1, size=100, nei=2,
p=x/200)))
smoothingSpline = smooth.spline(p_vect, g_diam, spar=0.35)
plot(jitter(p_vect,1),g_diam,col='grey60',xlab="Number of Rewired Edges", ylab="Diameter")
lines(smoothingSpline,lwd=1.5)
'''
```

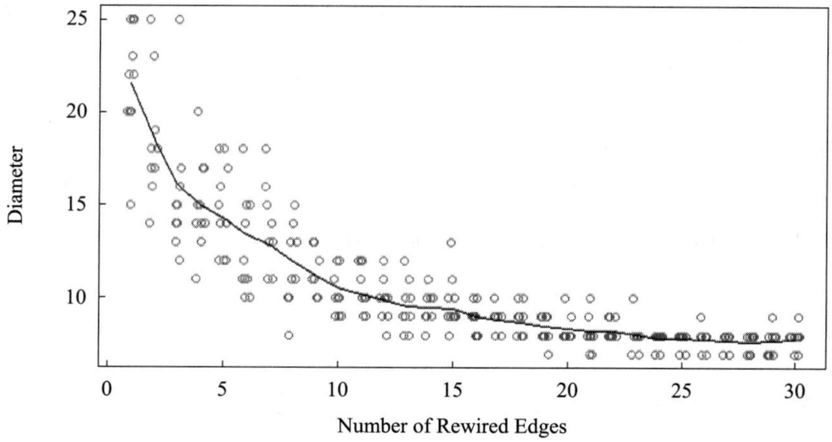

图6－56　小世界模型中重布线概率与网络直径的关系

该示例表明，仅重新布线10条边（$p=0.05$）后，直径已缩小至少60%，从25缩小到约10。

6.9.2.3 无标度模型

前两个数学网络模型的一个重要限制是它们生成的图的度分布不能代表许多现实世界的社会网络。事实上，大量研究表明，各种观察到的网络都具有大致遵循幂律的重尾度分布（heavy-tailed degree distributions）。这些通常被称为无标度网络（scale-free model）。例如，万维网表现出这种无标度模式，一些网站有大量的其他网站与之连接，但大多数网站只有少数几个连接（Broder，Kumar 和 Maghoul 等，2000）。无标度社会网络的这种幂律分布特征是如何产生的？许多网络科学家已经探索了这个问题，并确定累积优势（cumulative advantage）或优先依附（preferential attachment）的网络形成过程可以解释这一点。也就是说，随着网络的增长，由于新节点在网络中的可见性，新节点更有可能与已经有很多联系的其他节点形成联系。这种“越来越富有”的现象已被证明会导致网络中的幂律分布（De Solla Price，1976；Barabási 和 Albert，1999），例如优先依附模型在 igraph 软件包中是通过 barabasi.game（）函数实现的。这是一个比之前模型更复杂的算法，部分原因是这是一个网络增长模型，而不仅是一个静态网络结构模型。下面的示例显示了一个 500 个节点的网络，它是由这种优先连接模型形成的。该算法的默认行为是，当每个新节点添加到网络中时，它都会连接到网络中的另一个节点，概率与该节点的度成正比。因此，网络中的某些节点最终会比大多数其他节点拥有更多的边（见图 6-57）。

```
'''{r}
library(igraph)
g <- barabasi.game(500, directed = FALSE)
V(g)$color <- "lightblue"
V(g)[igraph::degree(g) > 9]$color <- "red"
node_size <- igraph::degree(g)
plot(g, vertex.label = NA, vertex.size = node_size)
median(igraph::degree(g))
mean(igraph::degree(g))
table(igraph::degree(g))
op <- par(mfrow = c(1,2))
plot(degree.distribution(g),xlab = "Degree", ylab = "Proportion")
plot(degree.distribution(g),log = 'xy', xlab = "Degree",ylab = "Proportion")
par(op)
'''
```

```
[1] 1
[1] 1.996

  1   2   3   4   5   6   7   8   9  10  12  14  15  18
295 107  43  23   6   4   6   5   3   1   4   1   1   1
Warning in xy.coords(x, y, xlabel, ylabel, log) :
  对数图里略过5个小于等于零的y值
```

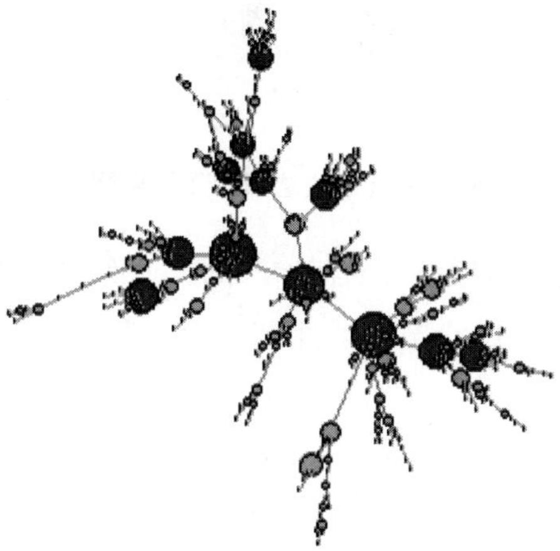

图6-57　具有默认选项的无标度网络示例

此示例的代码通过将度数大于9的节点着色为红色来突出显示这些中枢节点。此外，节点的大小基于它们的度数。

用户可以调整 barabasi. game（）函数中的许多参数，以产生各种各样的优先连接网络。例如，以下示例生成的网络可能被视为比图6-57中显示的更真实一些。在这里，不是每个新节点都连接到另一个节点，而是使用 out. dist 选项指定边概率的分布。在这种情况下，一个新节点将在25%的时间与0个节点（孤立节点）相连，在50%的时间与另一个节点相连，在25%的时间与两个节点相连。此外，zero. appeal 选项用于使新节点更有可能连接到先前存在的孤立节点。结果图6-58产生了许多孤立节点，并且具有较高度的节点略少。

```
'''{r}
g <- barabasi.game(500, out.dist = c(0.25, 0.5, 0.25), directed = FALSE, zero.appeal = 1)
V(g)$color <- "lightblue"
V(g)[igraph::degree(g) > 9]$color <- "red"
node_size <- igraph::degree(g)
plot(g, vertex.label = NA, vertex.size = node_size)
'''
```

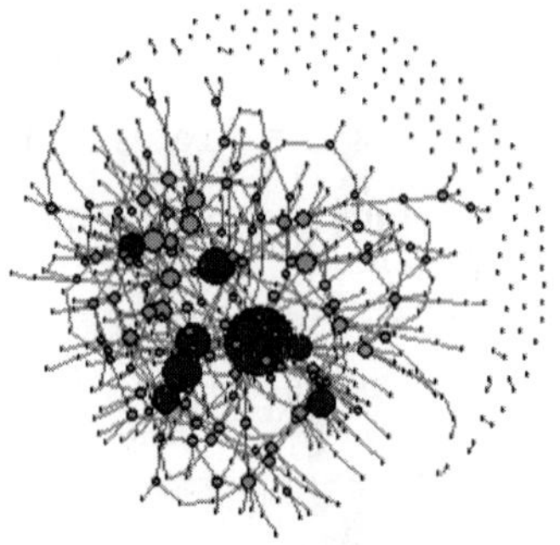

图 6－58　带有修改选项的无标度网络示例

最后，为了说明优先连接网络是如何增长的，下面的示例显示了网络在四个不同阶段的形状，图大小分别为 10 个节、25 个节、50 个节和 100 个节（见图 6－59）。

```
'''{r}
g1 <- barabasi.game(10,m = 1,directed = FALSE)
g2 <- barabasi.game(25,m = 1,directed = FALSE)
g3 <- barabasi.game(50,m = 1,directed = FALSE)
g4 <- barabasi.game(100,m = 1,directed = FALSE)
op <- par(mfrow = c(2,2),mar = c(4,0,1,0))
plot(g1, vertex.label = NA, vertex.size = 3,xlab = "n = 10")
plot(g2, vertex.label = NA, vertex.size = 3,xlab = "n = 25")
plot(g3, vertex.label = NA, vertex.size = 3,xlab = "n = 50")
plot(g4, vertex.label = NA, vertex.size = 3,xlab = "n = 100")
par(op)
'''
```

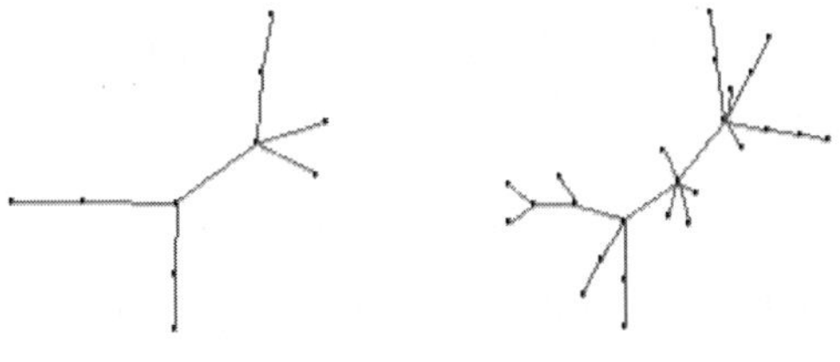

(a) $n=10$　(b) $n=25$

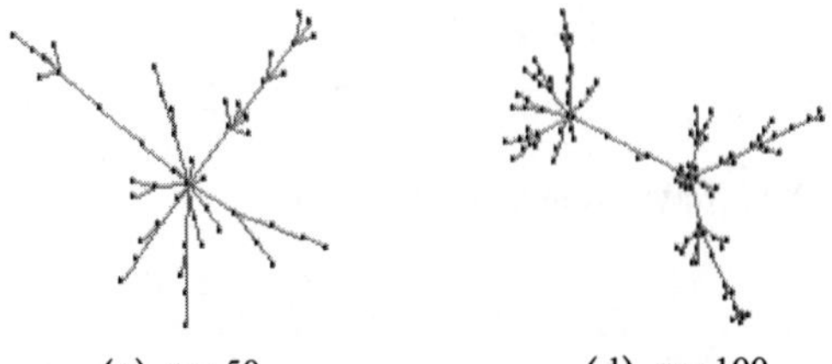

(c) $n=50$　(d) $n=100$

图 6－59　使用优先依附模型的网络增长

6.9.3　随机模型与经验网络比较

这里描述的数学模型以及许多其他模型已被用于研究网络的理论特性。这些模型也可以用作与经验社会网络的比较。作为一个简单的例子，可以探索从珍妮 · K. 哈里斯（Jenine K. Harris）2013 年出版的关于指数随机图模型的书中获取 LHDS 数据的一些基本网络属性（Harris，2013）。LHDS 网络由 1283 名当地公共卫生部门领导之间的沟通联系组成，共有 1283 个节点，2708 条边。网络的密度相当低，只有 0.003，尽管平均度数超过 4（见图 6 - 60）。

```
'''{r}
library(UserNetR)
library(intergraph)
data(lhds)
ilhds <- asIgraph(lhds)
ilhds
summary(ilhds)
graph.density(ilhds)
mean(igraph::degree(ilhds))
plot(ilhds, vertex.label = NA, vertex.size = 4,xlab = "LHDS")
'''
```

```
IGRAPH 54f178c U--- 1283 2708 --
+ attr: title (g/c), hivscreen (v/c), na (v/l), nutrition (v/c), popmil (v/n), state
| (v/c), vertex.names (v/c), years (v/n), na (e/l)
+ edges from 54f178c:
 [1]  2--  10  2--  11  2--  19  2--  20  5--1003  5--   6  6--  11  6--  17 10--  11 11--  19
[11] 11--  26  2--  12  6--  12 10--  12 11--  12 12--  19 12--  26  9--  14 14--  15 14--  18
[21] 14--  25 14--  27 14-- 226 14-- 414 14-- 697 14-- 698  2--  17 10--  17 11--  17 16--  17
[31] 17--  19 17--  20 17--  26 16--  21 10--  26 19--  26 28--  46 28--  53 29--  32 29--  35
[41] 29--  52 28--  30 30--  34 30--  39 31--  38 31--  50 34--  39 36--  51 35--  37 40--  41
[51] 40--  54 30--  41 34--  41 41--  54 42--  45 42--  43 43--  47 43--  49 31--  45 46--  48
[61] 38--  50 35--  52 46--  53 32--  55 37--  55 50--  55 56--  64 57--  59 57--  61 58--  61
+ ... omitted several edges
IGRAPH 54f178c U--- 1283 2708 --
+ attr: title (g/c), hivscreen (v/c), na (v/l), nutrition (v/c), popmil (v/n), state
| (v/c), vertex.names (v/c), years (v/n), na (e/l)
[1] 0.00329279
[1] 4.221356
```

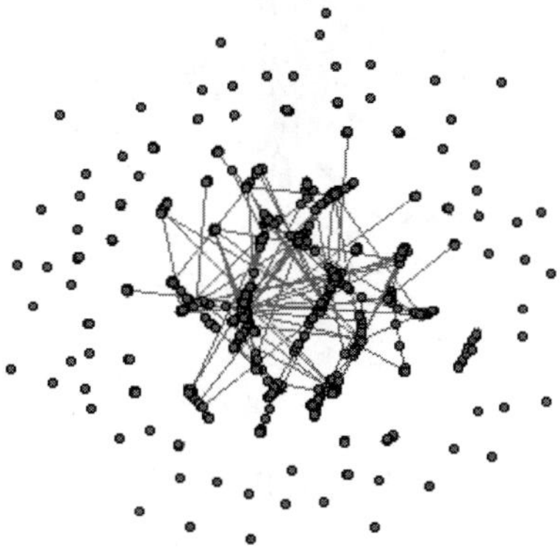

图 6 - 60　LHDS 沟通网络

下面的示例构建了3个与LHDS网络大小和密度大致相同的网络模型。通过将网络模型的特征与经验网络进行比较，可以突出经验网络的有趣或重要特征，这些特征可能值得进一步探索（见图6-61）。

```
'''{r}
g_rnd <- erdos.renyi.game(1283,.0033,type='gnp')
plot(g_rnd,vertex.label = NA, vertex.size = 4,xlab = "g_rnd")
g_smwrld <- watts.strogatz.game(dim=1,size=1283, nei=2,p=.25)
plot(g_smwrld,vertex.label = NA, vertex.size = 4,xlab = "g_smwrld")
g_prfatt <- barabasi.game(1283,out.dist=c(.15,.6,.25), directed=FALSE,zero.appeal=2)
plot(g_prfatt,vertex.label = NA, vertex.size = 4,xlab = "g_prfatt")

'''
```

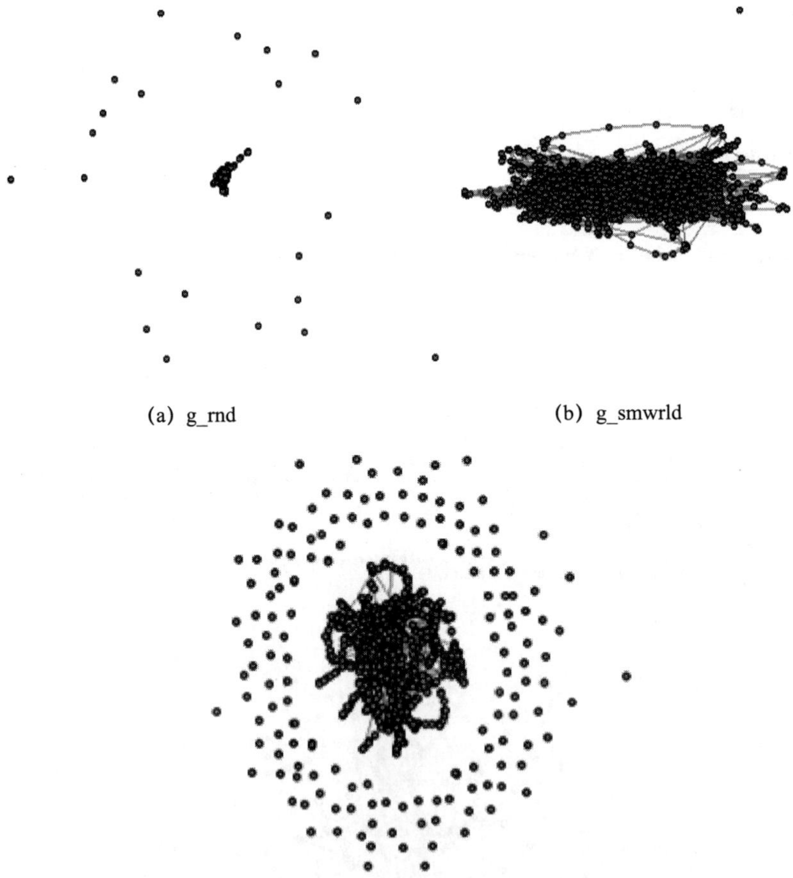

(a) g_rnd　　(b) g_smwrld

(c) g_prfatt

图6-61　与LHDS网络大小和密度大致相同的3个网络模型

6.10 统计网络模型

网络科学分析的大部分工作局限于网络可视化和网络描述。在过去的几十年中，网络统计理论和计算能力才发展到足以允许对网络进行有效和可行的统计建模。统计网络建模的主要障碍是作为许多传统统计理论基础的观测独立性的基本假设。根据定义，网络是非独立的。如果知道一个参与者与另一个参与者相关联，那么将获得依赖于第一个参与者的第二个参与者的信息。多年来，统计理论家逐渐开发出越来越复杂的模型，可以应用于经验网络数据，包括二元依赖（dyadic dependence models）和二元独立（dyadic independence models）模型（Harris，2013）。这里的重点是指数随机图模型（exponential random graph models，ERGM），它已被证明是用于构建和测试网络统计模型的最强大、最灵活和广泛使用的建模方法。ERGM 是具有网络结构和特征的真正生成统计模型（Hunter 等，2008）。这意味着可以产生和测试推理假设。从某种意义上说，它是生成的，其网络中各个元素（参与者）的特征和局部结构属性可用于预测整个网络的属性（例如直径、度数分布等）。ERGM 之所以受欢迎，至少有四个原因。第一，它们可以处理网络数据的复杂依赖关系，而不会出现早期网络模型中经常遇到的退化问题。第二，ERGM 很灵活，可以处理许多不同类型的预测变量和协方差。第三，从单个参与者和局部结构属性预测整体网络特征的生成方法提高了模型的有效性。第四，ERGM 已在 R 语言等编程套件和统计包中实现，使应用分析师更容易构建、测试和交流其网络模型的结果。ERGM 使用蒙特卡洛马尔可夫链最大似然估计（monte carlo markov chain，MCMC）进行拟合。统计参数的估计基于基础模拟，生成许多（通常为数千个）网络以反映测试的特定模型。表达基本 ERGM 的一种方法是

$$P(y_{ij} = 1 \mid Y_{ji}^{C}) = \left(\frac{1}{C}\right)\exp\left[\sum_{k=1}^{K}\theta_k z_k(y)\right]$$

这表明该模型预测参与者 i 和 j 之间关系的概率，这取决于网络的其余部分（所有其他关系）。thetas（θ_k）是感兴趣的网络统计的系数，每个 K 包含一个统计 z_k（y），$\frac{1}{c}$保持在 0 和 1 之间（Harris，2013）。

ERGM 在 ergm 软件包中实现，该软件包被包含在 R 语言中的网络分析 statnet 软件包套件中。它由美国华盛顿大学的网络科学家等开发和维护，其论文中提供了更多关于 ERGM 的技术细节（Hunter 等，2008；Goodreau，2007）。如上所述，ERGM 的优势之一是能够处理各种预测变量。事实上，ERGM 的文档列出了 100 多种可能的类型，它们可以包含在 ERGM 模型规范中。一旦知道 ERGM 的预测器属于四大类之一（节点级预测器、二元预测器、关系预测器和局部结构预测器），就更容易驾驭。表 6－3 列出了这些

类别以及每种类型的一些最常用的 ERGM 项。

表 6-3　常见的 ERGM 项

预测器类型	项
Node	nodefactor
	nodecov
Dyad	nodemix
	nodematch
	absdiff
Relation	edgecov
Structure	gwdegree
	gwdsp
	gwesp

第一种类型的预测器是节点（Node）的特征，其中假设具有特定特征的节点会影响观察边的可能性。例如，如果假设在中学女生比男生更有可能交朋友，那么可以使用参与者性别作为节点预测器。

第二种类型为，当假设二元组中两个参与者的特征可能会影响观察到这两个参与者之间关系的概率时，将使用二元预测器（Dyad）。这种类型的预测器允许测试网络中分类或不分类混合的假设，从而导致同质或异质的模式。例如，如果认为友谊更有可能在中学的同一年级内形成（分类混合），那么可以使用年级作为二元级预测指标。

第三种预测器（Relation）是在预测网络中观察到的边时，使用有关其他关系或联系的信息的强大选项。也就是说，可以使用一种类型的网络关系来预测第二种类型的关系（只要它们都收集在同一组网络成员上）。

第四种预测器是 Structure，它把观察到的网络的局部结构特性的信息用作模型方差。例如，允许网络模型以观察到的度分布或观察到的传递性水平（闭合三角形）为条件。

在以下示例中，将构建一系列 ERGM，它们使用这四种类型的 ERGM 项中的每一种预测器。

6.10.1　建立指数随机图模型

为了探索 ERGM 软件包的一些随机建模能力，这里使用描述 2010 年美国印第安纳州烟草控制计划中 25 个机构之间的组织间关系的网络数据。这些数据包括三种不同类型的组织间联系：联系频率、合作水平，以及每对机构是否就美国疾病控制和预防中心（Center's of Disease Control and Prevention，CDC）发布的特定循证指南相互沟通。其被称为烟草控制最佳实践，被概念化为一种传播关系。

以下示例模型将侧重于预测印第安纳州烟草控制组织之间这些传播联系的模式。数据以 TCnetworks 的网络列表对象包含在 UserNetR 软件包中。网络数据包括节点特征（例如 tob_yrs，它记录了一个机构在烟草控制方面工作了多长时间）、边特征，以及一个社会矩阵（TCdist）。其中包含每对机构之间的地理距离。在建模之前，需要从列表对象中提取网络数据，并且可以进行任何初步的描述和可视化任务。

```
'''{r}
library(UserNetR)
library(ergm)
data(TCnetworks)
TCcnt <- TCnetworks $ TCcnt
TCcoll <- TCnetworks $ TCcoll
TCdiss <- TCnetworks $ TCdiss
TCdist <- TCnetworks $ TCdist
summary(TCdiss,print. adj = FALSE)
'''
```

```
Network attributes:
  vertices = 25
  directed = FALSE
  hyper = FALSE
  loops = FALSE
  multiple = FALSE
  bipartite = FALSE
  title = IN_Diffusion
 total edges = 103
   missing edges = 0
   non-missing edges = 103
 density = 0.3433333

Vertex attributes:

 agency_cat:
   numeric valued attribute
   attribute summary:
   Min. 1st Qu.  Median    Mean 3rd Qu.    Max.
   1.00    2.00    2.00    3.24    5.00    6.00

 agency_lvl:
   numeric valued attribute
   attribute summary:
   Min. 1st Qu.  Median    Mean 3rd Qu.    Max.
   1.00    1.00    2.00    2.04    3.00    3.00

 lead_agency:
   numeric valued attribute
   attribute summary:
   Min. 1st Qu.  Median    Mean 3rd Qu.    Max.
   0.00    0.00    0.00    0.04    0.00    1.00

 tob_yrs:
   numeric valued attribute
   attribute summary:
   Min. 1st Qu.  Median    Mean 3rd Qu.    Max.
   1.00    3.00    4.50    6.76    9.00   21.00
  vertex.names:
   character valued attribute
   25 valid vertex names

No edge attributes
```

它由三种类型的组织（地方、州和国家）组成，由一个连接相当密集的连接子图组成，密度为0.343，并且网络成员的中心性存在一定的可变性（中介中心性分数以及基于度的节点大小）（见图6－62）。

```
'''{r}
components(TCdiss)
gden(TCdiss)
centralization(TCdiss,betweenness,mode='graph')
deg <- sna::degree(TCdiss,gmode='graph')
lvl <- TCdiss %v% 'agency_lvl'
plot(TCdiss,usearrows=FALSE,displaylabels=TRUE, vertex.cex=log(deg), vertex.col=lvl+1,
label.pos=3,label.cex=.7, edge.lwd=0.5,edge.col="grey75")
legend("bottomleft",legend=c("Local","State",
"National"),
col=2:4,pch=19,pt.cex=1.5)
'''
[1] 1
[1] 0.3433333
[1] 0.3810419
```

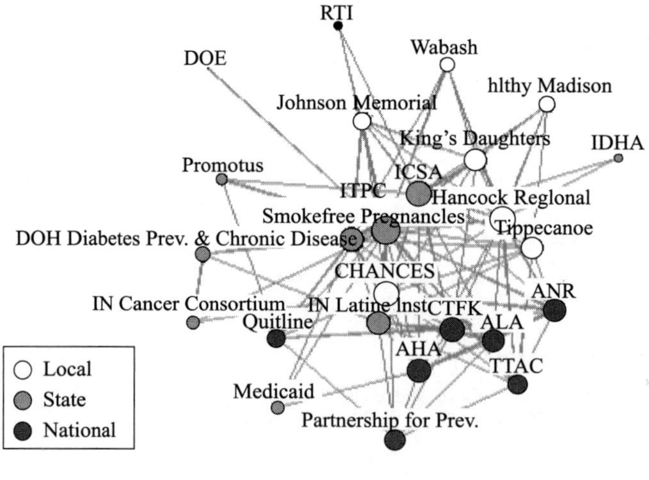

图6－62　TCdist 网络

6.10.1.1　建立一个空模型

通过构建一个没有实质性或结构性预测变量的空模型开始建模通常很有用，这可以作为基准模型来判断后续模型改进了多少。一个空模型通常只有边，它产生一个随机图模型，其边数与观察到的网络相同。拟合 ERGM 模型使用类似于 R 语言中其他统计建模函数的语法。调用 ergm 函数，该函数将观察到的网络列为因变量，然后在右侧列出所有 ERGM 模型项。其他选项也可以由用户设置。control 选项用于将控制参数传递给 ergm 算法。在这里，设置随机数种子以确保在多次运行中看到相同的结果。拟合模型的结果存储在模型对象中以供进一步检查和分析。

```
'''{r}
library(ergm)
DSmod0 <- ergm(TCdiss ~ edges, control = control.ergm(seed = 40))
class(DSmod0)
summary(DSmod0)
plogis(coef(DSmod0))
'''
```

```
Starting maximum pseudolikelihood estimation (MPLE):
Evaluating the predictor and response matrix.
Maximizing the pseudolikelihood.
Finished MPLE.
Stopping at the initial estimate.
Evaluating log-likelihood at the estimate.
[1] "ergm"
Call:
ergm(formula = TCdiss ~ edges, control = control.ergm(seed = 40))

Maximum Likelihood Results:

      Estimate Std. Error MCMC % z value Pr(>|z|)
edges  -0.6485     0.1216      0  -5.333   <1e-04 ***
---
Signif. codes:  0 '***' 0.001 '**' 0.01 '*' 0.05 '.' 0.1 ' ' 1

     Null Deviance: 415.9  on 300  degrees of freedom
 Residual Deviance: 385.9  on 299  degrees of freedom

AIC: 387.9  BIC: 391.6  (Smaller is better. MC Std. Err. = 0)
    edges
0.3433333
```

空模型仅包括边项，作为模型的开始（intercept），并确保模拟网络与观察到的网络具有相同数量的边，这可以通过对边参数进行逻辑变换看出，它给出了网络的整体密度，这表明空模型受到观察网络中边数的限制。

6.10.1.2 加入节点属性

一旦获得空模型，就可以使用各种预测变量拟合更有趣的模型。按照表 6-3 建议的顺序，从基于单个节点特征的主效应项开始。在美国印第安纳州网络中，知道哪个机构是牵头机构（从 CDC 获得资金），也知道每个机构在烟草控制方面工作了多长时间。假设机构更有可能与牵头机构建立联系可能是合理的。具有较长烟草控制经验的机构更有可能与其他机构建立联系，这也是有道理的。下面的散点图确实表明经验和组织间联系之间可能存在关系（见图 6-63）。

```
'''{r}
scatter.smooth(TCdiss %v% 'tob_yrs', sna::degree(TCdiss,gmode = 'graph'), xlab = 'Years of To-
```

bacco Experience', ylab = 'Degree')

'''

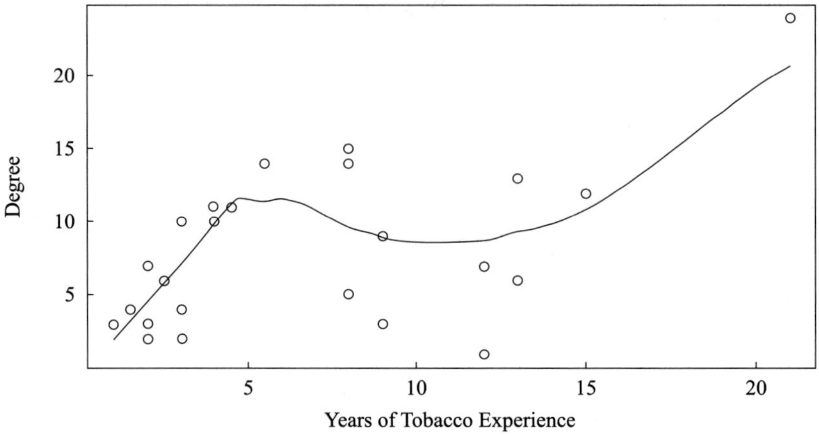

图 6-63　年限与节点度的基本关联

上述两个假设都可以正式检验。有两个主要的 ERGM 模型项用于测试节点特征主效应：nodefactor 和 nodecov。nodefactor 用于分类属性（例如领导机构），而 nodecov 用于定量特征（例如 tob yrs）。

'''{r}

DSmod1 <- ergm(TCdiss ~ edges + nodefactor('lead_agency') + nodecov('tob_yrs'), control = control. ergm(seed = 40))

summary(DSmod1)

'''

```
Starting maximum pseudolikelihood estimation (MPLE):
Evaluating the predictor and response matrix.
Warning in mple.existence(pl) : The MPLE does not exist!
Maximizing the pseudolikelihood.
Finished MPLE.
Stopping at the initial estimate.
Evaluating log-likelihood at the estimate.
Call:
ergm(formula = TCdiss ~ edges + nodefactor("lead_agency") + nodecov("tob_yrs"),
    control = control.ergm(seed = 40))

Maximum Likelihood Results:

                          Estimate Std. Error MCMC % z value Pr(>|z|)
edges                     -1.67835    0.32931      0  -5.097  < 1e-04 ***
nodefactor.lead_agency.1 17.93665  933.55514      0   0.019  0.98467
nodecov.tob_yrs            0.05994    0.02283      0   2.625  0.00867 **
---
Signif. codes:  0 ‘***’ 0.001 ‘**’ 0.01 ‘*’ 0.05 ‘.’ 0.1 ‘ ’ 1

     Null Deviance: 415.9  on 300  degrees of freedom
 Residual Deviance: 323.5  on 297  degrees of freedom

AIC: 329.5  BIC: 340.6  (Smaller is better. MC Std. Err. = 0)
```

结果显示了许多有趣的地方。首先，烟草控制的年数与观察到两个机构之间存在联系的可能性呈显著正相关（这里的联系反映了两个组织之间的传播联系）。其次，作为牵头机构的影响参数虽然很大，但不显著。这似乎是由于估计的精度低。在25个成员的小型网络中只有一个牵头机构，可能没有能力检测到这种影响。最后，这个具有两个预测变量的模型的AIC（Akaike信息标准）低于空模型的AIC。这表明该模型在解释数据方面比基线模型做得更好。与逻辑回归分析类似，可以使用拟合参数估计来估计观察某些类型关系的概率。这需要使用逻辑变换来获得可以正确解释为概率的数字。例如，基于模型1（DSmod1），以下代码计算两个机构之间存在传播联系的概率，一个具有5年的烟草控制经验，另一个具有10年的经验，两者都不是牵头机构。

```
'''{r}
p_edg <- coef(DSmod1)[1]
p_yrs <- coef(DSmod1)[3]
plogis(p_edg + 5 * p_yrs + 10 * p_yrs)
'''
```

```
    edges
 0.314471
```

结果为0.31，仅略小于传播网络的整体密度（观察到边的总体概率）。

6.10.1.3　包括二元预测器

网络结构假设的丰富来源来自同质性和异质性问题。也就是说，网络之间的联系或多或少是在某些特征上彼此相似（同质性）或不同（异质性）的成员。这是一种二元交互预测器，ERGM包括许多这样的项。可以使用mixmatrix（）函数显示网络中相同和不同类型参与者之间观察到的边的原始频率。例如，在这里，看到在地方和州级机构之间观察到最常见的传播联系（24条边）。解释这些原始频率模式可能有些复杂；然而，它们可以产生在ERGM中正式测试二元相互关系的假设。

```
'''{r}
mixingmatrix(TCdiss,'agency_lvl')
mixingmatrix(TCdiss,'agency_cat')
'''
```

```
   1  2  3
1 13 24 14
2 24 16 23
3 14 23 13
Note:  Marginal totals can be misleading for undirected mixing matrices.
   1  2  3  4  5  6
1  0 12  3  2  3  4
2 12 19 18  6  1 14
3  3 18  0  4  3  2
4  2  6  4  1  1  6
5  3  1  3  1  0  0
6  4 14  2  6  0  4
Note:  Marginal totals can be misleading for undirected mixing matrices.
```

在以下模型中，不显著的领先机构预测变量被删除。估计了模型 2（DSmod2）的三个版本，显示了将代理级别的二元比较作为预测变量的不同选项。

'''{r}

DSmod2a <- ergm(TCdiss ~ edges + nodecov('tob_yrs') + nodematch('agency_lvl'), control = control. ergm(seed = 40))

summary(DSmod2a)

'''

```
Starting maximum pseudolikelihood estimation (MPLE):
Evaluating the predictor and response matrix.
Maximizing the pseudolikelihood.
Finished MPLE.
Stopping at the initial estimate.
Evaluating log-likelihood at the estimate.
Call:
ergm(formula = TCdiss ~ edges + nodecov("tob_yrs") + nodematch("agency_lvl"),
    control = control.ergm(seed = 40))

Maximum Likelihood Results:

                     Estimate Std. Error MCMC % z value Pr(>|z|)
edges                -2.48077    0.34131      0  -7.268   <1e-04 ***
nodecov.tob_yrs       0.11331    0.02006      0   5.648   <1e-04 ***
nodematch.agency_lvl  0.68751    0.27698      0   2.482   0.0131 *
---
Signif. codes:  0 '***' 0.001 '**' 0.01 '*' 0.05 '.' 0.1 ' ' 1

     Null Deviance: 415.9  on 300  degrees of freedom
 Residual Deviance: 342.2  on 297  degrees of freedom

AIC: 348.2  BIC: 359.4  (Smaller is better. MC Std. Err. = 0)
```

模型 2a（DSmod2a）使用基本节点匹配项（nodematch）以便包括一个网络预测器，用于评估当两个组织处于同一级别时（例如两者都是本地组织）对传播联系可能性的影响。这是一个同质性假设，测试相同类型的组织是否更有可能相互交流。正相关且显著表明这里存在同质效应。

'''{r}

DSmod2b <- ergm(TCdiss ~ edges + nodecov('tob_yrs') + nodematch('agency_lvl', diff = TRUE), control = control. ergm(seed = 40))

summary(DSmod2b)

'''

```
Starting maximum pseudolikelihood estimation (MPLE):
Evaluating the predictor and response matrix.
Maximizing the pseudolikelihood.
Finished MPLE.
Stopping at the initial estimate.
Evaluating log-likelihood at the estimate.
Call:
ergm(formula = TCdiss ~ edges + nodecov("tob_yrs") + nodematch("agency_lvl",
    diff = TRUE), control = control.ergm(seed = 40))

Maximum Likelihood Results:

                      Estimate Std. Error MCMC % z value Pr(>|z|)
edges                 -2.77924    0.36851      0  -7.542  < 1e-04 ***
nodecov.tob_yrs        0.13314    0.02174      0   6.123  < 1e-04 ***
```

```
nodematch.agency_lvl.1  1.61450    0.49835      0   3.240  0.00120 **
nodematch.agency_lvl.2 -0.21484    0.39735      0  -0.541  0.58873
nodematch.agency_lvl.3  1.30157    0.44220      0   2.943  0.00325 **
---
Signif. codes:  0 '***' 0.001 '**' 0.01 '*' 0.05 '.' 0.1 ' ' 1

     Null Deviance: 415.9  on 300  degrees of freedom
 Residual Deviance: 329.9  on 295  degrees of freedom

AIC: 339.9  BIC: 358.4  (Smaller is better. MC Std. Err. = 0)
```

模型2b（DSmod2b）展示了如何检验区分同质性假设。这里不是一个二元项，而是三个代理层次特征。因此，该模型现在具有三个同质项，一个用于地方机构，一个用于州，一个用于国家。结果表明，整体同质性效应主要体现在地方和国家层面。

'''{r}

DSmod2c <- ergm(TCdiss ~ edges + nodecov('tob_yrs') + nodemix('agency_lvl',base = 1), control = control. ergm(seed = 40))

summary(DSmod2c)

'''

```
In term 'nodemix' in package 'ergm': Argument 'base' has been superseded by 'levels2', and it is
recommended to use the latter.  Note that its interpretation may be different.
Starting maximum pseudolikelihood estimation (MPLE):
Evaluating the predictor and response matrix.
Maximizing the pseudolikelihood.
Finished MPLE.
Stopping at the initial estimate.
Evaluating log-likelihood at the estimate.
Call:
ergm(formula = TCdiss ~ edges + nodecov("tob_yrs") + nodemix("agency_lvl",
    base = 1), control = control.ergm(seed = 40))

Maximum Likelihood Results:

                      Estimate Std. Error MCMC % z value Pr(>|z|)
edges                 -1.17567    0.53718      0  -2.189  0.02862 *
nodecov.tob_yrs        0.13405    0.02225      0   6.026  < 1e-04 ***
mix.agency_lvl.1.2    -1.58049    0.55005      0  -2.873  0.00406 **
mix.agency_lvl.2.2    -1.83543    0.60280      0  -3.045  0.00233 **
mix.agency_lvl.1.3    -1.53626    0.56587      0  -2.715  0.00663 **
mix.agency_lvl.2.3    -1.70730    0.54454      0  -3.135  0.00172 **
mix.agency_lvl.3.3    -0.31105    0.61186      0  -0.508  0.61119
---
Signif. codes:  0 '***' 0.001 '**' 0.01 '*' 0.05 '.' 0.1 ' ' 1

     Null Deviance: 415.9  on 300  degrees of freedom
 Residual Deviance: 329.7  on 293  degrees of freedom

AIC: 343.7  BIC: 369.6  (Smaller is better. MC Std. Err. = 0)
```

最后，模型2c（DSmod2c）展示了如何包含最详细的同质性和异质性测试。nodemix项包括分类节点属性的所有可能模式的二元项比较。base选项为效应设置参考类别，否则包括所有可能的效应（这可能导致模型稳定性问题）。这里的参考类别是（1，1），表示地方级机构之间的联系。需要注意的是，对于较小的网络和具有大量值的分类属性，混合矩阵可能有空单元格（以及使用更多的自由度）。这些可能会导致模型估计和解释出现问题。

6.10.1.4 包括关系项（网络预测变量）

可以包含在ERGM中的第三种预测变量是关系预测变量，其中有关网络成员之间联系的信息用于预测因变量联系的可能性。这意味着任何其他网络变量都可以用作预测变量，或者参与者之间的任何其他类型的关系信息。在此示例中，使用传统的网络预测器和关系定量变量作为预测器。首先是联系网络变量，它衡量了美国印第安纳州烟草控制机构之间的联系频率（1 = 每年；2 = 每季度；3 = 每月；4 = 每周；5 = 每天）。其次，计算每对代理之间的物理距离（以英里为单位）并将其存储在 statnet 网络对象中。对于这些预测变量中的每一个，假设是显著相关。希望彼此联系更频繁的机构更有可能分享有关最佳实践指南的信息。最后，预计两个机构距离越远，它们相互传播信息的可能性就越小。为了在 ERGM 中包含关系定量预测变量，可以使用 edgecov 项。因为这些预测器采用值网络的形式，所以 attr 选项指向包含适当定量信息的边属性，查看每个预测变量的关系信息子集，然后拟合 ERGM。

```
'''{r}
as.sociomatrix(TCdist,attrname = 'distance')[1:5,1:5]
as.sociomatrix(TCcnt,attrname = 'contact')[1:5,1:5]
DSmod3 <- ergm(TCdiss ~ edges + nodecov('tob_yrs') + nodematch('agency_lvl',diff = TRUE) +
edgecov(TCdist,attr = 'distance') + edgecov(TCcnt,attr = 'contact'), control = control.ergm(seed = 40))
summary(DSmod3)
'''
```

```
          1        2        3        4        5
1     0.000    1.935  491.868 1869.877    1.275
2     1.935    0.000  491.968 1868.980    1.914
3   491.868  491.968    0.000 2324.930  493.085
4  1869.877 1868.980 2324.930    0.000 1868.612
5     1.275    1.914  493.085 1868.612    0.000
         ITPC Promotus RTI Quitline IDHA
ITPC        0        5   4        4    3
Promotus    5        0   3        4    0
RTI         4        3   0        2    0
Quitline    4        4   2        0    0
IDHA        3        0   0        0    0
Starting maximum pseudolikelihood estimation (MPLE):
Evaluating the predictor and response matrix.
Maximizing the pseudolikelihood.
Finished MPLE.
Stopping at the initial estimate.
Evaluating log-likelihood at the estimate.
Call:
ergm(formula = TCdiss ~ edges + nodecov("tob_yrs") + nodematch("agency_lvl",
    diff = TRUE) + edgecov(TCdist, attr = "distance") + edgecov(TCcnt,
    attr = "contact"), control = control.ergm(seed = 40))

Maximum Likelihood Results:

                        Estimate Std. Error MCMC % z value Pr(>|z|)
edges                 -4.8506191  0.6296655      0  -7.703  < 1e-04 ***
nodecov.tob_yrs        0.1287501  0.0282702      0   4.554  < 1e-04 ***
nodematch.agency_lvl.1 1.7951025  0.6256978      0   2.869  0.00412 **
nodematch.agency_lvl.2 -0.6460148 0.5081639      0  -1.271  0.20363
nodematch.agency_lvl.3 1.7218505  0.5468704      0   3.149  0.00164 **
edgecov.distance      -0.0001840  0.0002533      0  -0.726  0.46776
edgecov.contact        1.1242535  0.1469568      0   7.650  < 1e-04 ***
---
Signif. codes:  0 '***' 0.001 '**' 0.01 '*' 0.05 '.' 0.1 ' ' 1

     Null Deviance: 415.9  on 300  degrees of freedom
 Residual Deviance: 237.0  on 293  degrees of freedom

AIC: 251  BIC: 276.9  (Smaller is better. MC Std. Err. = 0)
```

结果表明，正如假设的那样，接触频率与传播呈正相关。另外，机构之间的物理距离似乎与传播无关。

6.10.1.5 包括局部结构预测器（二元依赖）

可以包含在 ERGM 中的最终类型的预测器是有关局部结构特性的信息。需要注意的是，想要对整个网络的外观和运行方式进行建模，通过包含一些关于局部结构趋势的信息（例如有向关系的互惠趋势），通常可以生成更适合观察到的经验网络的模型。这些类型的预测器导致了所谓的二元依赖模型，这些模型带来了更多的计算和统计挑战（Harris，2013）。从应用分析的角度来看，当使用这些类型的预测器时，预期执行时间可能会急剧增加，并且更有可能遇到模型退化和收敛失败的问题。近年来，已经发现和开发了新型局部结构预测器项，它们至少部分避免了模型稳定性和收敛问题（Snijders，Pattison 和 Handcock，2006）。这些项中最常用的是几何加权度数分布（GWDegree）、几何加权边共享伙伴关系（GWESP）和几何加权二元共享伙伴关系（GWDSP）。对于这里的示例，包括 GWESP，它测量了局部聚类（或传递性）对观察到的传播关系的可能影响。模型结果确实表明印第安纳网络中存在传递性，并且与传播呈正相关。

```
'''{r}
DSmod4 <- ergm(TCdiss ~ edges + nodecov('tob_yrs') + nodematch('agency_lvl',diff = TRUE) + edgecov(TCdist,attr = 'distance') + edgecov(TCcnt,attr = "contact") + gwesp(0.7, fixed = TRUE), control = control.ergm(seed = 40))
summary(DSmod4)
'''
```

```
Monte Carlo Maximum Likelihood Results:

                         Estimate Std. Error MCMC % z value Pr(>|z|)
edges                  -6.2801346  0.9739181      0  -6.448  < 1e-04 ***
nodecov.tob_yrs         0.0978719  0.0296125      0   3.305 0.000949 ***
nodematch.agency_lvl.1  1.5785878  0.6136726      0   2.572 0.010101 *
nodematch.agency_lvl.2 -0.3185572  0.4690180      0  -0.679 0.497011
nodematch.agency_lvl.3  1.5166177  0.5334303      0   2.843 0.004467 **
edgecov.distance       -0.0001655  0.0002262      0  -0.732 0.464366
edgecov.contact         1.0396729  0.1483636      0   7.008  < 1e-04 ***
gwesp.fixed.0.7         0.8671856  0.3807966      0   2.277 0.022769 *
---
Signif. codes:  0 '***' 0.001 '**' 0.01 '*' 0.05 '.' 0.1 ' ' 1

     Null Deviance: 415.9  on 300  degrees of freedom
 Residual Deviance: 230.9  on 292  degrees of freedom

AIC: 246.9  BIC: 276.5  (Smaller is better. MC Std. Err. = 0.2561)
```

6.10.2 检查指数随机图模型

拟合的 ERGM 对象包含大量关于参数估计、模拟网络和模型拟合的信息。最重要的信息包含在模型摘要（summary）输出中。需要特别注意的是有关收敛问题的任何消息，因为它们通常表明应该解决的估计问题。参数估计本身及其标准误差可以与逻辑回归参数类似地解释。*p* 值和参数估计值与其标准误差的比率相关联，该比率作为 Wald 检验统计量分布。尽管未在模型摘要（summary）输出中显示，但可以对各个参数估计值求幂以产生优势比。AIC 和 BIC 与整体模型拟合相关，其中较低的数字表示模型更适合观察到的网络。AIC 和 BIC 随着逐渐向传播模型添加预测变量，值变得越来越小。这表明，正在为 ERGM 添加有用的预测器。与任何类型的多元统计模型一样，通常很难通过检查单个参数估计来理解模型。因此，使用拟合模型生成可以绘制或检查的预测集通常很有帮助，以了解模型如何在不同的配置文件或预测变量值范围内工作。

```
'''{r}
prd_prob1 <- plogis(-6.31 + 2*1*.099 + 1.52 + 4*1.042 +.858*(.50^4))
prd_prob1

prd_prob2 <- plogis(-6.31 + 2*5*.099 + 1*1.042 +.858*(.50^4))
prd_prob2
'''
```

```
[1]0.4084504
[1]0.0144234
```

根据最终模型，预测在两个机构之间观察到传播联系的可能性，它们都在烟草控制方面工作了 1 年，都属于国家级机构，彼此之间每周都有联系，并且网络具有平均水平的传递性。该模型忽略了距离的影响，因为参数值很小并且缺乏意义。对于该预测器配置文件，观察到传播关系的概率为 41%（0.408）。相比之下，对于两个从事烟草控制工作 5 年、处于不同级别（例如地方和国家）且仅每年接触一次的机构，估计概率仅为 1.4%（0.014）。

6.10.2.1　模型拟合

ERGM 软件包包括许多可用于检查网络模型与数据的拟合度的工具。首先要确保收敛没有重大问题，并且参数值、标准误差和 *p* 值有意义。AIC 也很有用，尤其是检查 AIC 和 BIC 如何随着更多预测变量添加到模型中而减少。MCMC 算法的模拟也为判断模型拟合提供了有用的信息。以下示例将基于最终模型的模拟网络的选定网络特性与观察到的美国印第安纳州烟草控制网络的相同网络特性进行比较。具体来说，下面将检查路径距离、边共享伙伴的分布、度分布和它们的组合（不同组合模式的频率）。

```{r}
DSmod.fit <- gof(DSmod4, GOF = ~distance + espartners + degree + triadcensus, burnin = 1e+5, interval = 1e+5)
summary(DSmod.fit)
```

```
                      Length Class   Mode
network.size             1   -none-  numeric
GOF                      2   formula call
pval.model              40   -none-  numeric
summary.model           40   -none-  numeric
pobs.model               8   -none-  numeric
psim.model             800   -none-  numeric
bds.model               16   -none-  numeric
obs.model                8   -none-  numeric
sim.model              800   -none-  numeric
pval.dist              125   -none-  numeric
summary.dist           125   -none-  numeric
pobs.dist               25   -none-  numeric
psim.dist             2500   -none-  numeric
bds.dist                50   -none-  numeric
obs.dist                25   -none-  numeric
sim.dist              2500   -none-  numeric
pval.deg               125   -none-  numeric
summary.deg            125   -none-  numeric
pobs.deg                25   -none-  numeric
psim.deg              2500   -none-  numeric
bds.deg                 50   -none-  numeric
obs.deg                 25   -none-  numeric
sim.deg               2500   -none-  numeric
pval.espart            120   -none-  numeric
summary.espart         120   -none-  numeric
pobs.espart             24   -none-  numeric
psim.espart           2400   -none-  numeric
bds.espart              48   -none-  numeric
obs.espart              24   -none-  numeric
sim.espart            2400   -none-  numeric
pval.triadcensus        20   -none-  numeric
summary.triadcensus     20   -none-  numeric
pobs.triadcensus         4   -none-  numeric
psim.triadcensus       400   -none-  numeric
bds.triadcensus          8   -none-  numeric
obs.triadcensus          4   -none-  numeric
sim.triadcensus        400   -none-  numeric
```

拟合优度对象存储这些比较的结果。如果模型在描述观察到的网络方面做得足够好，那么我们希望看到模拟网络看起来像观察到的网络。对于所选网络统计数据的每个可能值，观察值的频率与 100 个（默认情况下）随机模拟网络的最小值、平均值和最大值一起输出，同时还输出了蒙特卡罗经验 p 值，这些是统计的模拟值的比例，这些值至少与观察值一样极端。因此，小的 p 值（传统上 <0.05）表示模型无法生成特性网络的情况特征（不合适）。对 DSmod.fit 的检查表明，具有 7 个预测变量的相对简单的模型在捕获 TCdiss 中的结构模式方面做得相当好。在 50 个网络统计数据中，只有 4 个显示不合适。除了检查实际的拟合优度对象外，ERGM 软件包还可以轻松地生成拟合优度的信息图。结果图为 4 个网络统计数据中的每一个生成一个面板。每个面板

包括箱线图和95%经验置信区间（浅灰色线），显示模拟网络中的单个网络统计信息。粗黑线表示观察到的网络的相同统计值。因此，一个良好拟合的模型将使黑线位于置信范围带内。在图6-64中，可以看到最终模型总体上做得很好，但也可以看到模型往往会产生低估路径距离为2的对数，而高估路径距离为3的对数的网络。

```
'''{r}
op <- par(mfrow = c(2,2),mar = c(4,0,3,0))
plot(DSmod. fit,cex. axis = 1,cex. label = 1)
par(op)
'''
```

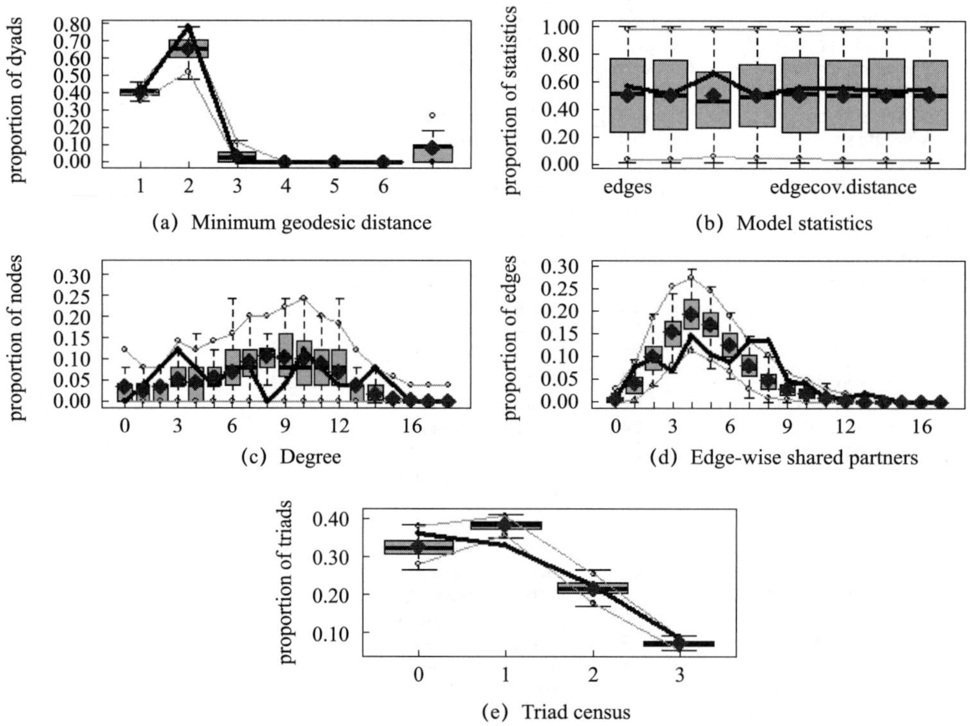

图6-64　烟草控制模型的拟合

6.10.2.2　模型诊断

可以通过调用 mcmc. diagnostics（）函数来生成有关模型估计得更详细的诊断信息。这对于了解 MCMC 算法估计过程是如何“在后台”运行非常有用，如果遇到收敛问题，这一点尤其重要。诊断报告包括模型中所有方差的详细统计信息，以及报告模型随时间变化的行为信息。生成的图显示了 MCMC 链随时间的变化，以及生成的直方图。两种类型的图都应显示以0为中心的估计值（由于其长度，此处仅显示诊断图，见图6-65）。

'''

library(statnet)

summary(DSmod4)

mcmc.diagnostics(DSmod4)

'''

```
Monte Carlo Maximum Likelihood Results:

                          Estimate Std. Error MCMC % z value Pr(>|z|)
edges                   -6.2801346  0.9739181      0  -6.448  < 1e-04 ***
nodecov.tob_yrs          0.0978719  0.0296125      0   3.305 0.000949 ***
nodematch.agency_lvl.1   1.5785878  0.6136726      0   2.572 0.010101 *
nodematch.agency_lvl.2  -0.3185572  0.4690180      0  -0.679 0.497011
nodematch.agency_lvl.3   1.5166177  0.5334303      0   2.843 0.004467 **
edgecov.distance        -0.0001655  0.0002262      0  -0.732 0.464366
edgecov.contact          1.0396729  0.1483636      0   7.008  < 1e-04 ***
gwesp.fixed.0.7          0.8671856  0.3807966      0   2.277 0.022769 *
---
Signif. codes:  0 '***' 0.001 '**' 0.01 '*' 0.05 '.' 0.1 ' ' 1

     Null Deviance: 415.9  on 300  degrees of freedom
 Residual Deviance: 230.9  on 292  degrees of freedom

AIC: 246.9  BIC: 276.5  (Smaller is better. MC Std. Err. = 0.2561)
Sample statistics summary:

Iterations = 11008:216576
Thinning interval = 256
Number of chains = 1
Sample size per chain = 804

1. Empirical mean and standard deviation for each variable,
   plus standard error of the mean:

                           Mean       SD  Naive SE Time-series SE
edges                   -0.9627    6.233   0.21982         0.3296
nodecov.tob_yrs        -12.7954   96.998   3.42084         5.1155
nodematch.agency_lvl.1  -0.1791    1.819   0.06414         0.1055
nodematch.agency_lvl.2   0.2065    2.642   0.09316         0.1665
nodematch.agency_lvl.3  -0.2189    2.325   0.08198         0.1385
edgecov.distance      -464.7490 5565.835 196.29185       284.3583
edgecov.contact         -1.5311   15.848   0.55891         0.8983
gwesp.fixed.0.7         -2.1480   14.213   0.50127         0.7291

2. Quantiles for each variable:

                           2.5%      25%      50%      75%    97.5%
edges                    -13.92    -5.00   -1.000    3.000    11.00
nodecov.tob_yrs         -207.96   -80.00   -9.750   57.625   161.46
nodematch.agency_lvl.1    -4.00    -1.00    0.000    1.000     3.00
nodematch.agency_lvl.2    -5.00    -2.00    0.000    2.000     5.00
nodematch.agency_lvl.3    -5.00    -2.00    0.000    1.000     4.00
edgecov.distance      -11070.89 -4205.60 -667.671 2944.006 10898.29
edgecov.contact          -33.92   -13.00   -1.000    9.000    29.00
gwesp.fixed.0.7          -30.97   -11.37   -1.611    7.792    25.25


Are sample statistics significantly different from observed?
                  edges nodecov.tob_yrs nodematch.agency_lvl.1 nodematch.agency_lvl.2
diff.      -0.962686567    -12.79539801            -0.17910448              0.2064677
test stat. -2.920582142     -2.50129992            -1.69766435              1.2402302
P-val.      0.003493781      0.01237383             0.08957113              0.2148903
           nodematch.agency_lvl.3 edgecov.distance edgecov.contact gwesp.fixed.0.7
Overall (Chi^2)
diff.                  -0.2189055     -464.7490423     -1.53109453    -2.147970602
NA
test stat.             -1.5805856       -1.6343783     -1.70452998    -2.946000842
22.907728842
P-val.                  0.1139728        0.1021794      0.08828212     0.003219115
0.005130945
```

```
Sample statistics cross-correlations:
                                   edges nodecov.tob_yrs nodematch.agency_lvl.1
nodematch.agency_lvl.2
edges                          1.0000000       0.9111639             0.26533682
0.45037427
nodecov.tob_yrs                0.9111639       1.0000000             0.19799707
0.50992094
nodematch.agency_lvl.1 0.2653368       0.1979971             1.00000000
0.01470461
nodematch.agency_lvl.2 0.4503743       0.5099209             0.01470461
1.00000000
nodematch.agency_lvl.3 0.3414265       0.1802213             0.07731125
-0.02021023
edgecov.distance               0.4938457       0.3825781             0.10264197
0.05861687

edgecov.contact                0.8836390       0.7691385             0.12886275
0.43344153
gwesp.fixed.0.7                0.9802993       0.9030041             0.29168149
0.40440624
                         nodematch.agency_lvl.3 edgecov.distance edgecov.contact
gwesp.fixed.0.7
edges                                0.34142647       0.49384569       0.8836390
0.9802993
nodecov.tob_yrs                      0.18022132       0.38257811       0.7691385
0.9030041
nodematch.agency_lvl.1               0.07731125       0.10264197       0.1288628
0.2916815
nodematch.agency_lvl.2              -0.02021023       0.05861687       0.4334415
0.4044062
nodematch.agency_lvl.3               1.00000000       0.47018482       0.2438057
0.3401089
edgecov.distance                     0.47018482       1.00000000       0.4289901
0.4817813
edgecov.contact                      0.24380567       0.42899010       1.0000000
0.8667005
gwesp.fixed.0.7                      0.34010887       0.48178133       0.8667005
1.0000000

Sample statistics auto-correlation:
Chain 1
               edges nodecov.tob_yrs nodematch.agency_lvl.1 nodematch.agency_lvl.2
Lag 0     1.00000000     1.000000000             1.00000000             1.00000000
Lag 256   0.38379861     0.381457609             0.45974428             0.52255778
Lag 512   0.16344287     0.159757968             0.19267558             0.29188454

Lag 768    0.07176819     0.062199985             0.12695432             0.14793931
Lag 1024   0.01064143     0.022900421             0.07536497             0.05278535
Lag 1280  -0.01309783     0.003339526             0.05413536             0.02894454
          nodematch.agency_lvl.3 edgecov.distance edgecov.contact gwesp.fixed.0.7
Lag 0                 1.00000000      1.000000000     1.000000000    1.0000000000
Lag 256               0.48054234      0.431675510     0.441299102    0.3575430137
Lag 512               0.21705613      0.224698225     0.211040665    0.1344453678
Lag 768               0.12010092      0.098343733     0.098671323    0.0548951985
Lag 1024              0.07423177     -0.001475029     0.024166566    0.0033977939
Lag 1280              0.05148600     -0.072025617     0.004926386    0.0008401705

Sample statistics burn-in diagnostic (Geweke):
Chain 1

Fraction in 1st window = 0.1
Fraction in 2nd window = 0.5

                 edges          nodecov.tob_yrs nodematch.agency_lvl.1
nodematch.agency_lvl.2
               0.80769                  1.44115                1.09741
0.67292
nodematch.agency_lvl.3         edgecov.distance        edgecov.contact
gwesp.fixed.0.7
               0.91063                  1.64416               -0.01411
0.79753
```



```
                 edges          nodecov.tob_yrs nodematch.agency_lvl.1
nodematch.agency_lvl.2
               0.80769                  1.44115                1.09741
0.67292
nodematch.agency_lvl.3         edgecov.distance        edgecov.contact
gwesp.fixed.0.7
               0.91063                  1.64416               -0.01411
0.79753
```

```
Individual P-values (lower = worse):
                 edges       nodecov.tob_yrs nodematch.agency_lvl.1
nodematch.agency_lvl.2
             0.4192707             0.1495409              0.2724636
0.5010008
nodematch.agency_lvl.3      edgecov.distance         edgecov.contact
gwesp.fixed.0.7
             0.3624906             0.1001434              0.9887446
0.4251420
Joint P-value (lower = worse):  0.7056328 .

MCMC diagnostics shown here are from the last round of simulation, prior to
computation of final parameter estimates. Because the final estimates are refinements
of those used for this simulation run, these diagnostics may understate model
performance. To directly assess the performance of the final model on in-model
statistics, please use the GOF command: gof(ergmFitobject, GOF=~model).
```

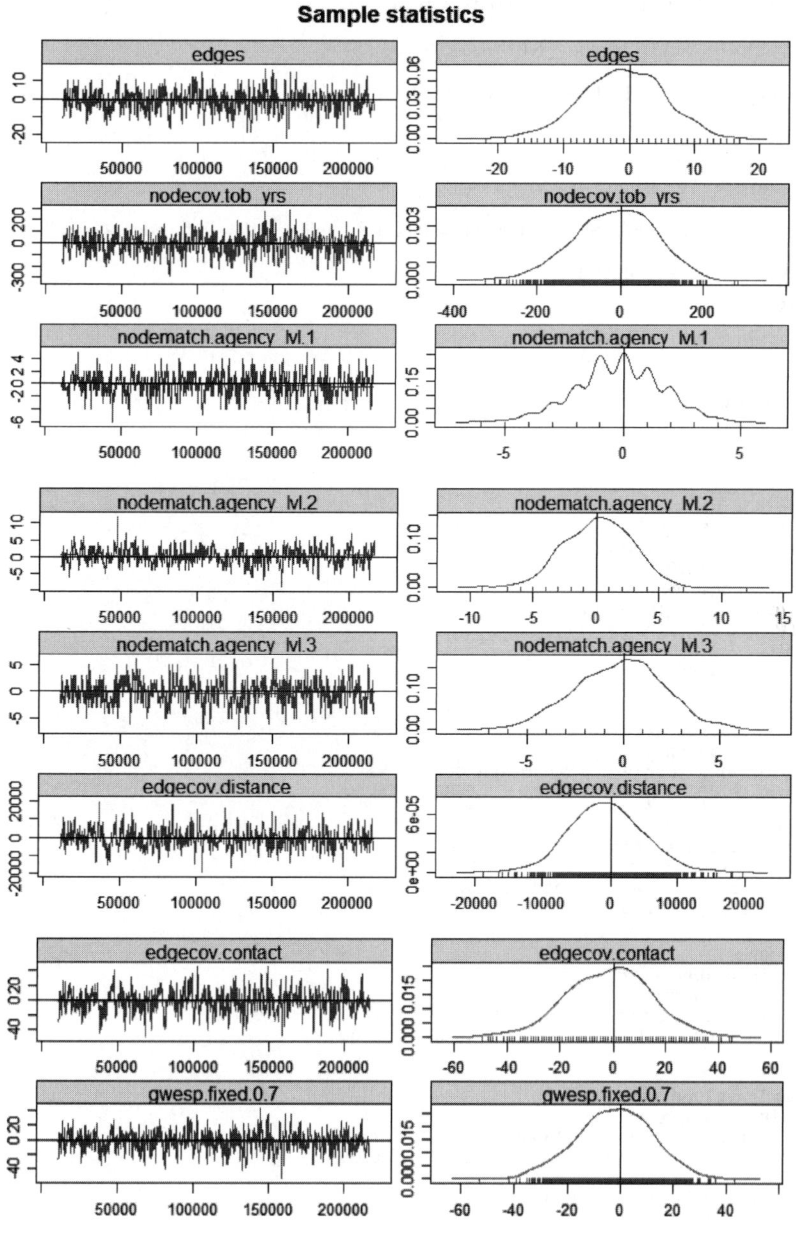

图 6－65　模型诊断运行结果

6.10.2.3 基于拟合模型的网络模型

拟合的 ERGM 可用于生成一个或多个模拟网络，然后可以像观察到的网络一样对其进行检查或分析。下面是基于最终模型的模拟网络与观察到的网络相比较的示例。请注意，模拟网络将具有与经验网络相同的节点属性（见图 6－66）。

```
'''{r}
sim4 <- simulate(DSmod4, nsim = 1, seed = 569)
summary(sim4,print.adj = FALSE)
op <- par(mfrow = c(1,2),mar = c(0,0,2,0))
lvlobs <- TCdiss %v% 'agency_lvl'
plot(TCdiss,usearrows = FALSE, vertex.col = lvl + 1, edge.lwd = 0.5,edge.col = "grey75", main
= "Observed TC network")
lvl4 <- sim4 %v% 'agency_lvl'
plot(sim4,usearrows = FALSE, vertex.col = lvl4 + 1, edge.lwd = 0.5,edge.col = "grey75", main
= "Simulated network - Model 4")
par(op)
'''
```

```
Network attributes:
  vertices = 25
  directed = FALSE
  hyper = FALSE
  loops = FALSE
  multiple = FALSE
  bipartite = FALSE
  title = IN_Diffusion
 total edges = 102
   missing edges = 0
   non-missing edges = 102
 density = 0.34

Vertex attributes:

 agency_cat:
   numeric valued attribute
   attribute summary:
   Min. 1st Qu.  Median    Mean 3rd Qu.    Max.
   1.00    2.00    2.00    3.24    5.00    6.00

 agency_lvl:
   numeric valued attribute
   attribute summary:
   Min. 1st Qu.  Median    Mean 3rd Qu.    Max.
   1.00    1.00    2.00    2.04    3.00    3.00

  lead_agency:
   numeric valued attribute
   attribute summary:
   Min. 1st Qu.  Median    Mean 3rd Qu.    Max.
   0.00    0.00    0.00    0.04    0.00    1.00

  tob_yrs:
   numeric valued attribute
   attribute summary:
   Min. 1st Qu.  Median    Mean 3rd Qu.    Max.
   1.00    3.00    4.50    6.76    9.00   21.00
  vertex.names:
   character valued attribute
   25 valid vertex names

 No edge attributes
```

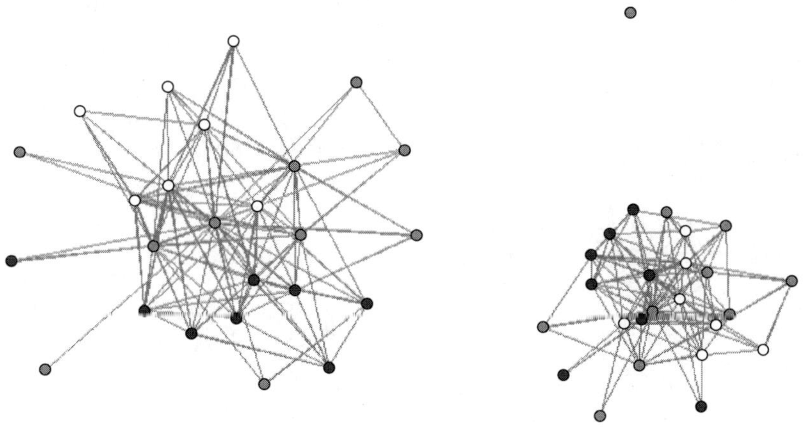

(a) Observed TC network　　(b) Simulated network – Model 4

图6－66　模拟网络与观察到的烟草控制网络的比较

结束语

网络视角对于理解社会网络很重要，因为它关注的是群体内部和群体之间的互动。例如，了解一场在线政治讨论，仅仅考察单个参与者是不够的，交互的总体模式也可能很重要。或者是一个中心人物与其他人互动，或者是两个对立的群体在它们内部互动或者反对其他群体。网络视角研究个体、组织如何作为一个整体互相发生作用而不是一个个孤立个体的集合。有时，只需画一张网络图就可以立即揭示网络之间的重要信息。换句话说，绘制一个网络图可以产生新的方式，并发现隐藏的信息。网络视角也可用于研究大型群体。最著名的是斯坦利·米尔格拉姆（Stanley Milgram）的六度社会科学网络实验，该实验声称随机选择的任何两个人都可能通过最多六个连接而彼此进行连接，这个连接链中的每个人都是在他们之前或之后认识的人。对于太大而无法绘制的网络，则需要找到网络作为一个整体的某些属性，或者找到网络中某些特殊个体的属性，这些方法对网络分析都非常有用。最有用的整个网络属性包括它是否分裂成多个互不连通的子网络。同样，网络中最重要的个体的属性包括拥有的边的数量。有时，网络中最重要的个体就是那些有最多边的节点。

网络在数学中已经被研究很长的时间（如图论），网络在社会科学中的研究起源于人类学家研究小型、自给自足的社区。为了研究信息如何到达一个孤立的小部落中的每个人，他们的交流网络必须是已知的。例如，如果有人画了一个网络描述谁和谁进行交谈，这个交流网络可能就是问题的答案。假设朋友总是把消息传给他们所有的朋友，如果有人被告知一些消息，大家是否都会知道这些消息？应该把消息告诉哪个人才能确保每个人都很快得到这些消息？是否需要单独联系某些人，否则他们就不能获得这些消息？社会科学中的这些问题都涉及网络分析的理论和方法。

网络计量分析技术通过生成特定的网络，并被应用于许多学术网络分析技术，这些技术有的来自数学领域（如图论），有的来自物理学领域（如复杂网络理论）或社会科学（如社会网络分析）。有些社会系统，当从个体层面进行分析时，无法正确解释或者理解，但是从个体之间的互相作用的网络研究，就能得到更好的理解。社会网络分析已经开发了一系列指标，用于评估社会网络的各个方面，其中一些指标以单个网络节点为中心，还有其他指标更多地基于整个网络的结构。例如，节点的中介中心性是指两个随机节点经过指节点产生随机路径的概率。如果某个节点的中介中心性高，则表明它具有重要的桥接功能——它可能没有太多连接，但它对于网络中的信息传播有重要影响。

网络计量学还有一些其他高级的内容，如网络问题分析（web issue analysis）。网络问题分析是一项跟踪问题在线传播的技术。例如，一项研究试图寻找所有网上提到的全球气候变暖的概念，以了解它是如何发展成为国际性的话题。网络问题分析技术从网络影响评估开始，但也包括一些额外的语言分析技术。因此，网络问题分析基于对问题的一个或多个 web 搜索，以及匹配的 URL 或网站数量，并进行内容分析以验证和帮助解释结果，以及 TLD 分析来展示该话题在国际上的传播。网络问题分析中的语言分析技术是识别在网页中频繁出现的单词。这有助于发现可能被内容分析遗漏的概念和术语。因为词频统计非常耗时，需要使用文本分析技术。此外，还需要一个对照组文本集合，且对该集合文本进行类似的分析，以便对两组结果进行比较，以识别那些较多出现在相关问题网页中的单词。然后生成两组单词和单词频率列表：一组用于问题提及页面，另一组用于对照。有两种方法可以产生单词及其词频列表：一种方法是通过识别特定问题列表中排名相对较高的单词或者使用统计方法识别特定问题列表中异常高频词；另一种方法是使用自然语言处理技术从匹配的 web 网页中提取名词和名词短语，找到出现次数最多的那些名词或者名词短语。

虚拟模因学（virtual memetics）是网络计量学研究的另一个高级内容。它是一组在线跟踪单个模因随时间演变的方法。模因（meme）是文化信息的单个传输单元。这些方法旨在跟踪笑话的国际在线传播和变形，这些方法也适用于在网络上传播的任何基于文本的信息。这些方法分析相关网页的样本，并使用特定日期的搜索来跟踪其随时间的推移而进行的演变。虚拟模因学研究分五个步骤。第一步是构造适当的搜索引擎查询，以找到包含模因的页面（例如笑话），通过合适的工具抽取相关网页的 URL 列表（例如 Webmetric Analyst）。第二步是下载 URL 列表中的网页，每个网站只下载一个网页，作为收集的随机样本数据。第三步是自动或手动分析样本。捕捉模因在模仿者中的重要变化，方法包括通过文本相似性进行聚类的自动化方法，也包括类似相似性聚类的人工聚类方法。最后，通过人工或者工具区分相对较小的模因变化和更实质的重要变化。第四步是通过识别关于它们最早出现在网上的证据来跟踪这些变化随时间的推移而发生的演变。有三种不同的方法可以用来识别模因或模因变化出现的时间：①谷歌博客搜索结果按日期排序，可以容易获得模因或者模因变化出现在博客帖子中的最早日期。例如谷歌博客搜索（blogsearch. Google. com）。②Google Groups 搜索（groups. google. com）可用于获取模因或者模因变化在谷歌中出现的最早时间。③在搜索引擎中指定特定日期的搜索（在某些搜索引擎的高级搜索部分或者在搜索结果中使用过滤选项）。也可以将这三种方法组合在一起，但是得到的日期可能是三个不同的日期。这种交叉检查不能保证日期正确，但是可以用来产生时间近似值的合理方法。最终结果将产生一个重要模因变化的时间线。第五步是可选的步骤，是识别和跟踪模因和模因变化的翻译。比较模因在其原始语言中的变化以及翻译后的变化，可能揭示关键的国际相似性或变化。

可以看出，本书中提到的很多网络计量分析的内容可以通过组合来研究该领域的部分高级内容。

参考文献

[1] ALLAIRE J J, ELLIS P, GANDRUD C, et al. NetworkD3：D3 JavaScript Network Graphs from R [EB/OL]. [2022-12-01]. https：//cran. r-project. org/web/packages/networkD3/.

[2] ALMENDE B V, THIEURMEL B. VisNetwork：Network Visualization using "vis. js" Library [EB/OL]. [2022-12-01]. https：//cran. r-project. org/web/packages/visNetwork/.

[3] AMESTOY P R, AZZALINI A, et al. Igraph：Network Analysis and Visualization [EB/OL]. [2022-12-01]. https：//cran. r-project. org/web/packages/igraph/.

[4] ARNOLD T B. Cleannlp：A tidy data model for natural language processing [EB/OL]. [2022-12-01]. https：//cran. r-project. org/web/packages/cleanNLP/.

[5] ARNOLD T, DE VRIES A. kerasR：R interface to the keras deep learning library [EB/OL]. [2022-12-01]. https：//cran. r-project. org/web/packages/kerasR/.

[6] ARNOLD T, TILTON L. CoreNLP：Wrappers around Stanford CoreNLP tools [EB/OL]. [2022-12-01]. https：//cran. r-project. org/web/packages/coreNLP/.

[7] AUE A, GAMON M. 2005. Customizing Sentiment Classifiers to New Domains：a Case Study [C] // International Conference on Recent Advances in Natural Language Processing.

[8] BAR-ILAN J. 2005. What do we know about links and linking?：A framework for studying links in academic environments [J]. Information Processing & Management, 41 (4)：973-986.

[9] BARABÁSI A L, ALBERT R, et al. 1999. Emergence of Scaling in Random Networks [J]. Science, 286 (5439)：509-512.

[10] BATES D, MAECHLER M. Matrix：Sparse and dense matrix classes and methods [EB/OL]. [2022-12-01]. https：//cran. r-project. org/web/packages/Matrix/.

[11] BENOIT K, MATSUO A. Spacyr：Wrapper to the spaCY NLP Library [EB/OL]. [2022-12-01]. https：//cran. r-project. org/web/packages/spacyr/.

[12] BENOIT K, WATANABE K, NULTY P, et al. Quanteda：Quantitative analysis of textual data

[EB/OL]. [2022-12-01]. https://cran.r-project.org/web/packages/quanteda/.

[13] BLEI D M, NG A, JORDAN M I. 2003. Latent dirichlet allocation [J]. The Journal of Machine Learning Research, (3): 993-1022.

[14] BOJANOWSK M. Intergraph: Coercion Routines for Network Data Objects [EB/OL]. [2022-12-01]. https://cran.r-project.org/web/packages/intergraph/.

[15] BORGATTA E F, JACOB L. 2007. Moreno and Sociometry: A Mid-Century Reminiscence [J]. Social Psychology Quarterly, 70 (4), 330-332.

[16] BOUCHET-VALAT M. Snowball C: Snowball Stemmers based on the Clibstemmer UTF-8 Library [EB/OL]. [2022-12-01]. https://cran.r-project.org/web/packages/SnowballC/.

[17] BOUMANS J W, TRILLING D. 2016. Taking Stock of the Toolkit: An overview of relevant automated content analysis approaches and techniques for digital journalism scholars [J]. Digital Journalism, 4 (1): 8-23.

[18] BRODER A, KUMAR R, RAGHAVAN P, et al. 2000. Graph structure in the Web [J]. Computer Networks, 33 (1): 309-320.

[19] CHANG W, CHENG J, et al. Shiny: Web Application Framework for R [EB/OL]. [2022-12-01]. https://cran.r-project.org/web/packages/shiny/.

[20] CRONIN B, SNYDER H W, ROSENBAUM H, et al. 1998. Invoked on the web [J]. Journal of the American Society for Information Science, 49 (14), 1319-1328.

[21] DE QUEIROZ G, FAY C, HVITFELDT E, et al. Tidytext: Text Mining using "dplyr", "ggplot2", and Other Tidy Tools [EB/OL]. [2022-12-01]. https://cran.r-project.org/web/packages/tidytext/.

[22] DE SMEDT T, DAELEMANS W. 2012. "Vreselijk mooi!" (terribly beautiful): a subjectivity lexicon for Dutch adjectives [C]. // In Proceedings of the Eight International Conference on Language Resources and Evaluation (LREC), Istanbul, 3568-3572.

[23] De Solla Price D. 1976. A general theory of bibliometric and other cumulative advantage processes [J]. Journal of the American Society for Information Science, 27 (5): 292-306.

[24] DOUGLAS A L. 2015. A User's Guide to Network Analysis in R [M]. Springer International Publishing.

[25] FEINERER I. Tm: Text Mining Package [EB/OL]. [2022-12-01]. https://cran.r-project.org/web/packages/tm/.

[26] FREEMAN L C. 2004. The development of social network analysis: a study in the sociology of science [M]. Empirical Press.

[27] FRUCHTERMAN T, REINGOLD E M. 1991. Graph drawing by force-directed placement [J]. Software: Practice and Experience, 21 (11): 1129-1164.

[28] GAGOLEWSKI M, TARTANUS B. stringi: Fast and Portable Character String Processing in R

[EB/OL]. [2022-12-01]. https://cran.r-project.org/web/packages/stringi/.

[29] GARDNER M J, LUTES J, LUND J, et al. 2010. The Topic Browser An Interactive Tool for Browsing Topic Models [J]. Computer Science.

[30] GOODREAU S M. 2007. Advances in exponential random graph (p*) models applied to a large social network [J]. Social Networks, 29 (2): 231-248.

[31] GRIFFITHS T L, STEYVERS M. 2004. Finding scientific topics [J]. Proceedings of the National Academy of Sciences of the United States of America, 101 (Supplement 1): 5228-5235.

[32] HANDCOCK M S, HUNTER D R, BUTTS C T, et al. Statnet: Software Tools for the Statistical Analysis of Network Data [EB/OL]. [2022-12-01]. https://cran.r-project.org/web/packages/statnet/.

[33] HARRIS J K. 2013. An introduction to exponential random graph modeling [M]. Thousand Oaks, Sage.

[34] HOLMBERG K J. 2009. Webometric network analysis: Mapping cooperation and geopolitical connections between local government administration on the Web [D]. Finland: Åbo Akademi University.

[35] HUNTER D R, HANDCOCK M S, BUTTS C T, et al. 2008. ERGM: a package to fit, simulate and diagnose exponential-family models for networks [J]. Journal of Statistical Software, 24 (3): 1-29.

[36] INGWERSEN P. 1998. The calculation of web impact factors [J]. Journal of Documentation, 54 (2): 236-243.

[37] JURKA T P, COLLINGWOOD L, BOYDSTUN A E, et al. RTextTools: Automatic text classification via supervised learning [EB/OL]. [2022-12-01]. https://cran.r-project.org/web/packages/RTextTools/.

[38] KIM J H, BARNETT G A, HAN W P. 2010. A Hyperlink and Issue Network Analysis of the United States Senate: A Rediscovery of the Web as a Relational and Topical Medium [J]. Journal of the American Society for Information Science and Technology, 61 (8): 1598-1611.

[39] LEISCHOW S J, LUKE D A, MUELLER N, et al. 2010. Mapping U. S. government tobacco control leadership: networked for success? [J]. Nicotine & Tobacco Research, 12 (9): 88-94.

[40] LI X, THELWALL M, MUSGROVE P, et al. 2003. The relationship between the WIFs or inlinks of Computer Science Departments in UK and their RAE ratings or research productivities in 2001 [J]. Scientometrics, 57 (2): 239-255.

[41] LILJEROS F, EDLING C R, AMARAL L A, et al. 2001. The web of human sexual contacts [J]. Nature, 411: 907-908.

[42] MANNING C D, SURDEANU M, BAUER J, et al. 2014. The Stanford CoreNLP Natural Language Processing Toolkit [C] // Proceedings of 52nd Annual Meeting of the Association for Computational Linguistics: System Demonstrations.

[43] MCCARTHY P M, JARVIS S. 2010. Mtld, vocd-d, and hd-d: A validation study of sophisticated

approaches to lexical diversity assessment [J]. Behavior Research Methods, 42 (2): 381 -392.

[44] MEYER D, HORNIK K, FEINERER I, et al. 2008. Text mining infrastructure in r [J]. Journal of Statistical Software, 5 (25): 1 -54.

[45] MICHALKE M, BROWN E, MIRISOLA A, et al. koRpus: Text Analysis with Emphasis on POS Tagging, Readability, and Lexical Diversity [EB/OL]. [2022 -12 -01]. https: //cran. r - project. org/web/packages/koRpus/.

[46] MULLEN L, SELIVANOV D, ARNOLD J, et al. tokenizers: Fast, Consistent Tokenization of Natural Language Text [EB/OL]. [2022 -12 -01]. https: //cran. r - project. org/web/packages/tokenizers/.

[47] MULLEN L. Textreuse: Detect text reuse and document similarity [EB/OL]. [2022 -12 -01]. https: //cran. r - project. org/web/packages/textreuse/.

[48] NEWMAN M. 2010. Networks: an introduction [M]. Oxford: Oxford University Press.

[49] OMAR M, MEHMOOD A, CHOI G S, et al. 2017. Global mapping of artificial intelligence in Google and Google Scholar [J]. Scientometrics, 113 (3): 1269 -1305.

[50] ORTEGA J L, AGUILLO I F. 2009. Mapping world - class universities on the web [J]. Information Processing & Management, 45 (2): 272 -279.

[51] PROKSCH S O, SLAPIN J B. 2009. How to Avoid Pitfalls in Statistical Analysis of Political Texts: The Case of Germany [J]. German Politics, 18 (3): 323 -344.

[52] ROBERTS M E, STEWART B M, TINGLEY D, et al. 2014. Structural topic models for open - ended survey responses [J]. American Journal of Political Sciences, 58 (4): 1064 -1082.

[53] ROMERO - FRÍAS E, VAUGHAN L. 2010. Patterns of web linking to heterogeneous groups of companies: The case of stock exchange indexes [J]. Aslib Proceedings New Information Perspectives, 62 (2): 144 -164.

[54] ROMERO - FRÍAS E, VAUGHAN L. 2010. European political trends viewed through patterns of Web linking [J]. Journal of the American Society for Information Science and Technology, 61 (10): 2109 -2121.

[55] SCHULTZ F, KLEINNIJENHUIS J, OEGEMA D, et al. 2012. Strategic framing in the BP crisis: Asemantic network analysis of associative frames [J]. Public Relations Review, 38 (1): 97 -107.

[56] SELIVANOV D, BICKEL M, WANG Q. Text2vec: Modern Text Mining Framework for R [EB/OL]. [2022 -12 -01]. https: //cran. r - project. org/web/packages/text2vec/.

[57] SILGE J, ROBINSON D. 2016. Tidytext: Text Mining and Analysis Using Tidy Data Principles in R [J]. Journal of Open Source Software, 1 (3) .

[58] SLAPIN J B, PROKSCH S O. 2008. A Scaling Model for Estimating Time - Series Party Positions from Texts [J]. Blackwell Publishing Inc, 52 (3): 705 -722.

[59] SNIJDERS T, PATTISON P E, HANDCOCK R. 2006. New specifications for exponential random

graph models [J]. Sociological Methodology, 36 (1): 153 - 199.

[60] TAUSCZIK Y R, PENNEBAKER J W. 2009. The Psychological Meaning of Words: LIWC and Computerized Text Analysis Methods [J]. Journal of Language & Social Psychology, 29 (1): 24 - 54.

[61] THELWALL M, SUD P. 2011. A comparison of methods for collecting web citation data for academic organizations [J]. Journal of the Association for Information Science & Technology, 62 (8): 1488 - 1497.

[62] THELWALL M, WILKINSON D. 2004. Finding similar academic Web sites with links, bibliometric couplings and colinks [J]. Information Processing & Management, 40 (3): 515 - 526.

[63] THELWALL M, WOUTERS P F, Fry J. 2008. Information - centered research for large - scale analyses of new information sources [J]. Journal of the American Society for Information Science and Technology, 59 (9): 1523 - 1527.

[64] THELWALL M. 2001. Extracting macroscopic information from web links [J]. Journal of the American Society for Information Science and Technology, (13): 52.

[65] TUKEY J W. 1977. Exploratory data analysis [M]. Mass: Addison - Wesley.

[66] VAN ATTEVELDT W, SHEAFER T, SHENHAV S R, et al. 2017. Clause Analysis: Using Syntactic Information to Automatically Extract Source, Subject, and Predicate from Texts with an Application to the 2008—2009 Gaza War [J]. Political Analysis, 1 - 16.

[67] VAUGHAN L, ROMERO - FRÍAS E. 2012. Exploring Web keyword analysis as an alternative to link analysis: A multi - industry case [J]. Scientometrics, 93 (1): 217 - 232.

[68] VAUGHAN L, ROMERO - FRÍAS E. 2010. Web hyperlink patterns and the financial variables of the global banking industry [J]. Journal of Information Science, 36 (4): 530 - 541.

[69] VAUGHAN L, YOU J. 2010. Word co - occurrences on Webpages as a measure of the relatedness of organizations: A new Webometrics concept [J]. Journal of Informetrics, 4 (4): 483 - 491.

[70] WATTS D J, STROGATZ S H. 1998. Collective dynamics of small - world networks [J]. Nature, 393: 440 - 442.

[71] WELBERS K, Van ATTEVELDT W, BENOIT K. 2017. Text Analysis in R [J]. Communication Methods and Measures, 11 (4): 245 - 265.

[72] WELBERS K, VAN ATTEVELDT W. Corpustools: Managing, Querying and Analyzing Tokenized Text [EB/OL]. [2022 - 12 - 01]. https://cran.r-project.org/web/packages/corpustools/.

[73] WICHHAM H, HESTER J, CHANG W, et al. Devtools: Tools to Make Developing R Packages Easier [EB/OL]. [2022 - 12 - 01]. https://cran.r-project.org/web/packages/devtools/.

[74] WICKHAM H. 2014. Tidy Data [J]. Journal of Statistical Software, 59 (10): 1 - 23.

[75] WILD F. Cran task view: Natural language processing [EB/OL]. (2022 - 05 - 06) [2022 - 12 - 01]. https://cran.r-project.org/web/views/NaturalLanguageProcessing.html.

[76] 金保昕. 2009. 共链分析用于管理咨询业竞争态势研究 [J]. 情报杂志, 28 (11): 23 - 26.

[77] 罗晨，沈浩.2018. 社会科学领域的人工智能研究：基于 SSCI 文献的探索［J］. 全球传媒学刊，5（4）：22.

[78] 毛彦妮.2014. 将共链分析拓展到 URL 共现分析：基于比价返利行业的实证研究［J］. 情报杂志，33（7）：111－114.

[79] 邱均平，余厚强.2014. 探究 URL 共现分析作为商业竞争情报研究的新方法［J］. 情报杂志，33（6）：22－27.

[80] 岳增慧，方曙.2012. 三种网络分析方法对比实证研究［J］. 图书情报工作，(20)：58－61.

[81] 张洋，余厚强.2012. 基于网络共链分析和共词分析的国际银行业竞争态势研究［J］. 情报杂志，31（1）：95－100.

[82] 周秋菊，周在峰.2008. 基于共链分析图形化描述纸业企业竞争地位［J］. 图书情报工作，(8)：62－65.